TEAM 7

Arbeitsbuch für Politik und Wirtschaft

Realschule Hessen

Herausgegeben von:
Wolfgang Mattes

Erarbeitet von:
Karin Herzig, Wolfgang Mattes,
Andreas Müller

Schöningh

© 2009 Bildungshaus Schulbuchverlage
Westermann Schroedel Diesterweg Schöningh Winklers GmbH
Braunschweig, Paderborn, Darmstadt

www.schoeningh-schulbuch.de
Schöningh Verlag, Jühenplatz 1 – 3, 33098 Paderborn

Druck 5 4 3 2 1 / Jahr 2013 12 11 10 09
Die letzte Zahl bezeichnet das Jahr dieses Druckes.

Illustrationen: Reinhild Kassing, Kassel
Umschlaggestaltung: Franz-Josef Domke, Hannover
Fotos: U1: © vario images, © mauritius images; U4: © picture-alliance/chromorange
Druck und Bindung: westermann druck GmbH, Braunschweig

ISBN 978-3-14-023675-1

Inhaltsverzeichnis

Wie können wir das Zusammenleben in der Schule gestalten?   10

Zusammenleben in der Familie   40

Recht und Rechtsprechung 132

Jugend und Wirtschaft 156

Methodenkarten

Topthemen

Warum heißt ein Politikbuch TEAM?

Wir haben diesem Buch den Namen TEAM gegeben, weil Schülerinnen und Schüler damit lernen sollen, als Team gut zusammenzuarbeiten. Das hat auch viel mit Politik zu tun. In der Politik geht es immer darum, Probleme zu lösen, die für das Zusammenleben der Menschen wichtig sind. Nie schafft das jemand alleine. Immer braucht man dazu starke Teams.

In einem guten Team

→ fühlen sich alle wohl. Darum ist eine gute Klassengemeinschaft ganz besonders wichtig.

→ lernt man Regeln zu beachten. Man geht fair miteinander um.
Das heißt nicht, dass man immer einer Meinung sein muss. Man darf auch streiten, aber nie mit Gewalt, immer nur mit Worten.

→ erfährt man, dass das Lernen leichter geht, wenn man es gemeinsam tut und sich gegenseitig dabei hilft.

→ teilt man die Arbeit manchmal untereinander auf. Es müssen nicht immer alle dasselbe machen. Schließlich braucht jedes gute Team seine Spezialisten.

→ wird niemand von der Mitarbeit ausgeschlossen. Alle bemühen sich darum, gut zusammenzuarbeiten. Dabei ist es egal, ob man rote, blonde, braune oder schwarze Haare hat, ob man aus einem anderen Land kommt oder einer anderen Religion angehört.

→ strengt man sich an, um ein gutes Lernergebnis zu erzielen. Ohne Anstrengung funktioniert Lernen nicht. Die Bereitschaft, Neues lernen zu wollen, ist das, was jeder von euch für das neue Fach mitbringen sollte.

Die Menschen haben viele Aufgaben und Probleme. Um Lösungen zu finden, braucht man starke Teams. Darum geht es in der Politik. Darum geht es auch im Politikunterricht. TEAM will euch dabei helfen, dass der Unterricht lehrreich ist und Freude macht.

Wie hilft euch TEAM beim Lernen?

In diesem Buch gibt es mehrere Arten von Seiten, die immer wieder vorkommen. Wir Autoren bezeichnen sie als die unterschiedlichen Elemente. Sie sollen euch das Lernen erleichtern, weil sie Ordnung schaffen. Wenn ihr beachtet, welches Element für welche Anforderung zuständig ist, werdet ihr sehen, dass ihr immer geübtere Lerner werdet.

Hier informierst du dich über grundlegend bedeutsame Themen des Faches. Wichtiges aus diesen Seiten daraus kannst du dir aufschreiben und gut einprägen.

Ziel: „Ich weiß Wichtiges!"

Hier übst du Fähigkeiten ein, die du immer wieder in der Schule und im späteren Leben gut gebrauchen kannst, zum Beispiel: ein Heft gut zu führen, schwierige Texte zu verstehen und vieles mehr. Solche Fähigkeiten nennt man Kompetenzen.

Ziel: „Ich kann Wichtiges!"

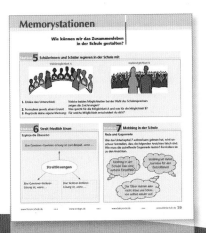

Hier wiederholst du das Gelernte mithilfe von interessanten Aufgaben zu den einzelnen Unterkapiteln. So bleibst du fit und prägst dir Gelerntes langfristig ein.

Ziel: „Ich behalte mir wichtige Sachen!"

Hier hast du die Gelegenheit, Gelerntes praktisch anzuwenden – mal alleine, oft zu zweit oder in Gruppenarbeit.

Ziel: „Ich habe gut geübt!"

Wie können wir das Zusammenleben in

1

der Schule gestalten?

Was gehört zu einer Schule dazu,
in die man gerne geht und in der man gerne lernt?

Sammelt alle Merkmale, die euch dazu einfallen.

Worum geht es?

Auf dem Foto auf dieser Seite seht ihr Schülerinnen und Schüler bei der Schülersprecherwahl an ihrer Schule. Sie haben sich dazu entschieden, die Schülersprecherin, den Schülersprecher nicht durch den Schülerrat, sondern von allen wählen zu lassen. Damit nehmen sie ein Recht wahr, welches das Landesschulgesetz ihnen bietet.
Um die Möglichkeiten der Mitgestaltung eines lebendigen Schullebens geht es in dem folgenden Kapitel. Ihr könnt euch darin üben, Mitwirkungsmöglichkeiten aktiv und klug wahrzunehmen. In eurem neuen Fach geht es immer um das Erlernen von Demokratie. Das fängt in der Schulklasse an, wo man lernen muss, gleiche Rechte für alle zu praktizieren und niemanden auszuschließen. Der Umgang mit anderen Meinungen, mit Konflikten und Streit sind ebenfalls wichtige Anliegen.
Wählen und mitbestimmen – so wie es die Schülerinnen und Schüler auf dem Foto tun – das sind auch Merkmale von Demokratie, mit denen ihr euch im Fach Politik näher beschäftigen werdet.

Im Verlauf des Kapitels könnt ihr

- wünschenswerte Eigenschaften einer Klassensprecherin bzw. eines Klassensprechers ermitteln,
- eure Wunschvorstellungen von einer guten Schulgemeinschaft vortragen,
- Schülerrechte und -pflichten einander gegenüberstellen,
- die Rolle der SV darstellen und diskutieren, wie wichtig eine aktive Mitarbeit ist,
- für Streitfälle nach klugen Lösungen suchen,
- überlegen, was getan werden kann, um Mobbing in der Schule zu vermeiden.

Ihr könnt euch vornehmen, besonderen Wert auf gute Teamarbeit zu legen. Eine Methodenkarte mit den wichtigsten Erfolgsregeln für Gruppenarbeit wird euch dabei unterstützen.

Wer hat das Zeug zur Klassensprecherin oder zum Klassensprecher?

Wir ermitteln die wichtigsten Eigenschaften

Wählen und mitbestimmen zu können, ist ein Grundmerkmal der Demokratie. Die Gründe für eine Wahlentscheidung sollten allerdings stets gut überlegt sein. Schließlich muss man selbst die Folgen tragen, wenn man eine unüberlegte Wahlentscheidung getroffen hat. Das ist bei der Klassensprecherwahl ebenso wichtig wie bei allen anderen Wahlen in der Demokratie auch.

Warum ist Jasmin sauer?

Jasmin knallt ihre Schultasche in die Ecke und verschwindet in ihr Zimmer. Als nach einer Stunde ihr Vater an ihre Tür klopft, hört er nur: „Lass mich in Ruhe. Ich bin sauer!"
Erst am Nachmittag setzt sich Jasmin mit dick verheulten Augen an den Küchentisch zu ihrem Vater: „So eine Ungerechtigkeit, diese Idioten", jammert sie. „Was ist denn los? Erzähl doch mal!"
„Ach Mensch, heute war Klassensprecherwahl. Alle meine Freundinnen, auch meine Freunde Dimitrij und Ka-

mil, haben mich überredet zu kandidieren. Erst wollte ich nicht. Aber dann hat Leonie mich vorgeschlagen."
„Prima, dass sie dich vorgeschlagen hat, da bin ich ja richtig stolz auf meine Tochter!", versucht ihr Vater zu trösten. „Spar dir das! Gewählt haben sie nämlich den blöden Adrian und im zweiten Wahlgang seinen Freund Lars. Von den beiden hat noch keiner etwas Gutes für die Klasse gemacht. Adrian, wenn ich den schon sehe! Der hat immer eine große Klappe, wenn er mit seiner Clique zusammensteht und erzählt, was er alles machen würde, wenn er der Chef in der Klasse wäre. Wenn es aber darauf ankommt, dann hält er schön brav seinen Mund. Als wir neulich in der Klassenversammlung darüber gesprochen haben, ob wir für alle, die in der letzten Mathearbeit eine Fünf geschrieben haben, ein Helfersystem einrichten sollen, hat er sich überhaupt nicht an dem Ge-

spräch beteiligt. Zufällig habe ich mitgekriegt, wie er zu seinem Freund Lars gesagt hat: ‚Ich hab' doch eine Zwei in der Arbeit. Was soll ich mich um die Blöden kümmern.'"
„Wie viele aus der Klasse haben ihn denn gewählt?" „13 von 24, und genauso viele haben im zweiten Wahlgang Lars zum Stellvertreter gewählt."
„Ich finde, du solltest nicht traurig sein", meint ihr Vater, „wenn man zu einer Wahl antritt, muss man damit rechnen, dass man verlieren kann. Das ist doch ganz normal."
„Es wäre mir ja auch egal, ob ich Klassensprecherin bin oder nicht, aber dass sie ausgerechnet Adrian gewählt haben, das finde ich so doof. Als wir in Deutsch Gruppenarbeit gemacht haben, waren wir zusammen in einer Gruppe. Weil die Stunde zu Ende war, bevor wir mit der Arbeit fertig waren, sollte einer zu Hause die Folie für unseren Gruppenvortrag ausfüllen. Natürlich hat er sie mitgenommen und dann am nächsten Tag gefehlt. Seinen Freunden hat er erzählt, dass er einen Tag blaugemacht hätte. Wir standen da ohne unser Arbeitsergebnis. Leonie und ich, Kamil und Dimitrij, wir haben uns darum gekümmert, dass der Klassenraum schön gestaltet wird. Aber das spielte bei der Wahl überhaupt keine Rolle."

---

1. Habt ihr Verständnis für Jasmins Ärger oder nicht? Äußert alle eure Meinung.

2. Jasmin hat offensichtlich recht genaue Vorstellungen davon, welche Eigenschaften eine Klassensprecherin oder ein Klassensprecher mitbringen sollte und welche nicht. Findet sie mithilfe des Textes heraus.

Trainingsplatz

Wir ermitteln Eigenschaften, die wichtig sind für Klassensprecherinnen und Klassensprecher

Klassensprecherinnen oder Klassensprecher sollen ...

Ich bin der Stärkste.

1. besonders stark sein.
2. für Ruhe sorgen, wenn kein Lehrer da ist.
3. sich Zeit für die Sorgen und Probleme einzelner Mitschüler nehmen.
4. Ideen zur Verbesserung der Klassengemeinschaft haben.
5. in der Klasse beliebt sein.
6. Leute sein, auf deren Wort man sich verlassen kann.
7. bei Streitigkeiten als Streitschlichter auftreten können.
8. sich besonders für schwächere Schüler einsetzen.
9. die Schülerinnen und Schüler ermahnen, wenn die Klasse in einem unsauberen Zustand ist.
10. mit dem Klassenlehrer sprechen, wenn in der Klasse etwas nicht klappt.
11. die Klasse über wichtige schulische Dinge informieren.

Ich bin immer zum Kampf bereit!

12. immer nur ihre eigene Meinung vertreten.
13. über starkes Durchsetzungsvermögen verfügen.
14. den Klassenlehrer beim Einsammeln von Geld, Formularen usw. unterstützen.
15. Ansprechpartner für alle in der Klasse sein.
16. bereit sein, sich auch außerhalb der Unterrichtszeit für die Klasse zu engagieren.

Ich bin der Star der Klasse.

17. Freude an diesem Amt haben.
18. verschwiegen sein, wenn ihnen Mitschüler etwas anvertrauen.
19. vor allem die Meinung ihrer besten Freunde vertreten.
20. SV-Stunden in der Klasse gut leiten können.

Arbeitet den Fragebogen durch und schreibt die Eigenschaften heraus, die ihr für unbedingt notwendig haltet. Notiert auch solche, die eurer Meinung nach unwichtig sind. Das kann zunächst jede und jeder in Einzelarbeit leisten. Danach könnt ihr gemeinsam eine Liste erstellen. Beachtet auch, dass die Klassensprecher schnell auf verlorenem Posten stehen, wenn sie von den eigenen Klassenkameraden nicht genügend unterstützt werden. Sucht daher nach Antworten auf zwei Fragen:

- Was erwarten wir von guten Klassensprechern?
- Was kann die Klasse tun, um den Klassensprechern eine gute Arbeit zu ermöglichen?

Unsere Erwartungen an die Klassensprecher

1
2
3

Damit das klappt, bieten wir ...

13

Welche Schule wollen wir?

Wir erstellen eine Wunschliste und diskutieren miteinander

Zu diesem Thema haben die Autorin und die Autoren von TEAM zahlreiche Siebtklässler gebeten, ihre Ansichten schriftlich zu formulieren. Hier haben wir eine Auswahl der Texte zusammengestellt. Lest sie nacheinander durch und entscheidet, welche Vorschläge euch am besten gefallen.

■ **Tipp:** Arbeitet erst alleine, dann mit einer Partnerin oder einem Partner und dann in der Klasse.

> Ich erwarte von einer guten Schule, dass sie eine Bibliothek hat. Die sollte nicht fehlen – genauso wie saubere Toiletten mit Toilettenpapier und einem kleinen Spiegel. Die kaputten Sachen sollten repariert werden, aber wenn die Schüler es kaputt machen, sollten sie es auch bezahlen. Zum Erholen auf dem Schulhof dürfen Bänke nicht fehlen.
>
> Mariam, 12 Jahre

> Ich wünsche mir, dass man am Lernen Spaß hat (nicht so streng), dass man eine gute Bildung hat. Die Räume, in denen man unterrichtet wird, sollten sauber und ordentlich sein. Dass die Lehrer auch eine gute Bildung haben. Das Wichtigste: Die Schule soll sinnvolle Regeln haben, nicht nach dem Motto: Jeder macht, was er will.
>
> Edina, 12 Jahre

> Ich wünsche mir, dass die Schule sauber ist. Dass man gut Freunde finden kann. Dass die Lehrer nett sind. Dass man gut lernen kann. Besonders wünsche ich mir, dass man von Mitschülern so behandelt wird, wie man sie behandeln würde.
>
> Tim, 12 Jahre

> Die Schule sollte ein schönes Gebäude haben. Die Klassenräume sollten mit guten Utensilien ausgestattet sein, zum Beispiel mit Tageslichtprojektor. Es sollten keine Sachbeschädigungen vorhanden sein.
>
> Adil, 13 Jahre

> Ich erwarte von einer guten Schule, dass sie ordentlich eingerichtet ist und dass meine Mitschüler aller Klassen nett sind, auch die aus den anderen Stufen. Dass man sich was in der Pause kaufen kann.
>
> Antonio, 12 Jahre

> Die Lehrer sollten die Probleme von Schülern miteinander klären. Ich hätte gerne längere Pausen und saubere Klassenräume, die gestrichen sind. Die Klassenräume sollen schöner und gemütlicher eingerichtet sein. Gewalt soll draußen bleiben und klare Regeln sollen eingesetzt sein.
>
> Aigulem, 13 Jahre

1. Welche der genannten Wünsche haltet ihr auch für wichtig? Trefft eure Auswahl und stellt sie euch gegenseitig vor.

2. Formuliert dann alleine oder zu zweit einen eigenen Text.

3. Einigt euch in der Klasse auf eine Liste von fünf Wünschen für eine gute Schule. Schreibt die Liste so auf, dass ihr sie Eltern und Lehrern zeigen könnt, um mit ihnen darüber zu sprechen.

4. Überlegt, was ihr tun könnt, damit eure Wünsche Wirklichkeit werden.

Soll unsere Wunschschule eine Halbtagsschule oder eine Ganztagsschule sein?

Beim gemeinsamen Mittagessen in einer Ganztagsschule

Regeln für unsere Diskussion:

Wir ...
- beteiligen uns aktiv,
- sprechen in vollständigen Sätzen,
- lassen andere ausreden,
- rufen nicht dazwischen,
- respektieren andere Meinungen.

Zur Frage, ob die Schülerinnen und Schüler in der Zukunft halbtags oder ganztags in die Schule gehen sollen, kann man unterschiedlicher Meinung sein. Schüler, Eltern, Lehrer, auch Politikerinnen und Politiker diskutieren darüber. In vielen Ländern Europas sind Ganztagsschulen Pflicht und in Deutschland wächst ihre Zahl. Konkret geht es darum, ob die tägliche Schulzeit gegen 13.00 Uhr endet oder von Montag bis Donnerstag gegen 17.00 Uhr und frei-

tags gegen 14.00 Uhr. Man kann Ganztagsschulen auf freiwilliger Basis nur für diejenigen einführen, die nachmittags in der Schule bleiben wollen oder auch verpflichtend für alle. In einer Ganztagspflichtschule würde der Unterricht entzerrt und auf die Vor- und Nachmittage verteilt. Dazwischen gibt es dann Zeiten für Ruhepausen, Sport und Spiel.

Hier geht es darum, dass ihr euch selbst zur Ganztagspflichtschule eine Meinung bildet und miteinander diskutiert. Schaut

euch zunächst die Gründe dafür und dagegen an. Bildet dann eure eigene Meinung und begründet sie möglichst überzeugend. Dazu müsst ihr die aufgelisteten Stichworte in Argumente umwandeln. Zu einem Argument gehört immer eine klar formulierte Meinung und eine Begründung für diese Meinung. Übt euch darin, eure Meinung vorzutragen und fair miteinander zu diskutieren.

Macht euch einige Notizen, bevor ihr miteinander diskutiert: „Ich bin für, ich bin gegen Ganztagsschulen, weil ..."

Nein, Ganztagsschule als Pflicht, da halte ich nichts von!

- Noch länger zur Schule gehen, ist langweilig.
- Kinder müssten noch mehr lernen.
- Freizeit geht verloren.
- Verhältnis zu den Eltern wird gestört.
- Schulen sind dazu nicht ausgestattet.
- Schule wird zur Kinderaufbewahrungsstätte.
- Angst vor Mobbing und Gewalt nimmt zu.
- Schüler sind damit überfordert.

Ja, Ganztagsschule macht Sinn!

- Die Klassengemeinschaft wird gestärkt.
- Das Lehrer-Schüler-Verhältnis wird besser.
- Es gibt Hilfen beim Anfertigen der Hausaufgaben.
- Es gibt mehr Spiel- und Sportmöglichkeiten.
- Es gibt mehr Arbeitsgemeinschaften und warmes Mittagessen für alle.
- Kinder sind versorgt, Eltern können arbeiten gehen.
- Die Leistungen und die Noten werden besser.

3 Warum müssen Regeln sein?

Wir erarbeiten Regeln für unsere Klasse

Lehrer Hilbig will die Klassengemeinschaft stärken. Könnt ihr ihn dabei beraten?

Das ist Lehrer Christian Hilbig. Er hat vor Kurzem seine Lehrerausbildung beendet und tritt nun seine erste Stelle an. Als Klassenlehrer übernimmt er die 7 d in den Fächern Deutsch und Politik. Herr Hilbig freut sich auf seine Aufgabe. Er möchte, dass seine 26 Schülerinnen und Schüler sich wohlfühlen, möglichst viel lernen und eine gute Klassengemeinschaft bilden. Nach einigen Wochen merkt er allerdings, dass das gar nicht so einfach ist. Einige Situationen verlangen schwierige Entscheidungen von ihm. Könnt ihr Herrn Hilbig beraten?

■ **Tipp:** Ihr könnt die Fälle der Reihe nach durchgehen. Ihr könnt sie aber auch erst einmal in Ruhe durchlesen. Danach wählt ihr einen oder mehrere Fälle aus, für die ihr nach vernünftigen Lösungen sucht.

1. Undiszipliniertes Verhalten

Von den neuen sechsten Klassen in der Schule gilt die 7 d als die undiszipli-nierteste. Einige Lehrerinnen und Leh-rer beschweren sich schon bei Herrn Hilbig über die vielen Unterrichtsstö-rungen. Wie soll er reagieren?

A Er soll gar nicht reagieren auf das, was die anderen Lehrer sagen.

B Er soll streng durchgreifen und den Unterrichtsstörern klarmachen, dass deren Benehmen nicht geduldet wird.

C Er soll weiterhin nett und freundlich zu seiner 7 d bleiben, weil so die Schü-lerinnen und Schüler am ehesten auch nett und freundlich werden.

2. Zu spät kommen

Schon zum dritten Mal kommen mon-tags dieselben drei Schüler zu spät in den Deutschunterricht von Herrn Hil-big. Jedes Mal sagen sie, sie hätten den Bus verpasst, auch diesmal. Was soll Herr Hilbig tun?

A Er soll die Entschuldigung akzeptie-ren und dem Vorfall keine weitere Be-deutung beimessen.

B Er soll den drei Schülern vor der Klasse ins Gewissen reden und ihnen klarmachen, dass er diese Entschuldi-gung in Zukunft nicht mehr akzeptie-ren wird.

C Er soll sie zu einem Gespräch nach dem Unterricht bitten und ihnen sa-gen, dass er sich immer mit den Eltern in Verbindung setzen wird, wenn Schüler wiederholt zu spät kommen.

3. Gewalt

Der Klassensprecher und die Stellver-treterin beschweren sich bei Herrn Hil-big über den Schüler Ralf. Der bekäme beim kleinsten Anlass einen Wutaus-bruch und würde dann seine Klassen-kameraden in den großen Pausen ver-prügeln. Wie soll Herr Hilbig damit umgehen?

A Er soll die Gelegenheit nutzen, um im Politikunterricht Regeln für einen fairen Umgang miteinander für die ge-samte Klasse zu formulieren.

B Er soll Ralf anhören, mit ihm reden und vereinbaren, dass dieser verspricht, nicht mehr zu prügeln.

C Er soll dafür sorgen, dass Ralf in eine andere Klasse versetzt wird.

4. Unordnung in der Klasse

Immer wieder liegt eine Menge Abfall in der Klasse herum. Zum Beispiel werden gebrauchte Papiertaschentücher einfach auf den Boden geworfen. Schon mehrfach haben sich Kolleginnen und Kollegen darüber beschwert, dass man sich in der 7 d wegen des vielen Drecks nicht wohlfühlen könne. Wie soll Herr Hilbig reagieren?

A Er soll einen Ordnungsdienst einrichten, in dem abwechselnd zwei bis drei Schüler die Verantwortung für die Sauberkeit in der Klasse übernehmen.

B Er soll einen Vortrag über Ordnung und Sauberkeit halten und alle Schülerinnen und Schüler dazu aufrufen, stets den eigenen Arbeitsplatz aufzuräumen.

C Er soll sich regelmäßig in seinem Unterricht die Zeit nehmen, die Schuldigen zu ermitteln, um diese dann zum Aufräumen zu zwingen.

5. Bevorzugung

Stefanie kommt nach dem Unterricht zu Herrn Hilbig und sagt, sie hätte den Eindruck, dass sie in seinem Unterricht benachteiligt würde. Andere Schülerinnen würden immer bevorzugt behandelt. Wie soll Herr Hilbig damit umgehen?

A Er soll den Vorwurf zurückweisen, weil sonst die Schüler ständig mit Beschwerden kommen.

B Er soll Verständnis zeigen, erklären, dass ihm das nicht bewusst ist und dass er in Zukunft darauf achten wird.

C Er soll sagen, dass er zu Hause darüber nachdenken und dann wieder mit Stefanie sprechen wird.

6. Abschreiben

Bei der ersten Klassenarbeit, einem Diktat, haben Tobias und Olga, die nebeneinandersitzen, die gleichen merkwürdigen Fehler. Für Herrn Hilbig ist ziemlich klar, dass die beiden voneinander abgeschrieben haben. Was soll Herr Hilbig tun?

A Er soll das Diktat nicht bewerten und den beiden in einer Freistunde einen neuen Text als Klassenarbeit diktieren.

B Er soll den beiden eine Sechs erteilen, weil es sich um eine Täuschung handelt.

C Er soll die Sache ohne Kommentar durchgehen lassen. Schließlich ist es die erste Klassenarbeit im Fach Deutsch an der neuen Schule.

---

1. Sucht für jeden der Fälle die eurer Meinung nach beste Lösung. Notiert sie ins Heft oder auf einem Blatt. (Das können auch andere Lösungen sein, als die hier vorgeschlagenen.)

2. Vergleicht verschiedene Lösungsvorschläge aus der Klasse.

3. Stellt euch nun vor, ihr hättet wirklich die Aufgabe, Herrn Hilbig (oder eine andere Lehrerin, einen anderen Lehrer) zu beraten. Welche Tipps werdet ihr geben? Schreibt eure Briefe und stellt sie euch gegenseitig in der Klasse vor.

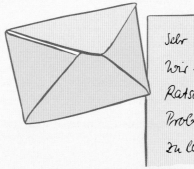

Sehr geehrter Herr Hilbig,
wir hätten da einige
Ratschläge, um die
Probleme in Ihrer Klasse
zu lösen...

Topthema

1. Erklärt, was gute und was schlechte Regeln sind.
2. Überlegt, welche Maßnahmen notwendig sind, damit die Regeln in einer Klasse eingehalten werden.
3. Warum müssen sich die Menschen auch in einem Staat an Regeln halten? Könnt ihr dazu Beispiele finden und in der Klasse vorstellen?

Wozu braucht man Regeln?

Eine Regel ist eine Vorschrift, an die sich alle Mitglieder einer Gemeinschaft halten müssen. Menschen brauchen Regeln, um vernünftig miteinander leben zu können. Das ist so in der Familie, im Freundeskreis, im Verein und natürlich auch in der Schulklasse. Regeln machen deutlich, was man tun darf und was nicht. Im Zusammenleben sind sie ein Schutz für alle Gemeinschaftsmitglieder, wenn man davon ausgehen kann, dass sich alle an die vorhandenen Regeln halten. Regeln sind Vereinbarungen. Gemeinsame Vereinbarungen sind die Voraussetzung dafür, dass eine Klassengemeinschaft zu einem guten Team werden kann.

Was sind gute, was sind schlechte Regeln?

Wahrscheinlich habt ihr schon einmal die Regel gehört: „Der Chef hat immer Recht." Eine solche Regel passt nicht mehr in die heutige Zeit, denn sie führt dazu, dass einer oder ein kleiner Teil einer Gruppe alles bestimmen kann und viele andere unter dieser Macht leiden müssen. Gute Regeln machen keinen Unterschied zwischen Mädchen und Jungen, Starken und Schwachen usw. Sie orientieren sich an wünschenswerten Eigenschaften des Zusammenlebens miteinander, wie zum Beispiel gegenseitige Rücksichtnahme, fairer Umgang, Verzicht auf Gewalt.

Wie können Regeln eingehalten werden?

Regeln werden dann am besten eingehalten, wenn man sie gemeinsam erarbeitet. Schlimm ist ein Zustand, in dem sich niemand an die vereinbarten Regeln hält oder in dem Einzelne sich das Recht nehmen, die Regeln immer wieder zu verletzen.

Es muss daher Maßnahmen geben, welche die Mitglieder einer Gruppe dazu veranlassen, sich an die Regeln zu halten. Das können Belohnungen sein für ein regelgerechtes Verhalten, das können aber auch Strafen sein, die den Regelverletzern klarmachen, dass ihr Verhalten nicht geduldet werden kann.

Warum beschäftigen wir uns in „Politik und Wirtschaft" mit Regeln?

Im sozialen Zusammenleben der Menschen steht die Frage nach den Regeln immer im Mittelpunkt. Das ist in der Schule und auch in der großen Politik so. Auch die Menschen in einem Staat müssen sich an Regeln halten, damit ein friedliches und geordnetes Zusammenleben möglich ist. In einem Staat sind die Regeln die Gesetze. Wer sie verletzt, kann von einem Gericht dafür bestraft werden.

Im Fach „Politik und Wirtschaft" wird der Umgang mit Regeln behandelt, weil man so zwei Dinge lernen kann: erstens, die eigenen Rechte wahrzunehmen und zweitens, die Rechte anderer zu achten.

In dieser Klasse haben die Schülerinnen und Schüler Regeln vereinbart und fühlen sich wohl dabei.

Trainingsplatz

Wir formulieren Regeln für unsere Klasse

Mithilfe dieses Trainingsplatzes könnt ihr für vier wichtige Bereiche des Zusammenlebens in der Schulklasse Regeln zusammenstellen. Das kann man einzeln, zu zweit oder auch in Kleingruppen tun. Ihr könnt die Arbeit aufteilen oder versuchen, alles zu bearbeiten. In dem Topf unten findet ihr Vorschläge für fertig formulierte Regeln, die sich den Bereichen A bis D zuordnen lassen. Ihr könnt natürlich auch nach weiteren Vorschlägen und nach anderen Formulierungen suchen. Fertige Regeln könnt ihr auf Plakate übertragen und in der Klasse aufhängen.

A Regeln für das Verhalten vor Beginn der Unterrichtsstunden:

1.

2.

3.

B Regeln für das Verhalten gegenüber Mitschülerinnen und Mitschülern:

1.

2.

3.

C Regeln für die Art des Miteinanderredens im Unterricht:

1.

2.

3.

D Regeln für „Zu-spät-Kommer":

1.

2.

3.

Unmittelbar nach dem Klingeln zum Unterrichtsbeginn setze ich mich auf meinen Platz. ❀ Wenn ich zu spät zum Unterricht komme, klopfe ich zunächst an der Tür an. ❀ Ich wende keine Gewalt an. ❀ Wenn ich im Unterricht etwas sagen will, melde ich mich. ❀ Ich höre gut zu, wenn andere in der Klasse einen Beitrag zum Unterricht leisten. ❀ Ich mache mich über keinen Mitschüler lustig. ❀ Nach dem Eintreten entschuldige ich mich für mein Zu-spät-Kommen bei der Lehrerin, dem Lehrer. ❀ Vor Stundenbeginn lege ich mein Schulbuch und mein Arbeitsheft auf den Tisch. ❀ Ich warte auf den Lehrer und verhalte mich ruhig. ❀ Ich erkläre den Grund für mein Zu-Spät-Kommen und gehe erst dann zu meinem Platz ❀ Ich mache nichts kaputt, was anderen gehört. ❀ Ich mache keine abfälligen Bemerkungen über die Beiträge von anderen im Unterricht.

4

Welche Rechte und Pflichten sollen wir haben?

Wir ermitteln Schülerrechte und -pflichten und arbeiten in Teams

Alle wollen Rechte haben. Rechte zu haben und frei entscheiden zu können, was man machen will, das ist ein grundlegendes Merkmal einer Demokratie. Wie sehr muss man, wenn man seine Rechte in Anspruch nimmt, auch dazu bereit sein, Pflichten zu übernehmen? Um diese Frage geht es in dem folgenden Fall.

Ein Klassenaquarium für die 7d

Wie bewegt sich ein Fisch nach vorne und zurück, zur Seite und von oben nach unten?
Fasziniert schauen die Sechstklässler der Ludwig-Simon-Realschule den Film über das Leben im Wasser an, den Lehrer Mallmann in die Biostunde mitgebracht hat.
„Nach vorne zu schwimmen, ist für Fische kein Problem", sagt Rabia, „dazu haben sie ja die Flossen."
„Prima! Wie aber hat sich der Kugelfisch, den ihr gesehen habt, nach oben und nach unten bewegt?" Die 26 Schülerinnen und Schüler überlegen: „Wenn er seine Schwimmblase mit Luft füllt, wird er kugelrund und steigt nach oben und wenn er die Luft rauslässt, sinkt er ab."
An dieser Stelle meldet sich Amelie, die Klassensprecherin: „Eine Freundin, die in eine andere Schule geht, hat mir erzählt, dass sie ein Aquarium in der Klasse eingerichtet haben. Das könnten wir doch auch machen. Dann könnten wir Fische tagtäglich beobachten und erforschen, wie sie leben." Mit ihrem Vorschlag löst Amelie helle Begeisterung in der Klasse aus. „O ja, das sollten wir machen." So und ähnlich lauten fast alle Beiträge. Als alle durcheinanderreden, macht Herr Mallmann das Ruhezeichen und dazu noch sein Gesicht

mit den Sorgenfalten: „Ich weiß, wie so etwas läuft," sagt er, „erst herrscht große Begeisterung und dann, wenn die laufenden Pflichten zu erfüllen sind, ist es damit schnell vorbei." „Welche Pflichten meinen Sie?", fragt Katharina. „Nun, Fische sind Lebewesen, kein Spielzeug. Sie benötigen Futter, regelmäßige Pflege, die Wasserqualität muss stimmen. Habt ihr bedacht, dass Fische nicht in Urlaub fahren? Sie müssen auch in den Ferien versorgt werden."
„Typisch Lehrer", seufzt Noah, „sagen Sie doch gleich, dass sie dagegen sind und dass wir wieder einmal keine Rechte haben."
„Doch", lautet die Antwort, „ihr habt das Recht dazu und ich finde eure Idee auch gut. Wir könnten viel über das Leben der Fische lernen und alle hätten wir unsere Freude daran."
Dann erzählt Herr Mallmann von einem Vorfall, der sich in einer anderen Klasse ereignet hat: „Wir hatten ein sehr schönes Aquarium eingerichtet,

konnten sogar beobachten, wie im Aquarium geborene Fische allmählich heranwuchsen. Doch dann, eines Nachmittags, haben Schüler eine ganze Dose Trockenfutter ins Wasser gekippt. Am nächsten Tag trieben alle Fische tot an der Oberfläche. Wahrscheinlich hatten die Schüler das nicht böse gemeint. Sie waren nur mit der Verantwortung überfordert. Ihr versteht, dass ich das nicht noch einmal erleben möchte. Wenn ihr das Recht in Anspruch nehmen wollt, ein Aquarium einzurichten, werde ich euch unterstützen, vorausgesetzt, ihr bedenkt Folgendes: Wer Rechte hat, der muss auch Pflichten übernehmen!"
Noch einmal meldet sich Amelie: „Ich finde unsere Idee trotzdem toll. Wenn wir gut planen, kriegen wir das mit dem Aquarium auch hin."

---

1. Ein Aquarium in der Klasse: Was haltet ihr von Amelies Vorschlag und von Herrn Mallmanns Sorgen?

2. Welche Pflichten müsste die Klassengemeinschaft übernehmen? Erstellt eine Liste.

3. „Wer Rechte hat, der muss auch Pflichten übernehmen!", sagt Herr Mallmann. Welche Beispiele aus dem Schulleben fallen euch ein, die zu diesem Spruch passen?

Rechte und Pflichten, die Schülerinnen und Schüler kennen sollen

Rechte wahrnehmen in der Schule und ...

Unter einem Recht versteht man etwas, was man tun darf. Ein Recht ist eine garantierte Freiheit. Nicht alle Rechte, die den Erwachsenen zustehen, stehen auch schon Kindern und Jugendlichen zu. Zum Beispiel haben Kinder noch nicht das Recht, einen Führerschein zu erwerben oder Kaufverträge über große Summen abzuschließen. Rechte nehmen allmählich zu, weil man einem Kind keinen Gefallen tut, wenn man ihm zu früh zu viele Rechte und damit auch zu viel an Verantwortung übergibt. Nie hat jemand grenzenlose Rechte. Zum Beispiel darf niemand, der das Recht hat, ein Motorrad zu fahren, eine rote Ampel missachten, und das Recht auf eine eigene Meinung darf nicht dazu missbraucht werden, Menschen zu beleidigen und Dinge auszuplaudern, die geheim zu halten sind.

Unter einer Pflicht versteht man eine Aufgabe, die man zu erfüllen hat. Schüler haben zum Beispiel die Aufgabe, etwas zu lernen in der Schule. Sie können nicht tun und lassen, was sie wollen, sondern sind an die Einhaltung von Pflichten gebunden.

Rechte und Pflichten im Schulgesetz

Das wichtigste Recht der Schülerinnen und Schüler steht im Schulgesetz direkt im ersten Abschnitt. Darin heißt es:

> „Jeder junge Mensch hat ein Recht auf Bildung. Dieses Recht wird durch ein Schulwesen gewährleistet, das nach Maßgabe dieses Gesetzes einzurichten und zu unterhalten ist."

Komisches Recht, mag da manch einer denken, weil er das eher als eine Pflicht empfindet. Man stelle sich vor, es gäbe dieses Recht nicht und nur reiche Leute könnten sich schulische Bildung leisten. Weitere Rechte, die das Schulgesetz nennt, sind das Recht, auf Gleichbehandlung aller, auf Mitgestaltung des Unterrichts und das Recht, eine Interessenvertretung zu wählen und über die SV das Schulleben aktiv mitzugestalten. Dem Recht auf Bildung steht die Pflicht zum Schulbesuch gegenüber. Mindestens neun Jahre ist jedes Kind und jeder Jugendliche schulpflichtig in Deutschland. So endet die Schulpflicht in der Regel im Alter von 16 Jahren.

> „Zur Erfüllung des Bildungs- und Erziehungsauftrags der Schule wirken die Beteiligten, insbesondere Eltern, Lehrerinnen und Lehrer sowie Schülerinnen und Schüler zusammen. Die Schülerinnen und Schüler sind insbesondere verpflichtet, regelmäßig am Unterricht und den pflichtmäßigen Schulveranstaltungen teilzunehmen, die erforderlichen Arbeiten anzufertigen und die Hausaufgaben zu erledigen. Sie haben die Weisungen der Lehrkräfte zu befolgen [...]"

(Textauszüge entnommen aus dem hessischen Schulgesetz § 2 und § 69 in der Fassung vom 13. Juli 2006)

... lernen, Pflichten zu erfüllen.

1. Angenommen, du lebst in einem Land, in dem die Mädchen kein Recht auf Bildung haben und daher auch kein Recht, eine Schule zu besuchen (leider gibt es das noch). Schreibe einen Tagebucheintrag:
   a) Wie es mir als Mädchen in einem Land geht, in dem ich kein Recht auf Schulbildung habe.
   b) Wie es mir als Junge in einem Land geht, in dem nur Jungen Schulen besuchen dürfen.
   Lest euch die Texte gegenseitig vor.

Wir erstellen eine Übersicht über Schülerrechte und Schülerpflichten

Wer seine Rechte wahrnehmen und seine Pflichten ordnungsgemäß erfüllen will, sollte sie kennen. In dem Topf auf dieser Seite findet ihr wichtige Schülerrechte und -pflichten. Ihr könnt Ordnung in diese Liste bringen, indem ihr eine Übersicht erstellt. Das kann in Gruppenarbeit geschehen (aber auch alleine oder zu zweit).

■ **Tipp:** Teilt das Aufschreiben der Rechte und Pflichten auf.

1. Entwerft eine Übersicht, die sich als Folienvorlage oder als Tafelbild eignet.

2. Sucht für einzelne Rechte und Pflichten nach Beispielen, die ihr aus eurem Schulalltag kennt.

3. Tragt nach der Arbeit die Rechte und Pflichten und einzelne Beispiele dazu vor der Klasse vor (möglichst frei).

Rechte und Pflichten

Themen vorschlagen, die im Unterricht behandelt werden sollen ❀ die Schule unverzüglich durch die Eltern informieren, falls man krank ist oder aus sonstigen Gründen fehlt ❀ Teilnahme an Arbeitsgemeinschaften ❀ regelmäßige und pünktliche Teilnahme am Unterricht ❀ Informationen einholen über den eigenen Leistungsstand ❀ Anordnungen der Lehrer und der Schulleitung befolgen ❀ innerhalb der Schule eine eigene Meinung in Wort, Schrift und Bild frei äußern ❀ Mitarbeit im Unterricht ❀ Leistungen erbringen ❀ sich bei der Schulleitung beschweren, wenn man sich in seinen Rechten verletzt fühlt ❀ Einhaltung der Klassen- und Hausordnung ❀ Klassensprecher wählen und sich selbst zur Wahl stellen ❀ informiert werden über wichtige Angelegenheiten, welche die Schüler betreffen ❀ schulische Einrichtungen pfleglich behandeln ❀ Veröffentlichung eigener Artikel in der Schülerzeitung ❀ Hausaufgaben anfertigen ❀ Mitarbeit in der Schülervertretung

Methodenkarte 1

Erfolgsregeln für Gruppenarbeit

Thema: Rechte und Pflichten

A Warum ist Gruppenarbeit sinnvoll?

Viele Aufgabenstellungen lassen sich besser lösen, wenn man es gemeinsam tut. Das ist der wichtigste Grund für die Durchführung von Gruppenarbeit. Allerdings: Gruppenarbeit gelingt nicht, wenn die Gruppenmitglieder miteinander streiten, unwillig arbeiten und sich nicht auf die Aufgaben konzentrieren. Mit der Gruppenarbeit ist es wie im Mannschaftssport. Sie wird erfolgreich, wenn die Gruppe sich als Team versteht. Teamfähigkeit muss gelernt werden. Die wichtigsten Regeln dazu erfahrt ihr hier.

B Fünf Merkmale von Teamfähigkeit

1. Teams konzentrieren sich auf die Lösung der gemeinsamen Aufgabe.

In Gruppen geht es oft um die Beziehungen der Gruppenmitglieder untereinander. In einem Team muss die Lösung einer Aufgabe das Wichtigste sein. Beachtet immer die Arbeitsanweisungen genau und konzentriert euch auf deren Lösung.

2. In Teams arbeiten alle für den gemeinsamen Erfolg.

Um Aufgaben in einer Gruppe zu lösen, muss man sich auf zwei Dinge konzentrieren: Zusammenarbeit und Streben nach gemeinsamem Erfolg. Damit das klappt, muss man sich darum bemühen, mit allen Teammitgliedern zurechtzukommen, auch wenn man sie sich nicht selbst ausgesucht hat.

3. Teams lösen Probleme selbstständig.

Gruppenarbeit wird anstrengend, wenn die Gruppe bei Schwierigkeiten stets sofort nach der Lehrerin, dem Lehrer ruft. Probleme mit den Arbeitsaufträgen werden zu Beginn der Arbeit geklärt. Danach fragt ihr eure Lehrer nur noch, wenn ihr nicht mehr weiterwisst.

4. Teams verstehen es, die Fähigkeiten aller Beteiligten zu nutzen.

Manchmal muss man die Arbeit aufteilen, um sie in einer vorgegebenen Zeit zu lösen. Ein gutes Team nutzt dazu die unterschiedlichen Talente der Beteiligten. Legt fest, wer welche Aufgabe übernimmt.

5. Teams schließen niemanden aus und rufen Faulpelze zur Ordnung.

Gute Zusammenarbeit verträgt keine Faulpelze. Wer nur von der Arbeit der Fleißigen profitieren will, gefährdet den Erfolg und ärgert die Übrigen mit seinem Verhalten. Ermahnt die Faulpelze frühzeitig, sich auch aktiv an der Arbeit zu beteiligen. Sollten Gruppenarbeit und Arbeitsergebnisse benotet werden, können die, die nichts geleistet haben, nicht erwarten, auch die guten Noten der übrigen Teilnehmer zu bekommen.

C Worauf solltet ihr besonders achten?

Teamfähigkeit zu lernen, ist ein Prozess, der eine gewisse Zeit in Anspruch nimmt. Wichtig ist, dass man den Willen hat, teamfähig zu werden. Prüft nach einer Gruppenarbeit immer, wie gut ihr die Merkmale von Teamfähigkeit bereits beherrscht.

Die beiden Fälle auf der folgenden Doppelseite solltet ihr in Gruppen bearbeiten und dabei eure Teamfähigkeit trainieren.

Rechte und Pflichten, Beispiel 1:
Einheitliche Schulkleidung: ja oder nein?

Schulen haben die Möglichkeit, einheitliche Schulkleidung für alle Schülerinnen und Schüler einzuführen. Die Voraussetzung dafür ist, dass die Schulkonferenz dies einstimmig beschließt.

Soll man sein persönliches Recht, seine Kleidung frei wählen zu dürfen, einschränken, um so ein besseres Gemeinschaftsgefühl zu entwickeln?

Das ist die Frage, über die ihr in der Gruppe diskutieren könnt.

Mittelschule in Sachsen führt einheitliche Schulkleidung ein

Nicht selten entscheidet die Kleidung über die Zugehörigkeit zu einem Freundeskreis und über die Akzeptanz in der Klasse.

Nicht so an der Freien Schule Rietschen im Niederschlesischen Oberlausitzkreis. Hier tragen Schüler und Lehrer seit drei Wochen einheitliche Schulkleidung. „Wir bekennen damit nach außen, dass wir Schüler und Lehrer der Freien Schule Rietschen sind", sagt Schulleiterin Ilona Fehler. Nach dem Vorbild einer Potsdamer Grundschule entschlossen sich Eltern, Schüler und Lehrer einstimmig nach drei Monaten Bedenkzeit für einheitliche Polo-, Sweat-, Kapuzen- und T-Shirts sowie einen Anorak mit hauseigenem Logo. Die Kollektion präsentiert sich in strahlendem Blau, Grün, Gelb und Weiß und kostet insgesamt 98 Euro. „Wir haben es den Eltern aber freigestellt, wie viele Teile sie erwerben", erläutert der Vorsitzende des Schulträgervereins, Lutz Ackermann. In Planung sind Basecapes und Wes-

ten. Auf Wunsch der Kinder sind auch karierte Hosen und Röcke vorgesehen. Auch die Lehrer tragen die Pullover. „Was ich von den Kindern erwarten kann, kann ich nur durch Vorleben steuern", sagt die Schulleiterin. Auch Deutschlehrerin Karin Claus ist mit dem Outfit zufrieden. Sie habe nur etwas dagegen, wenn es als Uniform bezeichnet werde. Mit der einheitlichen Bekleidung wird aber nicht nur ein Zusammengehörigkeitsgefühl nach außen dokumentiert. Guter Nebeneffekt sei, dass damit der Trend nach Markenklamotten umgangen werde, der

Kinder aus sozial schwachen Familien zunehmend ausgrenze, betont Fehler. „Allein mit der Frisur kann man sich bei uns noch abheben." [...] „Die Schüler, vor allem die Jungen, konzentrieren sich besser", weiß die Pädagogin. Für den elfjährigen Julius Zinke zählt die Wirkung: „Wenn man eine gute Tat vollbracht hat, weiß jeder, dass wir von der Schule Rietschen sind." Die zehnjährige Valerie Weise sagt, jetzt könne niemand mehr wegen seiner Kleidung gehänselt werden. [...]

(Jeannette Tandel, in: Lausitzer Rundschau vom 4.3.2006, www.bl-online.de)

Das sollt ihr in der Gruppe tun:

1. Fertigt Notizen an, mit deren Hilfe ihr das Beispiel aus Sachsen euren Mitschülerinnen und Mitschülern vorstellen könnt.

2. Sammelt gemeinsam Gründe, die für und die gegen eine einheitliche Schulkleidung sprechen. Schreibt sie auf, damit ihr sie in der Klasse vorstellen könnt.

3. Formuliert eure eigenen Ansichten zum Thema, schreibt Begründungen dazu auf und stellt sie nach der Gruppenarbeit in der Klasse vor.

Rechte und Pflichten, Beispiel 2:
Sollen Schülerinnen und Schüler ihre Schule selbst reinigen?

Sicherlich gibt es Tätigkeiten, die Schüler lieber machen, als die eigene Schule auf Hochglanz zu bringen. Aber: Sollen immer nur andere den Dreck wegmachen, den man selbst mitverursacht hat?

Welche Vor- und Nachteile hat es, wenn Schülerinnen und Schüler sich dazu verpflichten, zumindest gelegentlich eine gemeinsame Putzaktion in ihrer Schule zu starten?

Das ist die Frage, über die ihr in der Gruppe diskutieren könnt.

Das Foto zeigt Schülerinnen und Schüler der Helene-Lange-Schule in Wiesbaden bei einer Putzaktion. Regelmäßiger Reinigungsdienst gehört hier zum Schulalltag. Mit dem eingesparten Geld für Putzdienste werden das Schultheater und Anschaffungen finanziert.

Schüler reinigen ihre Klassenräume

Große Putzaktion an der Ricarda-Huch-Schule/Umweltbewusstsein soll geschärft werden

Dreieich (fel) – Gemäß dem Leitbild der Ricarda-Huch-Schule, Verantwortung auch für den Zustand der eigenen Schule zu übernehmen, rücken die Schülerinnen und Schüler des Gymnasiums im Rahmen des Aktionstages „Saubere Schule" am heutigen Mittwoch dem Müll zu Leibe.

Papier, Essensreste und was sonst so anfällt, wird an diesem Tag im Gebäude und in den Außenanlagen gesammelt und anschließend in der Pausenhalle zu einem großen Müllberg aufgetürmt. Anschließend läuft die Putz- und Verschönerungsaktion in den Klassenräumen und dem Schulgebäude weiter. Jede Klasse kann an dem Wettbewerb „Das schönste Klassenzimmer" teilnehmen, das zwischen 12 und 13 Uhr von einer Jury ermittelt wird.
Die Aktion soll den Jugendlichen bewusst machen, wie viel Müll in der Schule produziert und achtlos liegen gelassen wird. Der Putzdienst wird deshalb schon zwei Tage vorher auf dem Gelände – außer in den Toiletten – nicht mehr sauber machen.
Außerdem werden den Schülern die neue Schulordnung sowie die Verpflichtungserklärung „Für eine saubere Schule" ausgehändigt, die sie unterschreiben müssen. Am Ende des Vormittags können sie dann ihre Meinung zu der Aktion auf Plakaten zum Ausdruck bringen, die in der Pausenhalle aufgehängt werden.

(Aus: Offenbach Post vom 6. Feburar 2006 verf. von Fabian El Cheikh)

Meinungen zum Thema

„Durch gemeinsame Putzaktionen lernen die Schülerinnen und Schüler, Verantwortung für ihre Schule zu übernehmen. Auch tragen sie dazu bei, dass alle sich in ihrer Schule wohlfühlen. Das ist eine gute Sache."

Regina R., Schulleiterin einer Realschule

„Ich sehe nicht ein, dass ich Dreck wegmachen soll, den ich nicht selbst gemacht habe. Auch sollen Schüler nicht zum Putzen in die Schule gehen."

Christian H., Realschüler, 12 Jahre

„Ich fand die Putzaktion klasse und war mit Begeisterung dabei."

Nele, Gymnasiastin, Klasse 5

Das sollt ihr in der Gruppe tun:

1. Fertigt Notizen an, mit deren Hilfe ihr das Beispiel der Putzaktion euren Mitschülerinnen und Mitschülern vorstellen könnt.

2. Sucht gemeinsam nach Gründen, die für und die gegen gemeinsame Putzaktionen sprechen. Schreibt sie auf, damit ihr sie in der Klasse vorstellen könnt.

3. Formuliert eure eigenen Ansichten zum Thema. Schreibt Begründungen dazu auf und stellt sie nach der Gruppenarbeit in der Klasse vor.

5

Schülerinnen und Schüler regieren in der Schule mit

Wir veranschaulichen die Rolle der SV

Beispielhaft wird hier die Arbeitsweise eines Schülerrates geschildert. Achtet beim Lesen darauf, welche Aktivitäten der Schülervertretung hier zur Sprache kommen.

Der Schülerrat tagt

Jessica, die gewählte Schülersprecherin aus der 9 c, leitet die Sitzung des Schülerrates. Neben ihr hat ihre „Regierungsmannschaft" Platz genommen: Ercan, ihr Stellvertreter, die beiden zusätzlichen Mitglieder im Leitungsteam Nathalia und Paul, die vom Schülerrat gewählt wurden, um Jessica und Ercan bei ihrer Arbeit zu unterstützen, und, ganz wichtig, Magdalena, die das Amt des Kassenwarts innehat. Magdalena ist hier sozusagen die Finanzministerin. Aufgeschlagen liegt das Kassenbuch vor ihr auf dem Tisch.
Jessica ruft den ersten Tagesordnungspunkt auf.

TOP 1: Ehrung der Klasse 7 a

Jessica erklärt: „Die 7 a ist die Bläserklasse in unserer Schule und hat im letzten Schuljahr mehrere Konzerte gegeben, eines im Seniorenheim am Schilfweiher und zwei auf dem Weihnachtsmarkt.

Dabei kamen Spenden in Höhe von 500 Euro zusammen. Die Klasse hat das Geld zu gleichen Teilen an das Tierheim in der Moltkestraße und an ein SOS-Kinderdorf in Tibet gespendet. Dafür ehren wir heute die Klasse 7 a."
Stolz nimmt Klassensprecher Jakub Applaus und Ehrung zur Kenntnis und freut sich schon darauf, seine Klasse in der nächsten SV-Stunde zu informieren.

TOP 2: Rückblick auf die Aktivitäten im vergangenen Schuljahr

Abwechselnd tragen Jessica und Ercan vor, was die SV unternommen hat: „Das gemischte Fußballturnier der Klassen 5 bis 7 im Frühjahr war ein Erfolg. Die Unterstufendisco, die Rock-Gegen-Rechts-Party der Neuner und Zehner sowie die Karnevalsfeier waren gut organisiert und sind gut angekommen. Das zweitägige SV-Seminar unter der Leitung unserer Verbindungslehrerin Frau Warnke hat die Klassensprecher gut auf ihre Aufgaben vorbereitet. Wir haben damit angefangen, einen Schulgarten einzurichten. Doch der befindet sich noch in einem bescheidenen Zu-

stand. Wir übergeben das Wort an unseren Kassenwart."

TOP 3: Bericht des Kassenwartes

Magdalena ist gut vorbereitet. In einer Bilanz hat sie die Einnahmen von insgesamt 1400 Euro den Ausgaben von 800 Euro gegenübergestellt. Bleiben 600 Euro Überschuss. Magdalena eröffnet die Diskussion. Was soll mit dem Geld geschehen?
Adile, Klassensprecherin aus der 5 e, möchte einen Zuschuss von 200 Euro für das Schulaquarium haben. Luca aus der 6 d will für 100 Euro neue Spiele für die Spielsammlung.
Alexander weist darauf hin, dass der Kühlschrank im Schülercafé Schuca dabei ist, seinen Geist aufzugeben. Luisa will einen Zuschuss von 150 Euro zur Aufstockung der Schülerbibliothek, um die sich ihre 7 b intensiv kümmert. Für alle Wünsche reicht das vorhandene Geld nicht. Schließlich meint Anna aus der 8 a, man solle das Geld sparen und abwarten, bis mehr da ist.
Der letzte Tagesordnungspunkt in dieser Sitzung lautet:

TOP 4: Planung neuer Aktivitäten

Die Großen wünschen sich die Einrichtung eines Internetcafés, andere wollen, dass man sich jetzt auf den Schulgarten konzentrieren solle. Eine Wiederholung der Feste wird von allen akzeptiert und zum Schluss fordert Mia aus der 9 c, die SV solle ein Projekt „Unsere umweltfreundliche Schule" starten und begleiten.

---

1. Wofür hättet ihr das eingenommene Geld ausgegeben?
2. Welche der Aktivitäten in diesem Schülerrat hältst du für so sinnvoll, dass ihr sie auch in eurer Schule gerne verwirklichen würdet?

10 aus 25 – Wir erstellen eine Liste von Maßnahmen, die die SV durchführen sollte

1. Ein Pausencafé organisieren
2. Projektideen für eine geplante Projektwoche entwickeln
3. Einen Flohmarkt für einen guten Zweck durchführen
4. Bei Konflikten mit Lehrerinnen oder Lehrern beraten
5. Für das regelmäßige Erscheinen einer Schülerzeitung sorgen
6. Patenschaften zwischen älteren und jüngeren Schülern organisieren
7. Bei der Planung und Durchführung eines Schulfestes aktiv sein
8. Einen Schüleraufenthaltsraum schön gestalten
9. Für Verschönerungen in den Schulfluren sorgen
10. Eine Infowand über die Arbeit der SV einrichten
11. Mithilfe der Verbindungslehrer ein SV-Seminar über Gewaltvermeidung durchführen
12. Eine Hausaufgabenhilfe von Älteren für Jüngere einführen
13. Einen Kummerkasten für die Sorgen von Schülerinnen und Schülern einrichten
14. Die Aufstellung von Getränkeautomaten fordern
15. Streitschlichter ausbilden, die in Konfliktfällen vermitteln können
16. Schulinterne Sportfeste organisieren (Tischtennis, Handball, Volleyball)
17. Pausenradio organisieren
18. Die schönsten Klassenräume prämieren
19. Die beliebteste Lehrerin oder den beliebtesten Lehrer wählen
20. Eine Fahrradwerkstatt einrichten
21. Die Ausgabe von Pausenspielen organisieren
22. Interessante Ideen für Unterrichtsthemen und Unterrichtsformen entwickeln
23. Über E-Mail Kontakte zu Partnerschulen und anderen Schulen aufnehmen
24. An der Gestaltung der Homepage der Schule mitwirken
25. Kleinen Schülerinnen und Schülern Hilfe anbieten, die von den Großen geärgert wurden

sehr wichtig

einigermaßen wichtig

eher unwichtig

Und was noch?

Hier findet ihr eine Reihe von Dingen, die Schülervertretungen planen können. Welche davon haltet ihr für sehr wichtig, welche für einigermaßen wichtig und welche für eher unwichtig?

Erstellt eine Liste aller wichtigen Maßnahmen und setzt dabei die wichtigste auf Platz eins, die zweitwichtigste auf Platz zwei usw. Das kann man gut in Gruppenarbeit tun. Einigt euch am Ende auf eine gemeinsame Klassenliste. (Vielleicht könnt ihr sie dem Schülerrat eurer Schule zukommen lassen oder in der Schülerzeitung veröffentlichen.)

Das könnte zum Programm unserer SV gehören:

1.
2.
3.

Welche rechtlichen Bestimmungen gelten für die Arbeit der SV?

Hier könnt ihr euch mit wichtigen rechtlichen Grundlagen für die Arbeit der SV vertraut machen. Ausführlich sind die rechtlichen Bestimmungen oft auch in euren Aufgabenheften abgedruckt. Schulgesetze aller Bundesländer sind mithilfe des Ländernamens und dem Suchbegriff „Schulgesetz" leicht im Internet zu finden. Hier haben wir Beispiele aus den rechtlichen Bestimmungen für Hessen abgedruckt.

Aus dem hessischen Schulgesetz
(in der Fassung vom 13. Juli 2006)

Aufgaben
§ 121 (1) Bei der Verwirklichung der Bildungs- und Erziehungsziele der Schule [...] wirken die Schülerinnen und Schüler durch ihre Schülervertretung eigenverantwortlich mit.
(2) Die Schülervertreterinnen und Schülervertreter nehmen die Interessen der Schülerinnen und Schüler in der Schule, gegenüber den Schulaufsichtsbehörden und der Öffentlichkeit wahr und üben die Mitbestimmungsrechte der Schülerinnen und Schüler in der Schule aus.
(3) Die Schülervertreterinnen und Schülervertreter werden durch die Schülerinnen und Schüler gewählt und können nur durch sie abgewählt werden.

Klassensprecher
§ 122 (2) In den Schulen der Mittel- und Oberstufe wählt die Schülerschaft einer Klasse [...] eine Klassensprecherin oder einen Klassensprecher und eine Stellvertreterin oder einen Stellvertreter für die Dauer eines Schuljahres. Diese Schülervertreterinnen und Schülervertreter können an den Klassenkonferenzen mit Ausnahme der Zeugnis- und Versetzungskonferenzen mit beratender Stimme teilnehmen.

Schülerrat und Schülersprecher
(3) Die Klassensprecherinnen und -sprecher bilden den Schülerrat der Schule, die Schulsprecherin als Vorsitzende oder der Schulsprecher als Vorsitzender und zwei Stellvertreterinnen oder Stellvertreter den Vorstand des Schülerrats.
(6) An Schulen mit mindestens fünf Lehrerinnen und Lehrern kann der Schülerrat zu seiner Beratung eine Verbindungslehrerin oder einen Verbindungslehrer und eine Stellvertreterin oder einen Stellvertreter wählen.

Schülerversammlung
(7) Der Schülerrat hat mindestens einmal im Schuljahr eine Schülerversammlung, an Berufsschulen eine Teilversammlung einzuberufen, die der Unterrichtung und Aussprache über seine Arbeit und über wichtige schulische Angelegenheiten dient. Sie findet während der Unterrichtszeit statt.

Aus der hessischen Verordnung über die Schülervertretungen
(in der Fassung vom 4. Juni 2005)

§ 1 Wahlen und Wahltermine
(2) Die Wahlen der Klassensprecherinnen und Klassensprecher [...] sind innerhalb von drei Wochen nach Unterrichtsbeginn am Anfang eines Schuljahres durchzuführen. [...] Spätestens bis zum Ende der darauf folgenden Woche hat die Wahl des Vorstandes und unverzüglich danach die Wahl der Schülersprecherin oder des Schülersprechers und der zwei Vertreterinnen oder Vertreter im Kreis- oder Stadtschülerrat zu erfolgen. Bis zu fünf weitere Schülerinnen und Schüler können zur Mitarbeit im Vorstand des Schülerrates gewählt werden.

§ 11 Rechtsstellung der Schülervertreter
Die Mitglieder der Schülervertretung sind in ihren Entscheidungen frei, aber der Schülerschaft verantwortlich. Sie sind verpflichtet, den Mitschülerinnen und Mitschülern über ihre Tätigkeit zu berichten.

---

1. Legt eine Tabelle an, in der ihr die Informationen über (a) die Aufgaben der SV, (b) die Klassen- und Schülersprecher, die Schülerversammlung und (c) über Wahlen mit eigenen Worten zusammenfasst.

Wir diskutieren: Soll die Schülersprecherin oder der Schülersprecher vom Schülerrat oder von allen Schülerinnen und Schülern gewählt werden?

Die Schulgesetze der meisten Bundesländer sehen vor, dass die Schülerinnen und Schüler selbst entscheiden können, ob ihre Sprecherinnen und Sprecher vom Schülerrat oder von allen Schülern gewählt werden. Im hessischen Schulgesetz heißt es dazu im Paragraphen 122 (3): „Der Vorstand wird entweder vom Schülerrat aus seiner Mitte oder von allen Schülerinnen und Schülern aus ihrer Mitte gewählt."

Stellt euch folgende Situation vor: Ihr befindet euch in einer Sitzung des Schülerrats und diskutiert über die Wahl des neuen Schülersprechers. Das Schulgesetz sieht dafür zwei Möglichkeiten vor. Ihr sollt nun eine Entscheidung herbeiführen. Bis jetzt haben sich zwei Schüler gemeldet und ihre Meinung vertreten, Canan und Thomas.

Canan sagt:

Ich bin nicht sicher, dass die beste Kandidatin oder der beste Kandidat Schülersprecher wird, wenn sie oder er von allen Schülern gewählt wird. So eine Schülerversammlung kann leicht in einem Chaos enden. Gewählt wird dann derjenige, der die beste Show abziehen kann. Ich bin dafür, dass wir als Schülerrat den neuen Schülersprecher und seine Stellvertreter wählen. Wir sind doch die gewählten Sprecherinnen und Sprecher unserer Klassen. Wir kennen die Bewerber durch die gemeinsamen Sitzungen und können besser beurteilen, wer für die Aufgabe geeignet ist und wer nicht.

Thomas meldet sich zu Wort:

Ich bin dafür, dass wir den neuen Schülersprecher von allen Schülerinnen und Schülern wählen lassen. So kann jeder Schüler an unserer Schule mitentscheiden und die Kandidatin oder den Kandidaten seiner Wahl direkt wählen. Wenn alle wählen dürfen, ist das die demokratischste Art, wie ein Schülersprecher gewählt werden kann.

A Die Schülersprecherin oder der Schülersprecher und ihre Stellvertreterinnen und Stellvertreter werden vom Schülerrat aus seiner Mitte gewählt.

B Der Schülerrat kann mit Mehrheit entscheiden, dass die Wahl durch die Schülerversammlung erfolgt.

1. Sammelt: Was spricht für die direkte Wahl des Schülersprechers und was für die Wahl durch den Schülerrat?

2. Stell dir vor: Du bist nun an der Reihe. Welche Meinung vertrittst du?

Streit zwischen Klassenkameraden friedlich lösen: Wie geht das?

Wir planen Lösungen für Streitfälle in Gruppen

Die Autoren von TEAM baten Schülerinnen und Schüler aus den Klassen 7 und 8 darum, von typischen Streitsituationen zu berichten. Den folgenden Fall hat Nathalie erzählt. Die Fotos mit den Betroffenen haben wir nachgestellt.

Warum ist Nathalie so traurig?

An dem Morgen, an dem es passierte, war ich sowieso schon unheimlich gereizt gewesen. Ich hatte mich geärgert, dass Aida mein Englischheft, das ich ihr geliehen hatte, nicht mit in die Schule gebracht hatte. Moritz war wohl auch sauer. Wie er später sagte, hatte Nicole ihn angegiftet und es kochte innerlich in ihm.

Der Streit begann im Sportunterricht. Wir übten Bodenturnen. Moritz hatte sich auf einen kleinen Bock gesetzt und ich hatte das Gefühl, dass er unheimlich eingebildet über mich hinwegsah. Ich ging zu dem Bock hin und stellte einen Fuß neben seinen Sitzplatz. Schlecht gelaunt meinte er: „Hol deinen Fuß da runter!" Darauf ich: „Ich kann meinen Fuß auf den Bock setzen, so lange ich will. Das ist ja wohl nicht nervig!" „Doch, das ist es!", schrie er mich an, „du nervst total!" Ich begriff gar nicht, warum er so sauer reagierte. Als er meinem Fuß runterstieß, schnauzte ich ihn ebenfalls an: „Hör auf mit dem Quatsch, du hast sie wohl nicht mehr alle!" Jetzt schien er völlig von der Rolle zu sein: „Weißt du eigentlich, dass du immer noch dieses blöde Entengesicht hast?"

Das sagte er so laut, dass auch die anderen es hören konnten. Ich war unglaublich beleidigt und wütend darüber. Und ich trat ihm ganz fest in den Rücken. Das hat dem Moritz sehr weh getan. Nach der Sportstunde, als ich in die große Pause gehen wollte, rief er mir noch einmal vor allen anderen hinterher: „Du blödes Entengesicht!" „Ist ja schon gut", murmelte ich traurig und ging schnell weg.

1. Findet ihr eine Erklärung dafür, warum dieser kleine Vorfall zu einem so heftigen Streit führen konnte?

2. Nathalie berichtete weiter, dass sie mindestens zwei Wochen lang wütend und beleidigt gewesen sei. Moritz meinte, er habe nichts mehr mit Nathalie zu tun haben wollen, obwohl er sie bis dahin eigentlich ganz gut leiden konnte. Warum kann ein Streit so schlimme Folgen haben?

3. Habt ihr Vorschläge, wie dieser Streit beendet werden könnte? Lest dazu auch die folgenden Seiten.

Topthema

Streit

Streit unter Jungen: oft mit Gewalt?

1. Wann ist Streit schlimm und wann nicht?
2. Im Text werden drei mögliche Streitlösungen genannt. Was unterscheidet sie und welche ist die beste?
3. Versucht einmal, eine wahre oder eine erfundene Geschichte zu erzählen, in der es zwischen Klassenkameraden zum Streit kam und in der eine gute Lösung gefunden wurde.

Gehört Streit immer dazu?

Unter einem Streit versteht man eine heftige Auseinandersetzung zwischen einzelnen Personen oder Gruppen. Streiten gehört zum Alltag und muss nicht unbedingt etwas Schlechtes sein. Man kann streiten und sich hinterher wieder vertragen. Wenn man mit fairen Mitteln streitet und am Ende eine Lösung findet, war der Streit nicht schlimm.

Negativ ist ein Streit, wenn er nicht zu Ende geht und wenn die Mittel, mit denen er geführt wird, immer heftiger werden. Besonders schlimm wird ein Streit, wenn Gewalt ins Spiel kommt oder wenn er dazu führt, dass ein Mensch auf Dauer ausgegrenzt wird. Jemanden auf Dauer aus der Gemeinschaft auszuschließen,

Streit unter Mädchen: oft mit Mobbing?

wird als Mobbing bezeichnet. Das ist eine besonders schlimme Form von Streit, weil die Opfer oft gar nichts dafür können und weil Mobbing Gewalt an der Seele ist. Mobbing macht Menschen einsam, traurig und sogar krank.

Streitursachen in der Klasse

Streitauslöser können sein, dass man nicht aufpasst und etwas kaputt macht, was anderen gehört, oder dass man jemand anderem etwas wegnimmt. Oft sagen Schüler, sie hätten etwas „nur zum Spaß" gemacht. Dabei haben sie in Wahrheit einen Mitschüler oder eine Mitschülerin seelisch oder körperlich verletzt. Eine häufige Streitursache sind Beleidigungen. Manchmal haben die Stärkeren einfach Lust, kleinere oder schwächere Schüler zu quälen. So entsteht Streit aus Gedankenlosigkeit.

Schlechte Streitlösungen

Gewalt ist immer die schlechteste Lösung. Damit ist nicht die spielerische Rauferei gemeint, sondern die Gewalt, bei der es Opfer gibt, die leiden müssen.
Der häufigste Fehler der Streitenden ist, dass sie sich total auf ihre eigene Sichtweise versteifen und ihren Gegner am liebsten fertigmachen wollen.

Im schlimmsten Fall hat ein Streit nur Verlierer, zum Beispiel weil eine Freundschaft durch einen Streit zerbricht. Man spricht dann von einer *Verlierer-Verlierer-Lösung*. Alle Beteiligten haben dabei Schaden erlitten.
Nicht viel besser ist die *Gewinner-Verlierer-Lösung*. Hier gibt es Sieger und Besiegte und der Streit kann nur beigelegt werden, weil einer der Beteiligten den gesamten Schaden erträgt.

Gute Streitlösungen

Wenn es zum Streit kommt, sollten die Streitenden nach der ersten Wut eine Verschnaufpause einlegen. Oft ist es gut, wenn man sich zunächst einmal aus dem Weg geht. Danach sollte man das Gespräch suchen. Dabei sollten die Streitenden ihre Sicht der Dinge sagen können und dann gemeinsam darüber beraten, wie der Streit versöhnlich beendet werden kann. Hilfreich ist es immer, wenn ein sogenannter Streitschlichter, also eine neutrale Person, im Streitgespräch anwesend ist, um zwischen den Streitenden zu vermitteln.
Als gute Streitlösung sollte eine *Gewinner-Gewinner-Lösung* angestrebt werden. Sie bedeutet, dass alle Beteiligten mit der Lösung einverstanden sind und mit einem guten Gefühl auseinandergehen.

Wie kann der Streit zwischen Nathalie und Moritz friedlich beigelegt werden?

Streitschlichterin Ariane vermittelt

Wir kehren noch einmal zum Streit zwischen Nathalie und Moritz zurück. Moritz fühlte sich verletzt und Nathalie war lange Zeit traurig und deprimiert. Das ist sicherlich kein gutes Streitende. Eigentlich kamen die beiden erst wieder ins Gespräch miteinander, nachdem Nathalie den Vorfall in einer Klassenversammlung berichtet hatte. Die Schülerin Ariane, 15 Jahre alt, die zur Streitschlichterin ausgebildet wurde, nahm sich der Sache an und bat Nathalie und Moritz zu einem Gespräch. Die Fotos zeigen die beiden Streitenden und die Streitschlichterin Ariane beim Schlichtungsgespräch. Schlichten bedeutet „ebnen, glätten, Streitigkeiten friedlich beilegen". Der Verlauf des Gesprächs lässt sich gut mit verteilten Rollen lesen. Die Streitschlichterin führt das Gespräch nach einer vorher geplanten Vorgehensweise.

ARIANE: Wir gehen so vor, dass jeder von euch zunächst die Gründe für den Streit aus seiner Sicht darstellt. Fängst du bitte an, Nathalie.

NATHALIE: Es war gemein von Moritz, dass er mich so schlimm beleidigt hat. Nach der Sportstunde hat er seine Beleidigung sogar noch einmal wiederholt – vor anderen Schülern aus der Klasse. Ich hab' das Gefühl, dass ich seitdem von einigen aus der Klasse nicht mehr beachtet werde.

ARIANE: Und du, Moritz, wo siehst du den Grund?

MORITZ: Sie hat mir in den Rücken getreten. Das kann ich mir nicht gefallen lassen. Außerdem gab es dafür überhaupt keinen Grund. Was ich gesagt habe, war doch nur im Spaß gemeint.

NATHALIE: Du bist vielleicht gut. Das ist doch kein Spaß, wenn du jemanden vor allen anderen zweimal beleidigst.

ARIANE: Moment, bitte fallt euch nicht ins Wort. Jeder soll ausreden können. Willst du zu den Gründen für den Streit noch etwas sagen, Moritz?

MORITZ: Nathalie hat angefangen. Hätte sie mich in Ruhe gelassen, wäre nichts passiert.

ARIANE: Der Streit ist jetzt schon drei Wochen her. Vielleicht könnt ihr mittlerweile den Anlass dafür etwas cooler betrachten. War der Streit wirklich unvermeidlich?

NATHALIE: Das mit dem Fuß auf dem Hocker war schon irgendwie blöd von mir. Ich war aber schon sowieso sauer an diesem Morgen.

MORITZ: Ich war auch genervt, weil Nicole, unsere Klassensprecherin, mich wegen einer anderen Sache angegiftet hatte.

ARIANE: Nathalie, versuche du einmal, den Streit aus der Sicht von Moritz zu sehen, und du, Moritz, aus der Sicht von Nathalie.

NATHALIE: Na ja, ich kann irgendwie schon verstehen, dass du sauer warst, als ich nach dir getreten habe. Vor den anderen Jungen aus der Klasse kam das wahrscheinlich ganz schlecht bei dir an.

MORITZ: Das ist noch ziemlich untertrieben. War wahrscheinlich auch blöd von mir, dass ich das mit der Ente zweimal gesagt habe. Die Mädchen reagieren ja meistens total empfindlich auf sowas. Ehrlich gesagt: Ich wollte es dir heimzahlen.

ARIANE: Könnt ihr euch jetzt gegenseitig sagen, was für euch das Ziel dieses Gesprächs sein soll?

NATHALIE: Ich finde es schade, dass wir nicht mehr miteinander reden und dass die anderen so komisch zu mir sind. Ich fühle mich seit dem Streit nicht mehr so wohl in der Klasse wie vorher. Ich würde mich gerne wieder mit dir vertragen und ich hätte gerne, dass du den anderen sagst, dass wir keinen Streit mehr miteinander haben.

MORITZ: Ich würde auch wieder gerne mit dir befreundet sein. Das mit der Beleidigung war ein Fehler. Das tut mir leid.

ARIANE: Wie wollt ihr in Zukunft miteinander umgehen?

NATHALIE: Mir tut leid, was passiert ist. Ich werde versuchen, dich nicht mehr so viel zu ärgern. Ich werde dich auch bestimmt nicht mehr treten. Das verspreche ich dir.

MORITZ: Ich werde versuchen, mir einen anderen Umgangston mit dir anzugewöhnen. Ich hoffe, dass ich insgesamt höflicher mit den Mädchen umgehen werde.

ARIANE: Gut, dann lasst uns das jetzt in einem Vertrag festhalten, den ihr bitte beide unterschreibt.

Streitschlichtervertrag

zwischen

Moritz

und

Nathalie

In Zukunft wollen wir uns höflicher benehmen und uns bemühen, einander nicht mehr durch Worte und Taten zu verletzen.

Nathalie: Nathalie

Moritz: Moritz

Streitschlichterin: Ariane

---

1. Wie bewertet ihr den Verlauf und das Ergebnis dieses Gesprächs?

2. Was unternimmt Ariane, damit das Gespräch fair verläuft und einen guten Ausgang nimmt? Sammelt die einzelnen Schritte, nach denen die Streitschlichterin vorgeht.

■ **Tipp:** Es ist schwierig, sich in einem Streitgespräch vernünftig zu verhalten. Aber man kann dieses Verhalten lernen und einüben – und zwar sowohl als Betroffene oder Betroffener in einem Streit als auch in der Rolle eines Streitschlichters. Schaut euch dazu die Methodenkarte auf der nächsten Seite an. Übt dann die Streitschlichtung mithilfe des Trainingsplatzes auf der übernächsten Seite.

Methodenkarte

Streitschlichtungsgespräch | Thema: Einen Streit in der Klasse friedlich beenden

A Worum geht es?

Streit schlichten zu können, ist eine schwierige Aufgabe. Vielleicht existiert an eurer Schule ein Streitschlichterprogramm, in dem Schülerinnen und Schüler auf die Aufgabe der Streitschlichtung vorbereitet werden. Auch wenn ihr nicht zu diesen Schülern gehört, könnt ihr die Streitschlichtung trainieren, zum Beispiel indem ihr Rollenspiele durchführt, die von Streit handeln. In vielen Situationen im Leben werdet ihr die Fähigkeiten anwenden können, die ihr in der Klasse spielerisch eingeübt habt.

B Was ist die Rolle einer Streitschlichterin oder eines Streitschlichters?

Streitschlichter vermitteln zwischen den streitenden Parteien. Sie können ihre Aufgabe einzeln oder zu zweit ausführen. Sie verhalten sich neutral, dürfen also nicht für die eine oder andere Seite Partei ergreifen und auch keine Strafen aussprechen. Bei ihrer Gesprächsführung gehen sie nach einem Plan vor, der aus fünf Schritten besteht. Alles, was ihnen von den Streitenden erzählt wird, behandeln sie streng vertraulich. Am Ende des Gesprächs formulieren sie gemeinsam mit den Streitenden eine schriftliche Vereinbarung, die von den Betroffenen unterschrieben wird.

C Die fünf Schritte in einem Streitschlichtungsgespräch

1. Die Streitschlichter erklären den Streitenden wichtige Gesprächsregeln.

Als wichtigste Regel gilt, dass die Streitenden sich gegenseitig gut zuhören und sich nicht ins Wort fallen dürfen. Der Schlichter bittet die Teilnehmer um Offenheit und Ehrlichkeit und ermahnt sie dazu, jede Art von Beleidigung zu unterlassen.

2. Jede der streitenden Parteien erläutert die eigene Sicht des Streites.

Wichtig ist, dass die Streitenden Gelegenheit zur ausführlichen Darstellung ihrer Sichtweise haben. Gegebenenfalls kann der Schlichter Nachfragen stellen: Worin siehst du die Ursache für den Streit? Wie sehr bist du über den Vorfall verärgert? …

3. Der Schlichter fordert dazu auf, die Sichtweise des jeweils anderen einzunehmen.

Das ist vielleicht der schwierigste, aber auch der wichtigste Teil in einem Streitschlichtungsgespräch. Nur wenn es den Streitenden gelingt, sich in die Lage des anderen hineinzuversetzen, können sie Verständnis füreinander entwickeln. Verständnis füreinander ist eine wichtige Voraussetzung für zufriedenstellende Lösungen.

4. Die Parteien entwickeln Vorschläge zur Streitlösung.

Hierbei sollte sich der Streitschlichter so weit wie möglich zurückhalten, denn es ist erfolgversprechender, wenn die Streitenden ihren eigenen Lösungsvorschlägen folgen.

5. Die Lösung wird schriftlich festgehalten und von den Streitenden vertraglich besiegelt.

Ein erfolgreiches Streitschlichtungsgespräch endet damit, dass sich ursprünglich zerstrittene Parteien die Hand zur Versöhnung reichen.

Wir üben Streitschlichtungsgespräche ein

Von den folgenden Fällen haben Schülerinnen und Schüler berichtet. Ihr könnt euch in Gruppen zusammensetzen und für die beiden Fälle Streitlösungsgespräche vorbereiten. Ein bis zwei Personen übernehmen die Rolle der Streitschlichter. Andere Gruppenmitglieder übernehmen die Rollen der Streitenden.

Fall 1: Kaputtes Mäppchen

Sascha und Jens sind dicke Freunde. Wenn sie etwas ärgert, passiert es schon mal, dass einer von beiden oder sogar beide Schulmäppchen von Mitschülern gegen die Wand werfen. Dieses Mal war es das Mäppchen von Tatjana, das plötzlich in hohem Bogen durch die Klasse flog. Dabei ist Tatjanas Füller zerbrochen. Sie will, dass einer der beiden den Schaden wiedergutmacht. Sie will auch, dass Jens und Sascha endlich damit aufhören. Sascha sagt, Tatjana hätte vorher extra gegen seine Schultasche getreten und gegen die von Jens. Sie hätte daher zuerst Schaden angerichtet.

Beteiligte am Streitlösungsgespräch sind: Sascha, Jens, Tatjana, ein Streitschlichter (vielleicht noch eine Freundin von Tatjana).

Fall 2: Aisha wird gemobbt

Eigentlich mag und bewundert Jule Aisha. Sie ärgert sich aber darüber, dass Aisha in Tests immer die besseren Noten schreibt. Vor einiger Zeit war es in Biologie wieder so. Jule hatte eine Drei und Aisha als Einzige in der Klasse eine Eins. In einer großen Pause nahm Jule drei weitere Mädchen zur Seite: „Aisha ist eine Streberin", sagte sie, „habt ihr gesehen, wie eingebildet sie ist. Wir sollten ab jetzt nicht mehr mit ihr reden." Wenige Tage später wollte Aisha ihren zwölften Geburtstag feiern. Dazu lud sie die Mädchen aus der Klasse zu sich nach Hause ein. Diese nahmen die Einladung an, beschlossen dann aber, nicht hinzugehen. So blieb Aisha mit ihrer Mutter alleine am Geburtstagstisch sitzen. Aisha war unendlich traurig und konnte es nicht fassen, dass Jule und viele aus ihrer Klasse nicht mit ihr redeten. Wochen später erzählte sie der Klassensprecherin, die auch Streitschlichterin ist, was in der Klasse los ist. Diese bat Jule und Aisha zu einem Gespräch.

Beteiligte am Streitlösungsgespräch sind: Aisha, Jule, ein Streitschlichter (vielleicht noch weitere Mädchen aus der Klasse).

1. Übt die Gespräche in Gruppen ein, spielt sie anschließend vor und besprecht sie gemeinsam. (Haltet euch dabei an die in der Methodenkarte empfohlenen fünf Schritte.)

2. Nach folgenden Merkmalen könnt ihr die Rollenspiele besprechen:
   - Wurden die fünf empfohlenen Schritte richtig beachtet?
   - Haben die Teilnehmer ihre Rollen glaubwürdig gespielt?

7 Mobbing in der Schule: Eine besonders gemeine Form von Gewalt?

Wir formulieren Verhaltensregeln zum Schutz vor Mobbing

Die Geschichte von Klaus

Die folgende Geschichte hat sich wirklich so zugetragen. Die Namen der Personen wurden geändert. Achtet beim Lesen auf das Verhalten von Timo, Marcel und den genannten Mädchen.
Warum quälen sie Klaus?

Klaus besucht die 8 d und er hat es schon immer schwer gehabt in seiner Klasse, eigentlich schon, seit er nach dem sechsten Schuljahr vom Gymnasium zur Realschule gewechselt hat. Von Beginn an wurde er zum Außenseiter gestempelt. Nie hat er herausgefunden, was der Grund dafür war. Man sagte es ihm nicht. Er selbst vermutete, dass es an seinem Übergewicht lag. Im Sportunterricht stellte er sich oft unbeholfen an, weshalb er von den anderen ausgelacht wurde. Klaus hasste den Sportunterricht. Timo und Marcel, zwei Mitschüler aus der 8 d schienen besonders große Freude daran zu haben, Klaus immer wieder zu ärgern.
Kurz vor den Sommerferien war die Klasse zum Schwimmunterricht ins Freibad gegangen. Als die 26 Jungen und Mädchen am Beckenrand auf Herrn Stüber, den Sportlehrer warteten, konnten sich Timo und Marcel einfach nicht zurückhalten. Sie gaben dem vor Kälte bibbernden Klaus einen Stoß, sodass er samt T-Shirt mit lautem Platsch ins Wasser fiel. Natürlich hatte er sofort die Aufmerksamkeit der ganzen Klasse für sich. Mit lautem Prusten schwamm er ungeübt zur Treppe. Als er aus dem Wasser steigen wollte, kamen die Mädchen Anna, Sabrina und Olesja auf die Idee, ihm das triefende T-Shirt auszuziehen. Er wehrte sich, aber es nützte nichts. Bald stand Klaus mit nacktem Oberkörper da und Timo rief in das allgemeine Gegröle hinein: „Guckt mal, wie fett der ist!" Mit hochrotem Kopf gelang es Klaus, die Flucht zu ergreifen, aber die anderen kamen jetzt immer stärker in Fahrt. Wie immer waren es Timo, der den nächsten Schritt einleitete, und Marcel, der alles mitmachte, was Timo gut fand. „Los, wir laufen ihm nach und ziehen ihm die Badehose runter." Sie fanden Klaus unter einem Baum sitzend, den Kopf auf die Oberarme gestützt, schwer atmend und heftig weinend. Weil Herr Stüber mittlerweile am Beckenrand erschienen war, ließen Timo und Marcel Klaus sofort in Ruhe. „Der Fettkloß kann überhaupt keinen Spaß vertragen", murmelte Marcel noch, während die beiden zurückschlenderten. Am nächsten Tag kam Klaus noch wie gewohnt in die Schule, aber ab dem übernächsten fehlte er.

Und dann erfuhr die Klasse von ihrer Klassenleiterin, dass Klaus versucht hatte, sich mit Schlaftabletten das Leben zu nehmen. Zum Glück hatte seine Mutter ihn noch rechtzeitig entdeckt und ins Krankenhaus gebracht. „Die Sache im Freibad hat bestimmt nichts mit dem zu tun, was Klaus hinterher gemacht hat." Mit solchen und ähnlichen Meinungen reagierten die meisten Schülerinnen und Schüler, ganz besonders Timo, Marcel und die Mädchen, die Klaus das nasse T-Shirt ausgezogen hatten. Einige aus der Klasse fragten sich, ob zwischen dem Ereignis im Schwimmbad und dem Selbstmordversuch ein Zusammenhang bestehen könnte.

Mobbing: Was ist das?

„Kennst du das Gefühl, Sonntagabend ins Bett zu gehen und schon ein gewisses Grauen vor dem nächsten Tag zu haben, weil du wieder in diese Klasse musst, in der eine Person ist, die alles tut, um dir den Tag zur Hölle zu machen, und du weißt, dass es deine Mitschüler mitbekommen, sich aber nichts zu sagen trauen?!"

„Was soll ich bloß tun? Ich denke in letzter Zeit immer und immer wieder daran, wie ich ES verhindern kann, und dabei bin nicht ich das Mobbing-Opfer, vielmehr eine Klassenkameradin."

Das sind nur zwei von zahlreichen Hilferufen aus dem Internet. Sie zeigen, dass der Fall Klaus kein Einzelfall ist. Fachleute gehen davon aus, dass einer von zehn Schülern in der Schule ernsthaft gemobbt wird. Davon betroffen sind Jungen und Mädchen gleichermaßen. Als besonders gefährdete Personen gelten Menschen, die sich durch eines oder durch mehrere Merkmale von der Klasse unterscheiden, zum Beispiel durch ihr Aussehen, ihre Art zu sprechen, ihre Kleidung, oder auch, weil sie sich einmal geweigert haben, an einer bestimmten Aktion teilzunehmen. Das Wort Mobben stammt aus dem Englischen. Das Verb *to mob* bedeutet so viel wie anpöbeln oder quälen. Mobbing ist mehr als ein einmaliger Streit. Es ist eine spezielle Form von Gewalt gegenüber Personen, die sich über längere Zeit hinzieht, mit dem Ziel, diese Person auszugrenzen und fertigzumachen. Mobbing geschieht in Formen direkter und indirekter Gewalt. Oft beginnt es scheinbar harmlos und die Täter reden sich gerne damit heraus, dass sie nur Spaß machen wollten. Für die Opfer ist Mob-

bing alles andere als harmlos. Sie empfinden Niedergeschlagenheit und Einsamkeit und leiden nicht selten unter körperlichen Schmerzsymptomen wie Übelkeit, Erbrechen, Bauchschmerzen. Experten schätzen, dass 20 Prozent der jährlichen Selbstmordversuche durch Mobbing ausgelöst werden. Auch Erwachsene sind davon betroffen.

Die Opfer sind auf Hilfe von außen angewiesen. Sie brauchen Personen, denen sie sich anvertrauen können. Hilfemaßnahmen sollten nicht nur die Opfer im Blick haben. Sie müssen auch bei den Tätern ansetzen, ihnen muss unmissverständlich klargemacht werden, dass ihr Verhalten nicht geduldet werden kann.

Aktiv werden gegen Mobbing

Im Rahmen eines Anti-Gewalt-Projektes haben Schülerinnen und Schüler eine „Anti-Mobbing-Verfassung" ausgearbeitet und an Eltern, Lehrer und Schüler verteilt.

Unsere Regeln gegen Mobbing und Gewalt
Klasse 7a der Ludwig-Simon-Realschule

A Wir verpflichten uns,
- nicht mitzumachen, wenn andere mobben, Mitschüler schikanieren oder quälen,
- hilfsbereit zu sein, wenn jemand, der sich von Mobbing betroffen fühlt, ein Gespräch mit uns wünscht.

B Wir prüfen uns,
- ob wir schon einmal andere gemobbt haben,
- ob wir mitmachen, wenn andere ausgeschlossen, gequält oder beleidigt werden.
- Wenn wir das auch schon einmal gemacht haben, hören wir ab sofort damit auf.

C Wir erwarten von den Tätern,
- dass sie sofort damit aufhören und sich entschuldigen, wenn die Klassengemeinschaft das von ihnen verlangt.

D Wir fordern die Opfer dazu auf,
- nicht zu schweigen, sondern sich mit ihren Problemen an den Klassensprecher, seine Vertreter oder an andere Klassenkameraden zu wenden.

---

1. Versucht einmal, euch in die Situation von Klaus nach dem Vorfall im Freibad zu versetzen. Wie würdet ihr euch fühlen? Schreibt es auf und lest euch gegenseitig eure Schilderungen vor.

2. Mobbing und die Folgen für die Opfer: Notiert dazu wichtige Stichworte, die man sich merken sollte.

3. Was haltet ihr von den abgedruckten Artikeln der Anti-Mobbing-Verfassung? Diskutiert miteinander und formuliert eure eigenen Ansichten darüber, wie man Mobbing verhindern und Mobbing-Opfern helfen kann.

Memorystationen

Wie können wir das Zusammenleben in der Schule gestalten?

Station 1 — Wer hat das Zeug zur Klassensprecherin, zum Klassensprecher?

Angenommen, dass …

Kurz nach Beginn eines neuen Schuljahres kommen einige der neuen Fünftklässler mit der folgenden Bitte auf dich zu:

Noch in dieser Woche sollen wir zum ersten Mal eine Klassensprecherwahl durchführen. Einer der neuen Schüler, ein ganz großer und starker, will sich zur Wahl stellen. Wir glauben, dass er das nur machen will, damit er über alle anderen bestimmen kann. Kannst du uns drei Eigenschaften nennen, die man haben sollte, wenn man sich für dieses Amt zur Wahl stellt?

1.
2.
3.

Station 2 — Welche Schule wollen wir?

3 plus 3 plus 3 plus 3

3 Erwartungen an eine gute Schule:	3 Regeln für eine faire Diskussion:
1.	1.
2.	2.
3.	3.
3 Gründe kontra Ganztagsschule:	**3 Gründe pro Ganztagsschule:**
1.	1.
2.	2.
3.	3.

Station 3 — Welche Regeln brauchen wir?

Angenommen, dass …

Von einer Freundin oder einem Freund aus einer anderen Stadt erhältst du die folgende Mail:

Hallo,
vielleicht kannst du mir helfen. Unserer Klassenlehrerin, Frau Helferich, meint, unsere Klasse sei ein ziemlich wilder Haufen. Es könne so nicht weitergehen. Als Hausaufgabe hat sie uns aufgegeben, Regeln zu überlegen, wie wir in Zukunft besser miteinander umgehen können, und zwar:

- *zwei Regeln zu unserem Verhalten vor Unterrichtsbeginn,*
- *zwei Regeln für das Verhalten gegenüber Klassenkameraden,*
- *zwei Regeln für die Gesprächsführung im Unterricht.*

Kannst du mir deine Vorschläge schicken? Ich weiß ja, dass du Experte bist.

Station 4 — Rechte und Pflichten

Sätze zusammenfügen

Hier ist ein Text über Rechte und Pflichten auseinandergefallen. Du wirst ihn wieder richtig zusammenfügen.

1. Ein Recht ist eine …
2. Nie hat jemand …
3. Das wichtigste Recht in der Schule ist …
4. Das Recht auf eine eigene Meinung darf nicht dazu …
5. Unter einer Pflicht versteht man …
6. Eine wichtige Schülerpflicht ist …

a. grenzenlose Rechte.
b. garantierte Freiheit.
c. die Pflicht zum regelmäßigen Schulbesuch.
d. das Recht auf Bildung.
e. eine Aufgabe, die man zu erfüllen hat.
f. missbraucht werden, andere zu beleidigen.

Station 5 — Schülerinnen und Schüler regieren in der Schule mit

Wahlmöglichkeit A

Wahlmöglichkeit B

1. Erkläre den Unterschied: Welche beiden Möglichkeiten bei der Wahl des Schülersprechers zeigen die Zeichnungen?

2. Formuliere jeweils einen Grund: Was spricht für die Möglichkeit A und was für die Möglichkeit B?

3. Begründe deine eigene Meinung: Für welche Möglichkeit entscheidest du dich?

Station 6 — Streit friedlich lösen

Ergänze die Übersicht:

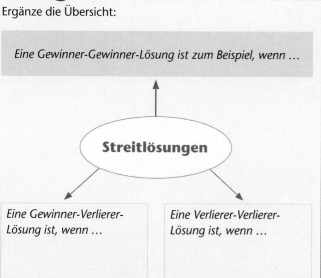

Eine Gewinner-Gewinner-Lösung ist zum Beispiel, wenn …

Streitlösungen

Eine Gewinner-Verlierer-Lösung ist, wenn …

Eine Verlierer-Verlierer-Lösung ist, wenn …

Station 7 — Mobbing in der Schule

Rede und Gegenrede

Wer das Unterkapitel 7 aufmerksam gelesen hat, wird unschwer feststellen, dass die folgenden Ansichten falsch sind. Wie muss die zutreffende Gegenrede lauten? Formuliere sie zu den Ansichten.

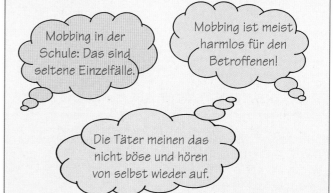

Mobbing in der Schule: Das sind seltene Einzelfälle.

Mobbing ist meist harmlos für den Betroffenen!

Die Täter meinen das nicht böse und hören von selbst wieder auf.

Zusammenleben
in der Familie

2

Welcher Meinung stimmst du zu?

„Ich glaube, die Familie ist so wichtig, dass der Staat sich
mit darum kümmern muss."

„Familie? – Das ist doch meine Privatsache. Das geht den Staat gar nichts an."

Worum geht es?

„Familie? – Das ist das Wichtigste in meinem Leben." Darin sind sich die meisten
Menschen einig.

Bei Umfragen unter Jugendlichen landet die Familie regelmäßig auf Platz 1 der Hitliste. Viele Jugendliche betonen, dass sie sich in der Familie vor allem geborgen fühlen.
Andere legen besonderen Wert auf die Feststellung, dass die Familie ihnen bei Problemen hilft. Für eine dritte Gruppe steht der Zusammenhalt in der Familie an erster
Stelle.

Familie – das ist für die meisten von uns also der Ort, wo wir geliebt werden, wo wir
unsere Probleme besprechen können, wo wir Trost bei Enttäuschungen finden. Es ist
aber auch ein Ort, wo gestritten wird, wo Probleme entstehen können, die das Zusammenleben erschweren, ja unmöglich werden lassen.

Vielleicht stellt ihr euch jetzt die Frage, was das Thema „Familie" in einem Politikbuch
zu suchen hat. Eine wichtige Antwort auf diese Frage findet ihr im Grundgesetz der
Bundesrepublik Deutschland. Dort ist im Artikel 6 unter anderem folgender Satz
nachzulesen:

„Ehe und Familie stehen unter dem besonderen Schutze der staatlichen Ordnung."

Ihr seht also, eine so persönliche Sache wie Familie hat durchaus etwas mit einer so
öffentlichen Angelegenheit wie Politik zu tun.

Wenn ihr dieses Kapitel bearbeitet, könnt ihr

- darstellen, wie Familienformen früher ausgesehen haben und heute aussehen,
- erklären, welche Bedeutung Erziehung für die Entwicklung von Kindern hat,
- erklären, wie gerechte Rollenverteilungen in der Familie heute aussehen können,
- begründen, warum die Familie unter dem besonderen Schutz des Staates steht,
- darlegen, auf welche Hilfen Familien einen Anspruch haben.

Das Kapitel „Familie" eignet sich gut, um eine Wandzeitung zu gestalten.
Arbeitsaufträge, die besonders geeignet sind, um in der Wandzeitung
präsentiert zu werden, erkennst du an diesem Symbol.

WZ

Was bedeutet Familie für dich?

Wir sammeln Merkmale, die uns wichtig sind

Das gibt mir die Familie!

Auf den nächsten Seiten könnt ihr euch Klarheit über eure Einstellungen zur Familie verschaffen und euch untereinander darüber austauschen.

Dabei helfen euch die Fotos auf der gegenüberliegenden Seite. Sie zeigen vieles, was in einer Familie wichtig sein kann.

1. Schritt: Sucht Begriffe, die zu den Bildern der gegenüberliegenden Seite passen. In unserem Begriffstopf findet ihr Anregungen, die euch dabei helfen.

2. Schritt: Stellt eure persönliche Hitliste der wichtigsten Aufgaben und Eigenschaften, die eine Familie ausmachen, zusammen. Präsentiert sie eurer Klasse.

3. Schritt: Manche Eigenschaften sind bei euren Präsentationen vermutlich häufiger genannt worden. Sie sind offensichtlich allen Familien gemeinsam oder besonders wichtig. Welche sind das? Einigt euch auf eine Klassenliste. Da man über die Wichtigkeit der verschiedenen Aufgaben durchaus unterschiedlicher Meinung sein kann, solltet ihr die Reihenfolge der Aufgaben in der Hitliste in einer Diskussion klären.

Das gibt mir die Familie

Liebe Vertrauen
Solidarität
Trost Geborgenheit
Erziehung
Gemeinschaft Hilfe
Nähe
Freude Lernen
Versorgung
Sicherheit
Unterstützung

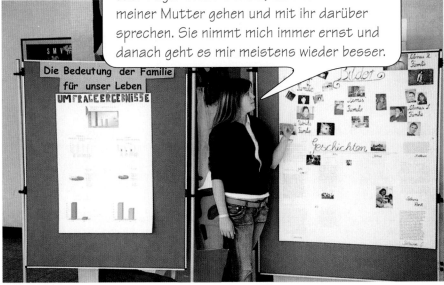

Vertrauen:
Wenn ich Streit mit meinen Freundinnen habe oder Ärger in der Schule, kann ich immer zu meiner Mutter gehen und mit ihr darüber sprechen. Sie nimmt mich immer ernst und danach geht es mir meistens wieder besser.

Auf dem Foto seht ihr Kathrin. Sie ist in der neunten Klasse und besucht eine Realschule. In der Woche vor den Sommerferien fand an ihrer Schule ein Projekttag zu dem Thema „Soziales Lernen" statt. Kathrin entschied sich damals, in dem Projekt „Familie" mitzuarbeiten. Hier präsentiert sie Schülerinnen und Schülern aus anderen Projekten ihre Familiengeschichten.

Das könnt ihr auch. Denn zu den Merkmalen, die eine Familie ausmachen, lassen sich Geschichten erzählen, Bilder zeichnen, Fotos finden und vieles mehr. Wenn ihr eine Pinnwand in eurer Klasse habt, dann sammelt euer Material dort und stellt es euren Mitschülerinnen und Mitschülern vor.

A

B

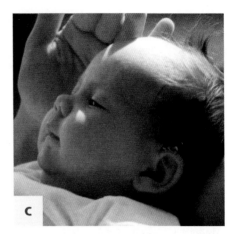

C

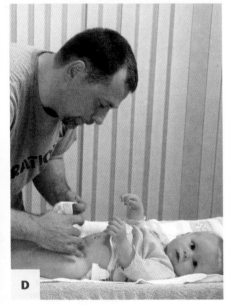

D

E

F

G

H

I

Was denken Jugendliche in Deutschland über die Familie?

Jasmin und Alexander besuchen das 9. Schuljahr einer Realschule. Sie sind seit über einem Jahr zusammen. TEAM befragte die beiden, wie sie sich Familie und Zukunft vorstellen.

Möchtet ihr später heiraten?

JASMIN: Ich finde Heiraten nicht so wichtig. Wenn man sich liebt, bleibt man zusammen, dazu brauche ich keinen „Vertrag"! Heiraten gehört zum Altwerden. Das kann man immer noch später, falls man glaubt, mehr Sicherheit zu brauchen.

ALEXANDER: Ja, ich möchte auf jeden Fall heiraten, aber nicht zu früh, erst mit 26 Jahren oder so.

Und wie sieht es mit Kindern aus?

ALEXANDER: Kinder will ich auf jeden Fall, am besten einen Jungen und ein Mädchen. Dann kann ich an meinen Kindern sehen, was ich im Leben erreicht habe.

JASMIN: In dem Punkt stimme ich mit Alexander überein. Ich möchte Kinder haben, weil ich denke, dass das zum Leben dazugehört.

Wer sorgt für den Lebensunterhalt in eurer Familie?

JASMIN: Derjenige, der die besser bezahlte Arbeit hat, geht Vollzeit, der andere eventuell Teilzeit arbeiten und kümmert sich hauptsächlich um Kinder und Haushalt. Egal ob Mann oder Frau!

ALEXANDER: Der Mann sollte auf jeden Fall arbeiten gehen. Die Frau kann einen Teilzeitjob machen.

Wie teilt ihr die Arbeit im Haushalt auf?

JASMIN: Also ich möchte nicht als Frau alleine den Haushalt führen. Das sollte man sich schon so aufteilen, dass jeder was tut.

ALEXANDER: Ich will da keine genaue Festlegung. Wer gerade weniger zu tun hat, der muss halt ran. Viele Dinge kann man auch gemeinsam erledigen.

Was glaubt ihr, warum lassen sich so viele Ehepaare scheiden?

ALEXANDER: Die meisten Menschen sind der Verantwortung, eine Familie zu haben, nicht gewachsen. Vielleicht heiraten sie einfach zu schnell.

JASMIN: Ich denke, die meisten Beziehungen gehen nach der Hochzeit kaputt. Vielleicht deshalb, weil viele sich dann zu gefangen und eingeengt fühlen. Ich jedenfalls kann mir eine Familie auch ohne Trauschein vorstellen.

Habt ihr einen Traum für die Zukunft?

JASMIN: Den Mann für's Leben finden, mit ihm glücklich als Familie zusammenleben. Später würde ich dann gerne stolz auf unsere Vergangenheit zurückblicken können.

ALEXANDER: Den üblichen Lottogewinn. Den würde ich auf ein Konto legen und mit meiner Familie glücklich und zufrieden von den Zinsen leben.

Stellenwert der Familie

Die Jugendlichen bewerten die Familie als sehr bedeutend für ihr persönliches Glück. Insgesamt sind 72% der Befragten der Meinung, dass man eine Familie braucht, um glücklich leben zu können. Nur eine Minderheit (17%) glaubt, alleine genauso glücklich leben zu können. 10% sind in dieser Frage noch unentschieden. Für Mädchen und junge Frauen (76%) hat eine eigene Familie eine höhere Bedeutung als für Jungen und junge Männer (69%). […]

Fragt man Jugendliche konkret danach, ob sie sich eigene Kinder wünschen, ergibt sich jedoch ein anderes Bild: […] Die Mehrheit der Jugendlichen verspürt zwar einen Wunsch nach eigenen Kindern. Sie möchte aber das persönliche Glück nicht von der Erfüllung dieses Wunsches abhängig machen und kann sich ein zufriedenes Leben auch ohne Kinder vorstellen.

(Aus: 15. Shell Jugendstudie, Jugend 2006, Fischer Taschenbuch Verlag, Frankfurt a. M. 2006, S. 50ff., bearb. von Klaus Hurrelmann und Albert Mathias)

---

1. Mit welchen Aussagen von Jasmin und Alexander kannst du dich identifizieren? Wo liegen die Gemeinsamkeiten und Unterschiede in den Auffassungen der beiden? Sprecht darüber in der Klasse.

2. Inwieweit stimmen die Einstellungen von Jasmin und Alexander mit den Ergebnissen der Shell-Jugendstudie überein?

Methodenkarte 3

A Was ist das?

In einer Zeitung werden Informationen veröffentlicht, die zuvor von Redakteurinnen und Redakteuren erarbeitet worden sind. Jetzt übernehmt ihr diese Rolle und informiert mit einer Wandzeitung Mitschülerinnen und Mitschüler, eure Eltern oder eure Lehrerinnen und Lehrer. Dazu muss eure Wandzeitung ansprechend gestaltet und übersichtlich aufgebaut sein. Nur dann können Informationen zu einem Problem oder Thema von den Lesern schnell erfasst werden.

Zum Thema „Familie" könnt ihr z. B. Texte schreiben, Diagramme anlegen, Fotos ausstellen, die Ergebnisse von Internet-Recherchen dokumentieren, Broschüren auswerten, Interviews in Dialogen präsentieren und vieles mehr.

B Wie macht man das?

1. Die Arbeit planen

Planung ist wichtig: Legt fest, was in die Wandzeitung kommen soll und wer welche Arbeit erledigt. Auf jeden Fall solltet ihr euch auf einen Termin festlegen, zu dem die Wandzeitung fertiggestellt sein sollte.

2. Mit dem Material arbeiten

Eure Wandzeitung soll euren Lernprozess zum Thema „Familie" dokumentieren. Mit eurem ausgewählten Material müsst ihr nun arbeiten.
Ihr müsst …
- auswählen, welche Themen ihr in eurer Wandzeitung darstellen wollt,
- festlegen, welche Darstellungsformen (Texte, Schaubilder, Fotos …) ihr verwenden wollt,
- …

3. Die Wandzeitung gestalten

Nun solltet ihr Vorschläge für die Gestaltung der Wandzeitung entwickeln. Eure Gestaltungsvorschläge müsst ihr mit den anderen Gruppen in einer großen Redaktionssitzung abstimmen, damit euer Endprodukt ein einheitliches Erscheinungsbild bekommt.
Dabei solltet ihr auf folgende Gestaltungsregeln achten:
- übersichtlicher Aufbau und ansprechende Gestaltung (beides lädt zum Lesen ein),
- Reihenfolge der Unterthemen entsprechend der Leserichtung von links nach rechts und von oben nach unten,
- sinnvoller Einsatz von Farben (sparsam und einheitlich, z. B. Unterthemen in gleicher Farbe),
- gut lesbare Schriftgröße (eine Wandzeitung sollte aus zwei Metern Entfernung zu lesen sein),
- ausgewogenes Verhältnis von Texten und Bildern (eine Hälfte Bilder, die andere Hälfte Texte),
- keine kopierten Texte.

4. Die Wandzeitung montieren

Arbeitet jetzt an der Endfassung eurer Wandzeitung. Gestaltet den Bereich, für den ihr verantwortlich seid. Sorgfalt und Sauberkeit beim Schreiben und Kleben sind jetzt gefragt.

2 | Familien – früher und heute

Wir ermitteln Gemeinsamkeiten und Unterschiede

Vater, Mutter, Kind – so stellen sich viele eine Familie vor. Auf den nächsten vier Seiten werden euch unterschiedliche Familien in Texten und Bildern vorgestellt. Sie zeigen, wie Menschen früher gelebt haben und wie sie heute leben.

1. Legt Familiensteckbriefe nach dem Muster auf der nächsten Doppelseite an und füllt sie so weit wie möglich aus.

2. Vergleicht die verschiedenen Familienformen heute und früher miteinander. Was haben diese Familien gemeinsam? Wodurch unterscheiden sie sich?

3. Sicher kennst du eine ältere Person aus deiner Verwandtschaft oder Nachbarschaft, die sich gerne mit dir über die Familie von früher unterhält. Überlege dir interessante Fragen und führe ein Interview.

A Wie sahen Familien früher aus?

Beispiel Nr. 1: Kindheit eines Handwerkerjungen

Meine Eltern waren Franz Wilhelm Lübke und Anna Gertrud Kremer aus Grevenstein. Mein Vater war seines Geschäfts ein Strumpfwirker, wobei er Wollspinnerei und Färberei betrieb. Er war ein ganz schlichter, aber sehr fleißiger und tätiger Mann, der vom frühesten Morgen bis zum späten Abend arbeitete. Sein Geschäft verstand er gründlich, und seine Kunden bediente er mit der größten Gewissenhaftigkeit und Billigkeit; übrigens war er ohne Schulbildung. Etwas Schreiben konnte er, aber vom Ziffernrechnen verstand er nichts. Von Buchführung war daher keine Rede, obgleich er sehr viele Kunden bediente. Sein vorzügliches Gedächtnis ersetzte die schriftlichen Notizen. Bei größeren Schulkenntnissen hätte er das Geschäft sehr ausdehnen und einen bedeutenden Gewinn erzielen können. Aber zum Reichwerden hatte er keine Anlage.

Meine Mutter war hingegen eine sehr kluge, verständige, religiöse und tugendhafte Frau.

Da wir zwei Gärten und einige Morgen Ackerland bewirtschafteten, so hielten wir eine Kuh und mästeten jährlich zwei Schweine. Allein die Mutter besorgte die ganze Haushaltung und die Gärten ohne Magd. Des Nachts flickte sie die Kleider für die Kinder, von vier Knaben, von denen ich der älteste war. Und trotz ihrer vielen Arbeit brachte sie uns Kinder, als wir noch klein waren, selbst zu Bette und ließ uns kniend das Abendgebet verrichten, das ich noch auswendig weiß. Dabei ging sie jeden Morgen zur heiligen Messe und nahm uns Kinder, ehe wir in die Schule gingen, mit.

(Peter Lübke, Aus dem Leben eines Volksschullehrers, in: Wilhelm Lübke, Lebenserinnerungen, Berlin 1891, S. 1–3; nach: Ingeborg Weber-Kellermann, Frauenleben im 19. Jahrhundert, Beck Verlag, München 1991, S. 40)

Beispiel Nr. 2: Eine Handwerker- oder Arbeiterfamilie stellt hölzerne Spieltiere in Heimarbeit her

Beispiel Nr. 3:
Die Bäuerin Anna Wimschneider erinnert sich

Anna Wimschneider (1919–1993) wuchs auf einem Bauernhof in Bayern auf.

Im Landkreis Rottal-Inn steht an einem leichten Osthang ein Bauernhof mit neun Hektar Grund. Drinnen wohnen Vater und Mutter und der Großvater, das war Mutters Vater, und dazu noch acht Kinder. Wir Kinder hatten ein fröhliches Leben. Die Eltern waren fleißig, der Großvater arbeitete auch noch mit. [Die Mutter starb bei der Geburt des neunten Kindes.] Es kam die Ernte und die meiste Arbeit war da, die Feldarbeit. Da dachte der Vater, ich muss mir selber helfen. Es blieb ihm nichts anderes übrig, als die Kinder arbeiten zu lassen. Der Älteste war der Franz, noch nicht dreizehn Jahre, dem hat die Nachbarin das Melken gelernt, der Zweitälteste war der Michl, elf Jahre, der musste den Stall misten. Eine andere Nachbarin kam, um mir das Kochen und Flicken zu lernen und wie ich mit den kleineren Kindern umgehen muss. Ich war acht Jahre. Um fünf Uhr war Aufstehen. In einer Stunde war das Futter mit dem Schubkarren eingebracht, die Kleinsten haben noch geschlafen. Franz hat die beiden Kühe gemolken ... ich hab Feuer gemacht und die Milch gekocht, in die Schüssel gegeben, ein wenig Salz dazu und dann Brot eingebrockt. Ich konnte mich erst zur Schule fertig machen, wenn der Vater von der Stallarbeit kam. Oft kam ich erst an, wenn die erste Pause war. Da lachten mich die anderen Kinder aus.
Nach der Schule kam die Meieredermutter, um mir das Kochen beizubringen. In meinem Beisein sagte der Vater zu ihr, wenn sich's das Dirndl nicht merkt, haust du ihr eine runter, da merkt sie es sich am schnellsten. Milch, Kartoffeln und Brot gehörten zu unserer Hauptnahrung. Abends, wenn ich nicht mehr richtig kochen konnte, weil wir oft von früh bis vier Uhr Nachmittag Schule hatten, da haben wir für die Schweine einen großen Topf Kartoffeln gekocht. Weil wir so viel Hunger hatten, haben wir so viele Kartoffeln gegessen, dass für die Schweine nicht genug übrig blieb. Da hat der Vater geschimpft. An den Winterabenden heizten wir den Ofen fest ein, die Stube war warm. Über dem Tisch hing eine Petroleumlampe, das war recht gemütlich. Der Vater musste unheimliche Gespenstergeschichten erzählen, vom Krieg und von Mordsachen. Oft ging das Petroleum aus, je dunkler es in der Stube wurde, umso lebhafter wurden wir Kinder.

(Nach: Anna Wimschneider: Herbstmilch, Lebenserinnerungen einer Bäuerin, Piper Verlag, München 1993)

Beispiel Nr. 4:
Eine Bauernfamilie im Jahr 1904: Im Zentrum der Bauer und die Bäuerin, vor ihnen die beiden unverheirateten Söhne, stehend die verheirateten Söhne

B Wie können Familien heute aussehen?

Beispiel Nr. 1:
Caroline Hilpert (14 Jahre) findet es schön, dass sie eigentlich drei Familien hat

Wir sind fünf Kinder in der Familie. Alle staunen, wenn ich von meiner großen Familie erzähle. Aber eigentlich habe ich etwas dick aufgetragen: Denn wir haben nicht alle dieselben Eltern. Nur mein kleiner Bruder Lars (9 Jahre) und ich sind aus der jetzigen Ehe meiner Eltern. Marc (17 Jahre) stammt aus Mutters erster Ehe, hat also einen anderen Vater. Marc lebt aber bei uns. Meine Eltern sind beide tagsüber nicht da, weil sie berufstätig sind. Mittags, wenn wir aus der Schule nach Hause kommen, essen wir Kinder immer zusammen. Meistens ist schon etwas am

Abend vorbereitet worden, sodass wir nicht so viel Arbeit haben. Trotzdem gibt es manchmal Streit, wer was macht. Im Großen und Ganzen sind wir aber ein gut eingespieltes Team: Lars muss den Tisch decken, Marc und ich kochen und spülen.
Wir wohnen in einer großen Wohnung in einem schönen, alten Haus. Papa hat aus erster Ehe ebenfalls zwei Kinder: Martin (23 Jahre) ist schon erwachsen und studiert, Stefanie lebt bei ihrer Mutter. Die hat inzwischen ebenfalls wieder geheiratet. Martin und Stefanie kommen oft am Wochenende zu

Besuch. Sie schlafen dann in unserem Gästezimmer. Ganz schön kompliziert, unsere Familie! Richtig schwierig wird es bei Familienfesten, weil Papa Mamas Ex-Mann nicht ausstehen kann und Mamas Familie auch sauer auf ihn ist. Das nervt mich manchmal. Aber meistens bin ich froh, dass ich so viele verschiedene Verwandte habe. Bei uns ist es deswegen auch nie langweilig. Und wenn ich mal Hilfe brauche, finde ich es schön, dass ich einen schon fast erwachsenen Bruder habe. Schließlich will man ja nicht alles mit Mama oder Papa besprechen.

Beispiel Nr. 2:
Ein gleichgeschlechtliches Paar: Familie Steinbeck hat Kim Sofie aus Vietnam adoptiert

Familiensteckbrie

1. Wie setzt sich die Familie zusammen?

2. Wie sind die Aufgaben in der Familie verteilt?

3. Wie sieht der Alltag der Eltern aus?

Beispiel Nr. 3:
Johanna (20 Jahre) ist bei ihrer alleinerziehenden Mutter aufgewachsen

Meine Mama war 19, als sie schwanger wurde, mein Vater 32. Für meine Mutter war er die große Liebe, aber sie für ihn nur eine Affäre. Er fühlte sich zu jung für ein Kind und hat meine Mama während der Schwangerschaft verlassen. Meine Mutter musste mich lange mehr oder weniger zwingen, Kontakt mit ihm zu halten. Ich hatte überhaupt keine Lust, ihn zu sehen und immer das Gefühl, er will mich nicht haben. Bis ich neun war, lebte ich mit meiner Mutti, und es war ein Schock für mich, als sie ihren neuen Freund, Garry, mit nach Hause brachte. Ich dachte, der nimmt mir meine Mutter weg. Ich war richtig eklig zu

ihm. An seiner Stelle hätte ich mich gehasst. Garry war aber einfach nur sehr geduldig. Zu meinem zehnten Geburtstag gab es so eine Art Schlüsselerlebnis: Ich habe von ihm eine Barbiepuppe und zwei Bibbi-Blocksberg-Kassetten bekommen, über die ich mich riesig gefreut habe. [...]
Mein Verhältnis zu Garry ist im Laufe der Zeit immer enger geworden, so mit 13 oder 14 habe ich begonnen, „meine Eltern" zu sagen, wenn ich meine Mutter und ihn meinte. [...]

Wenn ich zurückschaue, muss ich sagen: Ich hatte eine glückliche Kindheit und habe nichts vermisst. Von der Mutter erzogen zu werden, die einem die ganze Zuwendung und Aufmerksamkeit schenkt, ist auf jeden Fall besser, als mit Eltern zu leben, die sich nicht wirklich lieben.

(Aus: Dana Toschner: Familienbande, in: Fluter Nr. 6, April 2003, hrsg. v. d. Bundeszentrale für politische Bildung, S. 6)

Beispiel Nr. 4:
Trotz ihrer drei kleinen Kinder sind beide Elternteile berufstätig

für: _____

4. Wie sieht der Familienalltag der Kinder aus?

5. Welche Besonderheiten fallen auf?

_____

6. ...

Topthema

Wandel der Familie

1. Was versteht man unter einer Familie?
2. Was erfährst du aus dem Schaubild über Formen der Familie heute?
3. Welche Ursachen liegen dem Wandel der Familie zugrunde? Sprecht darüber in der Klasse.

Was ist eigentlich eine Familie?

Bei dem Wort „Familie" denken die meisten Menschen wohl an Ehepaare mit Kindern. Zu Recht, denn nach wie vor leben in Deutschland etwa 8 von 10 Kindern mit ihren leiblichen Eltern zusammen und bilden sogenannte „traditionelle Kleinfamilien". Auch der Staat setzt Ehe und Familie im Artikel 6 des Grundgesetzes weitgehend gleich und versteht unter Familie in erster Linie Ehepaare und deren Kinder.

Experten sagen dagegen, man muss nicht unbedingt verheiratet sein, um eine Familie zu bilden. Für sie ist es wichtig, dass Kinder vorhanden sind, dass die Elternrollen ausgefüllt werden und dass die verschiedenen Generationen unter einem Dach leben.

Wie haben sich Familien in Deutschland verändert?

Im Einzelnen lassen sich für Deutschland drei Entwicklungen feststellen:
1. Immer mehr Ehepaare entschließen sich dazu, kinderlos zu bleiben oder nur ein Kind zur Welt zu bringen. Heute werden in Deutschland nur noch 1,3 Kinder pro Familie geboren – halb so viele wie 1964. Mehr-Generationen-Familien, oft mit vielen Kindern, finden sich eher bei ausländischen Mitbürgern.
2. Die Zahl alleinerziehender Eltern nimmt stark zu. Eine Ursache für diese Entwicklung ist die steigende Zahl von Scheidungen.
3. Es kommen immer mehr Kinder unehelich auf die Welt.

Warum haben sich die Familien in Deutschland verändert?

Zum einen haben die Familien sich geändert, weil das traditionelle Rollenbild, das die Frau auf Kinder, Kirche und Küche festgelegt hat, heute so nicht mehr gilt. Immer mehr Frauen haben eine gute Ausbildung und stehen beruflich und finanziell auf eigenen Füßen. Sie sind nicht mehr vom Geld ihres Ehemannes abhängig und können deshalb frei entscheiden, welche Rolle sie ausfüllen wollen.

Zum anderen lässt sich an dem veränderten Rollenverständnis ein grundlegender Rollenwandel ablesen. Früher war die Ehe – auch dann, wenn sie schlecht lief – eine lebenslang gültige Verbindung, die vor Gott eingegangen wurde. Für die Kirche gibt es keine Familie ohne das unauflösbare Sakrament der Ehe. Aber in dem Maße, wie die Menschen in Deutschland sich an anderen Werten wie Selbstbestimmung, Gleichberechtigung und Toleranz orientieren, werden auch nichteheliche Familienformen möglich – ohne dass man zum Außenseiter in der Gesellschaft wird. Auf den Rollen- und Wertewandel reagiert schließlich die Politik. Sie schafft mit neuen Gesetzen Rahmenbedingungen für ein besseres Zusammenleben. Ein Beispiel ist das neue Scheidungsrecht, in dem die Frage, wer Schuld hat am Scheitern der Ehe, keine Rolle mehr spielt.

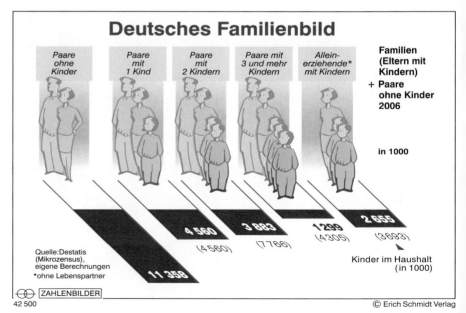

Deutsches Familienbild

| Paare ohne Kinder | Paare mit 1 Kind | Paare mit 2 Kindern | Paare mit 3 und mehr Kindern | Alleinerziehende* mit Kindern | Familien (Eltern mit Kindern) + Paare ohne Kinder 2006 in 1000 |

11 358   4 560   3 883   1 299   2 655

(4 560)   (7 766)   (4 305)   (3 693)

Kinder im Haushalt (in 1000)

Quelle:Destatis (Mikrozensus), eigene Berechnungen
*ohne Lebenspartner

ZAHLENBILDER
42 500

Trainingsplatz

Wir ermitteln zutreffende Aussagen über die Familie heute

In den Kästchen findet ihr zehn verschiedene Aussagen über die Familie – fünf Aussagen sind richtig, fünf Aussagen sind falsch.
Schreibt die richtigen Aussagen als Merktext in euer Heft.

■ **Tipp:** Wenn ihr euch unsicher seid, dann lest auf der Informationsseite nach.

A Von einer „Familie" spricht man, wenn wenigstens ein Kind und mindestens ein Elternteil unter einem Dach leben.

B Zu einer Familie gehören mindestens drei Generationen.

C Die Rollenverteilung ist in allen Familien gleich. Die Frau kümmert sich um den Haushalt, der Mann geht arbeiten und verdient das Geld.

D Die Rollenverteilung in den Familien ändert sich. Immer mehr Frauen haben eine gute Ausbildung und streben in den Beruf.

E Die Zahl alleinerziehender Eltern nimmt in Deutschland stark zu. Eine Ursache hierfür ist die steigende Zahl der Scheidungen.

F In Deutschland lebt nur eine Minderheit der Kinder mit beiden leiblichen Eltern zusammen.

G Die Mehr-Generationen-Familie mit Kindern, Eltern und Großeltern ist in Deutschland die Regel.

H Mehr-Generationen-Familien findet man in Deutschland vor allem bei ausländischen Mitbürgern.

I In Deutschland werden immer weniger Kinder geboren. 2006 waren es nur noch halb so viele wie 1964.

J In Deutschland geht die Zahl der unehelich geborenen Kinder seit Jahren zurück.

Erziehung als wichtigste Aufgabe der Familie

Wir erstellen eine Liste von notwendigen Erziehungszielen

Wie erzieht man ein Kind „richtig"?

Eltern versuchen, ihre Kinder durch Erziehung möglichst gut auf das Erwachsenenleben vorzubereiten.

Doch die Meinungen darüber, was wichtige Erziehungsziele sind und mit welchen Mitteln man Kinder richtig erzieht, gehen auseinander. Die beiden Fälle belegen das.

Fall A:
Darf Marie zur Grillparty?

„Warum musst du denn unbedingt zu dieser Grillparty?" Maries Mutter ist sauer. Am Mittwoch findet im Jugendtreff der Gemeinde eine große Grillfete statt und ihre Tochter Marie (13 Jahre) will auf jeden Fall dorthin gehen. Dabei hat sie am Donnerstag Schule und ausgerechnet an diesem Tag wird die letzte Mathearbeit geschrieben. Seit einer Viertelstunde streiten sich die beiden schon über dieses Problem. „Hör mir doch wenigstens ein einziges Mal zu! Ich kann mich ja dienstags gut vorbereiten, dann werde ich das Ding schon schaukeln", entgegnet Marie. „Ich kenn das doch, du vertrödelst doch immer nur deine Zeit. Nein Marie, du wirst nicht dorthin gehen. Du weißt genau, auf diese Arbeit kommt es an. Du machst, was ich sage, und bleibst zu Hause."

„Immer hast du was an mir herumzunörgeln. Ich gehe doch, denn ich habe bei allen Vorbereitungen mitgeholfen. Außerdem hast du ja keine Ahnung von Mathe – das ist doch superleicht."

„Nein Marie, Schule geht vor. Du kannst in deinem Leben noch oft genug zu Partys gehen. Kein Wort mehr, sonst kannst du am Samstag auch die Fete bei Christian vergessen." Marie bricht in Tränen aus und schreit: „Lass mich doch in Ruh'. Du hast ja keine Ahnung von mir und wie wichtig dieses Fest gerade für mich ist!" Wütend und enttäuscht knallt sie die Tür hinter sich zu ...

Maries Meinung: „Ich lerne am Dienstag mit Katrin für die Arbeit. Sie ist die Beste in Mathe, die kann mir noch mal alles super erklären."

Vaters Meinung: „Du bleibst nur bis 19 Uhr auf der Fete, dann bist du am nächsten Morgen fit für die Arbeit."

Mutters Meinung: „Du willst doch schon lange ins Disneyland. In den Ferien fahren wir an einem Wochenende hin. Dafür verzichtest du auf die Grillfete."

(Nach: Bernd Werdich, in: Zeitlupe, Familie, hrsg. von der Bundeszentrale für politische Bildung, März 1999, S. 10)

Fall B:
Florian will nicht nach Hause

Drei junge Leute, Markus, Nadine und Sandra, kommen zufällig auf Kindererziehung zu sprechen:

MARKUS: Vorhin habe ich unsere Nachbarin mit ihrem kleinen Florian auf dem Spielplatz beobachtet. Als die Frau nach Hause gehen wollte, machte der vierjährige Knirps ein Riesengeschrei. Die Frau war völlig hilflos. Ich hätte dem Bengel den Hintern versohlt, damit er lernt, seinen Eltern zu gehorchen.

NADINE: So ein Quatsch! Der Kleine wollte doch nur weiterspielen. Ich hätte ihm gesagt: „O.K., du kannst jetzt noch ein wenig spielen, aber dann müssen wir nach Hause gehen." Es ist doch in Ordnung, wenn ein Kind lernt, seinen Willen durchzusetzen.

SANDRA: Ein Kind zu schlagen, halte ich für absolut steinzeitlich. Allerdings muss der Kleine lernen, dass er nicht ständig machen kann, was er will. Schließlich muss er begreifen, dass man Rücksicht nehmen muss. Ich hätte ihn irgendwie abgelenkt und gesagt: „Komm, wir schauen, ob der Bäcker noch ein schönes Brot für uns hat." Wahrscheinlich hätte er sein Geschrei schnell vergessen und wäre mitgekommen.

MARKUS: Und so verwöhnt man die Kids und erzieht sie zu Egoisten. Die Mutter hat es ja noch nicht mal geschafft, dass der Knabe seine Förmchen aufräumt. Sie selbst hat seine Spielsachen eingesammelt. Wenn ich sein Vater wäre, hätte er seine Sachen zusammengeräumt. Wie soll ein Kind sonst einen Sinn für Ordnung entwickeln?

NADINE: Ist wahrscheinlich besser für das Kind, dass du nicht sein Vater bist. Ich finde, die Eltern können einem Kind ruhig unangenehme Aufgaben abnehmen. Wenn der Kleine dann sieht, dass man ihm hilft, entwickelt er Vertrauen zu anderen Menschen.

SANDRA: Da bin ich anderer Meinung. Wie soll ein Kind Verantwortung und Selbstständigkeit entwickeln, wenn man ihm alle unangenehmen Dinge abnimmt? Ich hätte ihm ein Wettspiel vorgeschlagen: „Wer zuerst die Förmchen in den Spieleimer gesteckt hat ..."

1. Mit welchen Aussagen aus beiden Fällen stimmt ihr überein, welche lehnt ihr ab? Begründet eure Entscheidung.

2. Fall A: Welcher Meinung stimmt ihr zu? Welche anderen Kompromisse sind denkbar?

3. Fall B: Markus, Nadine und Sandra schlagen für Florian verschiedene Erziehungsmittel vor (zum Beispiel, darauf zu bestehen, dass Florian selbst aufräumt). Von diesen Erziehungsmitteln versprechen sie sich, bestimmte Erziehungsziele bei Florian zu erreichen (zum Beispiel Ordnungssinn). Listet weitere, im Text genannte Erziehungsmittel und -ziele auf.

Erziehung

1. Erziehung, Erziehungsziel, Erziehungsmittel: Was bedeuten diese Begriffe?
2. Was muss man beachten, wenn man ein Kind erfolgreich erziehen will?
3. Erziehung ist eine der wichtigsten Aufgaben der Familie. Sprecht in der Klasse darüber, warum das so ist.

Warum ist Erziehung nötig?

Eltern wollen, dass ihre Kinder ihr Leben meistern und glücklich und zufrieden sind. Sie sehen die Anforderungen, die Schule und Öffentlichkeit an Kinder und Jugendliche stellen und wissen aus eigenem Erleben, was später als Erwachsene von ihren Kindern erwartet wird. Um ihr Kind darauf vorzubereiten, versuchen sie, dessen Verhalten bewusst zu beeinflussen. Das nennt man Erziehung.
Neben den vererbten Anlagen und den familiären Bedingungen, unter denen das Kind seine ersten Schritte in die Welt wagt, liefert die Erziehung durch die Eltern dem Kind also das entscheidende Rüstzeug, um sich in unserer Gesellschaft zurechtzufinden. Allerdings gibt es große Unterschiede in der Art und Weise, wie Eltern ihre Kinder erziehen.

Andere Zeiten – andere Erziehung?

Wie man seine Kinder erzieht, hat etwas damit zu tun, was man durch Erziehung erreichen möchte – also mit den Erziehungszielen. Wichtig ist heute vielen Eltern, ihre Kinder zu selbstständigen und selbstbewussten Persönlichkeiten zu erziehen, die Verantwortung übernehmen können und leistungsbereit sind.
Anders als früher versuchen heute viele Eltern, mit ihren Kindern partnerschaftlich umzugehen. Sie besprechen wichtige Erziehungsentscheidungen mit ihren Kindern, damit diese sie verstehen und akzeptieren. Es haben sich also auch die Ansichten über geeignete Erziehungsmittel verändert.

Welche Erziehung ist am erfolgreichsten?

Wissenschaftler haben herausgefunden, dass eine Erziehung, die einerseits auf Regeln setzt und andererseits liebevoll ist, die Entwicklung der Kinder am besten fördert. Man nennt sie „autoritative Erziehung". Dabei werden Regeln gesetzt, besprochen, begründet und Konsequenzen geklärt, die eintreten, wenn das Kind sich nicht an die festgelegten Regeln hält. An dieser verbindlichen Struktur orientiert sich das Kind.
Die Eltern sorgen zudem durch entsprechende Angebote für eine umfangreiche Förderung ihres Kindes, damit es sich seine Welt und Lebenskultur aneignen kann.
Das beiderseitige Verhältnis ist bestimmt durch Zusammenarbeit, wobei immer klar sein muss, dass die Eltern die Verantwortung tragen und somit auch Entscheidungen alleine fällen können, wenn keine Einigung erzielt werden kann.
Wenn Eltern hingegen ihrem Kind wenig Liebe schenken, wenn sie gefühlskalt und respektlos mit ihrem Kind umgehen, ihm kaum Freiräume lassen, in denen es sich erproben kann, es stattdessen kontrollieren und ihm permanent Vorschriften machen, dann scheitert Erziehung. Ein Kind, dass so erzogen wird, hat schlechte Voraussetzungen, sich zu einem positiven, selbstbewussten und verantwortungsvollen Menschen zu entwickeln.

Fünf Säulen entwicklungsfördernder Erziehung

LIEBE	ACHTUNG	KOOPERATION	STRUKTUR	FÖRDERUNG

Eindeutiges JA
- zum Kind
- zur Verantwortung und Zuständigkeit
- zur Übernahme der Mutter- und Vaterrolle

(Nach: Sigrid Tschöpe-Scheffler, Fünf Säulen der Erziehung. Wege zu einem entwicklungsfördernden Miteinander von Erwachsenen und Kindern, Grünewald Verlag, Mainz 2005, S. 41)

Wir erstellen unsere Hitliste der wichtigsten Erziehungsziele

Mithilfe der Aufzählung könnt ihr ermitteln, welche Erziehungsziele für das Zusammenleben in Familie und Schule wichtig sind.

Arbeitet dazu mit eurem Banknachbarn zusammen und einigt euch auf diejenigen Erziehungsziele (mindestens 10), die euch besonders wichtig erscheinen. Notiert sie in euer Heft, stellt sie in der Klasse vor und begründet dabei eure Entscheidung.

	besonders wichtig	weniger wichtig
1. Ordnungsliebe		
2. Selbstständigkeit		
3. Warmherzigkeit		
4. Höflichkeit	?	
5. Fleiß		
6. Mitgefühl		
7. Sparsamkeit		
8. Mut		
9. sich gut ausdrücken können		?
10. Lernbereitschaft		
11. Disziplin		
12. Gemeinschaftssinn		
13. Zuverlässigkeit		
14. Ehrlichkeit	?	
15. Freundlichkeit		
16. Bescheidenheit		
17. Toleranz		
18. Rücksichtnahme		
19. Selbstvertrauen		?
20. Pünktlichkeit		
21. Verantwortungsbewusstsein		
22. Kritikfähigkeit	?	
23. gute Manieren		
24. Durchsetzungsvermögen		
25. Gehorsam		

WICHTIGE ERZIEHUNGSZIELE
TOLERANZ
AUS

4

Wie sollen die Rollen in der Familie verteilt werden?

Wir untersuchen die Aufgabenverteilung in der Familie

Ein ganz alltäglicher Streit?

„Katharina, könntest du kurz die Geschirrspülmaschine ausräumen! Ich muss noch mal einkaufen gehen, anschließend schaue ich noch schnell bei Oma vorbei – sie ist krank – und bringe ihr etwas zum Essen."

„Immer ich, dazu habe ich gerade wirklich keine Lust", mault Katharina, „Sebastian könnte auch mal einspringen. Der lümmelt den ganzen Nachmittag in seinem Zimmer herum."

„Nun hab dich doch nicht so! Jungen sind doch immer so ungeschickt bei solchen Arbeiten. Die Geschirrspülmaschine hast du in ein paar Minuten ausgeräumt, Sebastian hat gestern dafür den Rasen gemäht – und neulich meinen Staubsauger repariert", ermahnt Frau Sandner Katharina.

„Das würde ich ja auch gerne machen. Aber ich muss immer nur ätzend langweilige Arbeiten übernehmen, wie Wäsche zusammenlegen und Mülleimer raustragen."

„Na, du bist ja schließlich ein Mädchen. Du musst das doch lernen. Wie willst du mal selbst später einen Haushalt führen – und dabei gleichzeitig noch berufstätig sein?"

„Wenn das so wird wie bei uns, dann heirate ich nie. Papi macht ja keinen Strich im Haushalt und lässt dich alles alleine machen. Du bist doch auch halbtags berufstätig. Ich sehe doch, dass du manchmal fast nicht mehr kannst."

„Na, jetzt übertreibst du aber. Am Wochenende geht Max immerhin einkaufen und er kümmert sich zusätzlich um alles Finanzielle und die Versicherungen. Schließlich hat er einen sehr anstrengenden Beruf. Wenn er nach Hause kommt, ist er total ausgepumpt. Da braucht er seine Freizeit."

„Und du? Jeder braucht Freizeit."

„Da dürfen wir berufstätigen Frauen nicht zu anspruchsvoll sein, es ist eben schwierig, Haushalt, Kinder und Beruf miteinander zu vereinbaren." Als Herr Sandner am Abend nach Hause kommt, spricht ihn seine Frau sofort an: „Du, Max, wir müssen alle miteinander über die Aufgabenverteilung in unserer Familie reden. So kann das nicht mehr weitergehen."

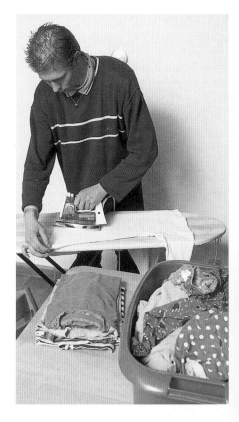

Typisch Mann?
Nein ... noch sind erst 3 % aller deutschen Männer bereit, Bügelarbeiten zu übernehmen. Hausarbeit ist trotz der zunehmenden Zahl berufstätiger Mütter immer noch weitgehend Frauensache.

1. Was hättest du an Katharinas Stelle deiner Mutter geantwortet?

2. Wer übernimmt welche Aufgaben in der Familie Sandner? Findest du diese Verteilung gerecht? Begründe deine Antwort.

3. Die Sandners haben eine Liste von Aufgaben im Haushalt zusammengestellt, die künftig neu verteilt werden sollen: Pausenbrot richten, Wäsche aufhängen, einkaufen, Müll entsorgen, Staub wischen, Geschirrspülmaschine ausräumen, Rasen mähen, Straße fegen (wöchentlich), kleinere Reparaturarbeiten im Haushalt erledigen, Auto putzen, am Wochenende Frühstückstisch decken, Meerschweinchen füttern (täglich), Käfig reinigen (wöchentlich) ... Wie sollen all diese Aufgaben gerecht verteilt werden? Diese schwierige Frage lässt sich am besten in Gruppen beantworten. Achtet darauf, dass in jeder Gruppe sowohl Jungen als auch Mädchen vertreten sind. Entwerft gemeinsam einen Plan, bei dem sich niemand benachteiligt fühlt. Eure Ergebnisse könnt ihr der Klasse präsentieren.

WZ

Topthema

Gleichberechtigung und Rollenverteilung

1. Wie haben sich die Rollenerwartungen an Jungen und Mädchen im Laufe der Zeit geändert?

2. Wie kommt es zur Doppelbelastung von Frauen?

3. Immer mehr Frauen empfinden die Doppelbelastung als großes Problem. Nimm Stellung zu dieser Aussage.

Früher erwartete man von Mädchen, dass sie besonders ruhig, ordentlich und sauber waren, Jungen durften (oder mussten) dagegen wild und rauflustig sein. Diese Erwartungen sollten Kinder und Jugendliche auf die Anforderungen des Erwachsenenlebens vorbereiten. Deshalb achteten Eltern, Lehrer und Verwandte in ihrer Erziehung darauf, dass die Kinder ihre Rollen erfüllten. Inzwischen haben sich die Erwartungen an das Verhalten von Mädchen und Jungen geändert. Früher hielten Eltern oft eine gute Schulbildung ihrer Töchter für nicht so wichtig. Sie dachten, Mädchen sollen heiraten, Kinder bekommen und als Hausfrau die Familie umsorgen. Jungen war dagegen die Rolle des beruflich erfolgreichen Ernährers zugedacht. Mit dieser traditionellen Rollenverteilung in der Familie geben sich viele Frauen nicht mehr zufrieden. Sie fordern die Gleichberechtigung der Geschlechter und haben sie in vielen Bereichen auch schon erreicht. So besuchen Frauen heute genauso wie Männer Schulen und Universitäten und üben ihren Beruf aus. Seit 1980 hat sich beispielsweise die Zahl der studierenden Frauen verdoppelt. Sie ist heute fast so hoch wie die der Männer. In der Generation der Zwanzig- bis Dreißigjährigen haben Frauen die Männer sogar überholt: 38 von 100 Frauen in dieser Altersgruppe haben Abitur, bei den Männern sind dies nur 33 von 100.

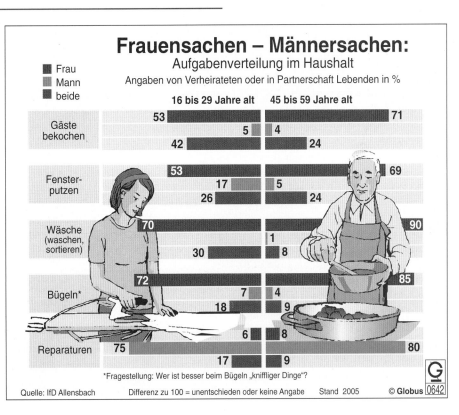

Frauensachen – Männersachen:
Aufgabenverteilung im Haushalt
Angaben von Verheirateten oder in Partnerschaft Lebenden in %

- Frau
- Mann
- beide

	16 bis 29 Jahre alt	45 bis 59 Jahre alt
Gäste bekochen	53 / 5 / 42	71 / 4 / 24
Fensterputzen	53 / 17 / 26	69 / 5 / 24
Wäsche (waschen, sortieren)	70 / — / 30	90 / 1 / 8
Bügeln*	72 / 7 / 18	85 / 4 / 9
Reparaturen	— / 6 / 75	— / 8 / 80 ... 17 / 9

*Fragestellung: Wer ist besser beim Bügeln „kniffliger Dinge"?

Quelle: IfD Allensbach   Differenz zu 100 = unentschieden oder keine Angabe   Stand 2005   © Globus 0642

Anders als früher sind Frauen also nicht mehr nur an ihre Rolle als Hausfrau und Mutter gebunden. Trotz Kinder sind heute 6 von 10 Frauen berufstätig. Doch wer macht dann die Hausarbeit und kümmert sich um die Familie? Die Antwort lautet: die Frauen. Deshalb spricht man von einer Doppelbelastung der Frau durch Beruf und Haushalt. Seht euch dazu das Schaubild an. Es zeigt, wie die Hausarbeit in deutschen Familien genau verteilt ist.
Ihr könnt es so lesen: 90 von 100 Frauen zwischen 45 und 59 Jahren kümmern sich um die Wäsche, aber nur 1 von 100 Männern gleichen Alters tut dies ebenfalls und 8 von 100 Befragten wechseln sich dabei ab.

5 Wie hilft der Staat der Familie?

Wir informieren uns über Familienpolitik

Familien stehen unter dem besonderen Schutz des Staates. Deshalb versucht er, durch familienfreundliche Gesetze Familien mit Kindern zu unterstützen (Beispiel A). Deshalb mischt er sich ein, wenn es der Familie gelingt, für eine gute Entwicklung der Kinder zu sorgen (Beispiel B).

Beispiel A: Wenn die Familie wächst ...

Lest den Dialog und findet mithilfe der Bausteine auf der nächsten Seite heraus, mit welcher Hilfe Familien mit Kindern rechnen können.

Ann-Kathrin Sauer erwartet ihr zweites Baby. „Jetzt sind wir bald zu viert in unserer kleinen Familie", freut sich ihr Mann Patrick.
„So klein ist unsere Familie dann gar nicht mehr", gibt Ann-Kathrin zu bedenken. „Wenn der Kleine auf der Welt ist, wird sich einiges bei uns ändern."

Patrick: Das wird ganz bestimmt so sein, aber wir haben das schon einmal auf die Reihe bekommen, als Julia vor drei Jahren zur Welt kam. Und damals hatten wir weniger Geld als heute.
Ann-Kathrin: Ja und die Babysachen von Julia sind auch noch in Ordnung. Wickeltisch, Stubenwagen, Babykleidung, das müssen wir alles nicht neu kaufen. Aber früher oder später müssen wir uns nach einer neuen Wohnung umsehen. Auf Dauer ist unsere Dreizimmerwohnung zu klein.
Patrick: Das wird kosten ...
Ann-Kathrin: Außerdem sollte einer von uns die erste Zeit zu Hause bleiben und sich um den Kleinen kümmern.
Patrick: Wenn einer von uns aufhört zu arbeiten, dann sieht es mit dem Geld auch nicht mehr so rosig aus.
Ann-Kathrin: Patrick, jetzt mach' dir nicht zu viele Sorgen. Natürlich müs-

sen wir uns etwas einschränken. Aber wir werden das genauso gut hinbekommen wie das letzte Mal.
Patrick: Ja, du hast völlig Recht. Außerdem gibt es für junge Familien mit Kindern ja auch noch Hilfen vom Staat. Allerdings hat sich in den letzten Jahren doch einiges in der Familienpolitik geändert. Wir sollten uns in jedem Fall informieren, was uns heute an Hilfen gesetzlich zusteht.

Ann-Kathrin: Genau das machen wir. Zu verschenken haben wir schließlich auch nichts.

Staatliche Hilfen

Eines der wichtigsten Gesetze in Deutschland lautet: „Die Familie steht unter dem besonderen Schutz der staatlichen Ordnung." Dieses Gesetz ist so wichtig, dass es auf einem der ganz vorderen Plätze im Grundgesetz für die Bundesrepublik Deutschland steht, und zwar im Artikel 6. In diesem Artikel des Grundgesetzes sind zwei Aussagen von besonderer Bedeutung.
Erstens: Das Recht auf Pflege und Erziehung der Kinder liegt bei den Eltern.
Zweitens: Es handelt sich hierbei nicht nur um ein Recht, sondern um eine Pflicht, der man sich nicht entziehen kann.
Der Staat übernimmt dabei die Aufgabe, die Familie besonders zu beschützen. Um dieser Aufgabe gerecht zu werden, bietet er den Familien eine Fülle von Unterstützungsmaßnahmen an.

Staatliche Hilfen

Mutterschutz und Mutterschaftsgeld

Für Frauen, die arbeiten, gelten während der Schwangerschaft besondere Schutzvorschriften. Sie dürfen 6 Wochen vor der Geburt bis 8 Wochen nach der Geburt nicht arbeiten.
Ihr Lohn oder Gehalt wird während der Zeit des Mutterschutzes normal weitergezahlt.
Frauen genießen in der Schwangerschaft bis zum 5. Monat nach der Entbindung Kündigungsschutz.

Elterngeld §

Nach der Geburt bleiben viele Eltern gern bei ihrem Neugeborenen zu Hause. In dieser Zeit verdienen sie weniger. Deshalb gibt es zum Ausgleich einen Zuschuss vom Staat: das Elterngeld.
Das Bundesfamilienministerium schreibt dazu auf seine Homepage:
„Es beträgt […] höchstens jedoch 1 800 Euro und mindestens 300 Euro. Das Elterngeld wird an Vater und Mutter für maximal 14 Monate bezahlt."

(www.bmfsfj.de, Zugriff am 23.3.2008)

Kindergeld und Kinderzuschlag

Unabhängig vom Einkommen wird zurzeit, im Jahr 2009, für alle Kinder bis zum 18. Lebensjahr Kindergeld bezahlt. Es beträgt für das erste und zweite Kind monatlich 164 Euro und für das dritte 170. Ab dem vierten Kind gibt der Staat monatlich 195 Euro als Zuschuss.

Steuervorteile §

Steuern sind Abgaben an den Staat. Familien mit Kindern bezahlen in der Regel weniger Steuern als Familien ohne Kinder oder Singles.

Kinderbetreuung §

Die Kommunen organisieren verschiedene Kinderbetreuungsangebote. Besonders Kindergärten und Kinderhorte erleichtern die Berufstätigkeit junger Eltern. Ab dem 3. Lebensjahr hat jedes Kind einen Anspruch auf einen Kindergartenplatz.
Für den Besuch von Kinderhort und Kindergarten müssen die Eltern allerdings eine Gebühr entrichten.

Elternzeit §

Eltern, die arbeiten, haben bis zum 3. Geburtstag ihres Kindes einen Rechtsanspruch auf Elternzeit. Während der Elternzeit gehen die Eltern nicht arbeiten und ihre Arbeitsstelle wird ihnen freigehalten. Allerdings verdienen sie, während sie zu Hause sind, nichts.

1. Ann-Kathrin und Patrick freuen sich auf ihr zweites Kind. Trotzdem machen sich beide Gedanken. Was wird sich durch die Geburt für sie ändern? Sprecht darüber in der Klasse.

2. Welche Bausteine staatlicher Familienförderung gibt es und wie helfen sie Familien mit Kindern? Legt dazu eine Tabelle in eurem Heft an.
   ■ **Tipp:** Teilt euch die Arbeit auf und präsentiert jeweils einen Baustein.

3. Können Ann-Kathrin und Patrick sich ein Kind leisten? Formuliert und begründet eure Meinung.

Beispiel B: Wenn die Familie versagt ...

Wie kann man Kindern helfen, wenn die Familie ihre Aufgaben nicht erfüllt?

„Schon wieder eine Fünf in Mathe!" Wütend knallt Petra ihre Schultasche auf den Küchentisch. In letzter Zeit haben ihre Leistungen in der Schule sehr nachgelassen. Kein Wunder, denn immer öfter hat sie keine Lust auf Lernen und zieht morgens durch die Geschäfte, statt in die Schule zu gehen. „Ob Mama etwas gekocht hat?" Petra hat Hunger, ihr Magen meldet sich. Aber auf dem Herd steht nichts und im Kühlschrank findet sie nur ein paar vergammelte Wurstreste, Bierdosen und Katzenfutter vor. Also läuft sie schnell zum Kiosk an der Ecke und kauft sich eine große Portion Pommes mit Majo und eine Cola. Dass sie in einem günstigen Moment noch ein paar Schokoriegel mitgehen lässt, bemerkt der Kioskbesitzer zum Glück nicht.

„Wahrscheinlich wieder betrunken." Aus dem Nebenzimmer hört sie das leise Schnarchen ihrer Mutter. Vollständig angezogen liegt sie auf dem Bett. Die leere Flasche Rotwein daneben sagt Petra, dass sie Recht hat. Seit Papa zu seiner neuen Freundin gezogen ist, passiert das leider immer häufiger.

„Ich halte das nicht mehr länger aus!", denkt Petra und fühlt sich hundeelend und alleingelassen. Der Vater weg, eine Mutter, die selbst nicht zurechtkommt und auch noch das schlechte Gewissen wegen des Diebstahls ... Dabei hätte sie doch so gerne eine Freundin. Trotzdem hat Petra sich in den letzten Monaten immer mehr von den anderen Kindern zurückgezogen und den Kontakt zu ihren alten Freundinnen abgebrochen. Niemand in ihrer Klasse weiß von ihren Sorgen. Sie schämt sich so wegen dieser unordentlichen Wohnung, wegen ihrer betrunkenen Mutter, wegen ihres verwahrlosten Äußeren. Längst wären neue Hosen, neue Schuhe und auch ein Besuch beim Frisör fällig, aber ihre Mutter scheint das gar nicht zu bemerken. Petra ist im letzten Jahr nicht nur in die Länge gewachsen. Richtig dick ist sie geworden. Sie kann einfach nicht aufhören zu essen, Unmengen von Süßigkeiten und Chips schlingt sie gierig hinunter. So frisst sie ihren Kummer förmlich in sich hinein.

„Alles wird sich ändern und wieder gut werden!" Schon zu oft hat Petra diese Worte von ihrer Mutter gehört. Nur geändert hat sich nichts. Alle guten Vorsätze hielten nicht lange. Spätestens dann, wenn sie sich wieder einmal erfolglos um eine Arbeitsstelle beworben hat, sitzt sie abends vor der Flasche und trinkt.

Dabei könnten sie so dringend Geld gebrauchen, denn ihr Vater unterstützt sie nur sehr unregelmäßig. „Du gibst es ja doch wieder für deinen Alkohol aus", sagt er, wenn ihre Mutter ihn um Geld bittet. „Aber mir ein paar neue Klamotten zu kaufen, das bringt er auch nicht fertig", denkt Petra wütend. „Petra, ich finde, es ist höchste Zeit, dass wir beide uns mal in Ruhe unterhalten", nimmt die Klassenlehrerin Petra nach der Stunde zur Seite. „Hast du nach dem Unterricht noch etwas Zeit?"

„Ja, sicher", stimmt Petra zu – zwar ängstlich aber auch erleichtert. ...

(Nach einem wirklichen Fall erzählt)

Wenn Kinder Hilfe brauchen ...

Nach dem Gespräch mit ihrer Lehrerin geht es Petra schon besser. Allerdings sind die eigentlichen Probleme dadurch noch nicht aus der Welt geschafft. Deshalb haben sich beide nochmals für den nächsten Tag verabredet, um gemeinsam zu überlegen, welche Spezialisten Petra und ihrer Mutter am besten helfen können.

Zu diesem Gespräch bringt Petras Lehrerin am nächsten Tag ein Faltblatt mit. Hier finden sich Kontaktadressen von staatlichen und privaten Anlaufstellen bei Familienproblemen.

Artikel 6 des Grundgesetzes (Ehe und Familie)

[...]

(2) Pflege und Erziehung der Kinder ist das natürliche Recht der Eltern und die zuvörderst ihnen obliegende Pflicht. Über ihre Betätigung wacht die staatliche Gemeinschaft.

(3) Gegen den Willen der Erziehungsberechtigten dürfen Kinder nur aufgrund eines Gesetzes von der Familie getrennt werden, wenn die Erziehungsberechtigten versagen oder wenn die Kinder aus anderen Gründen zu verwahrlosen drohen.

A Staatliche Hilfen

Jugendämter sind staatliche Einrichtungen. Du findest sie in jeder größeren Gemeinde. Ihre Telefonnummer kannst du im örtlichen Telefonbuch nachschlagen. Jugendämter sind die wichtigsten Anlaufstationen, wenn du Probleme hast.

Sie bieten Beratung, wenn du Ärger mit deiner Familie hast. Sie stellen Erziehungshilfen, wenn das Zusammenleben in deiner Familie nicht klappt, wenn du zu aggressiv bist oder deine Eltern mit deiner Erziehung überfordert sind.

In schweren Fällen vermitteln sie Pflegefamilien, Heimaufenthalte oder Plätze in pädagogisch betreuten Wohngemeinschaften, wenn ein Familienrichter dies gutheißt oder anordnet.

B Private Träger der Jugend- und Familienhilfe

Neben den staatlichen Einrichtungen engagieren sich auch viele private Träger in der Familien- und Jugendhilfe. Auch hier findest du Menschen, die dir helfen.

Kinderschutz-Zentren gibt es in 24 größeren deutschen Städten. Hierhin kannst du dich wenden, wenn du Probleme mit der Familie oder der Schule hast. Alle Gespräche bleiben vertraulich. Informationen findest du im Internet unter www.kinderschutz-zentren.org oder unter der Notrufnummer 0800/1110333.

Deutscher Kinderschutzbund

Er setzt sich in 420 Gemeinden für Kinderrechte ein. Den für dich zuständigen Kreis- oder Stadtverband findest du unter www.kinderschutzbund.de.

Pro Familia kümmert sich um sexuelle Aufklärung. Hier kannst du dich hinwenden, wenn du mit deinen Eltern nicht über Sex, Verhütung oder Probleme mit deinem Körper reden kannst. Auch bei ungewollter Schwangerschaft findest du bei Pro Familia Hilfe. Informationen findest du unter www.profamilia.de oder unter der Telefonnummer 069/639002.

Schülernotruf online hat sich auf Hilfe bei Schulproblemen spezialisiert. Per E-Mail kannst du Fachleuten unter www.schueler-notruf.de dein Problem beschreiben. Allerdings benötigst du eine eigene E-Mail-Adresse, denn spätestens innerhalb von zwei Tagen bekommst du eine Antwort zugeschickt.

Hier wird Kindern mit Problemen geholfen!

WZ

1. Wie kann Petra geholfen werden? Sprecht über ihre Probleme und überlegt, an wen Petra sich wenden kann, um Hilfe zu bekommen.

2. Sucht euch einen Partner oder eine Partnerin in der Klasse. Schreibt mithilfe des Faltblattes einen Dialog zwischen Petra und ihrer Klassenlehrerin, wie er am nächsten Tag stattfinden könnte. Ihr könnt das Gespräch auch im Rollenspiel nachspielen.

3. Soll der Staat eingreifen und Petras Eltern das Sorgerecht entziehen? Was sagen die Gesetze dazu?

Memorystationen

Zusammenleben in der Familie

Station 1 — Was bedeutet die Familie für dich?

Ordne den vier Fotos entsprechende „Leistungen" der Familie zu und verfasse einen Text, der die Leitfrage beantwortet.

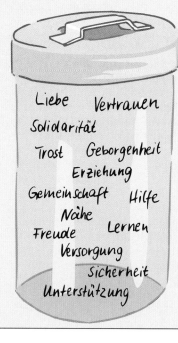

Liebe Vertrauen
Solidarität
Trost Geborgenheit
Erziehung
Gemeinschaft Hilfe
Nähe
Freude Lernen
Versorgung
Sicherheit
Unterstützung

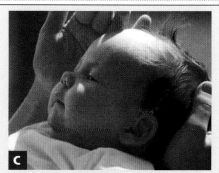

Station 2 — Familien früher und heute

Übertrage folgende Tabelle in dein Heft und fülle sie aus. Trage dazu die Stichworte in das passende Feld der Tabelle ein.

Das fand man in der Familie früher häufig …	Das ist in der Familie heute oft so …

viele Kinder – Patchwork-Familie – Kinder arbeiten mit – gute Schulbildung – Gewalt als Erziehungsmittel – beide Elternteile gehen arbeiten – schlechte Ernährung – Scheidung

Station 3 — Erziehung als wichtigste Aufgabe der Familie

Wähle aus der nachfolgenden Liste fünf Erziehungsziele aus, die unbedingt erreicht werden müssen, um Erfolg im Leben zu haben. Begründe deine Auswahl.

1. Ordnungsliebe
2. Selbstständigkeit
3. Warmherzigkeit
4. Höflichkeit
5. Fleiß
6. Mitgefühl
7. Sparsamkeit
8. Mut
9. sich gut ausdrücken können
10. Lernbereitschaft
11. Disziplin
12. Gemeinschaftssinn
13. Zuverlässigkeit
14. Ehrlichkeit
15. Freundlichkeit
16. Bescheidenheit
17. Toleranz
18. Rücksichtnahme
19. Selbstvertrauen
20. Pünktlichkeit
21. Verantwortungsbewusstsein
22. Kritikfähigkeit
23. gute Manieren
24. Durchsetzungsvermögen

Station 4 — Rollenverteilung in der Familie

In der Familie Schneider – Herr Schneider, Frau Schneider, Nico (12 Jahre), Elena (10 Jahre), Sandra (3 Jahre) – müssen die Rollen und Aufgaben neu verteilt werden. Da Sandra seit Kurzem den städtischen Kindergarten besucht, will Frau Schneider, die seit der Geburt Sandras zu Hause geblieben war, wieder zurück in ihren Beruf als Bankkauffrau und halbtags bei der Sparkasse arbeiten. Wer soll in dieser Situation was tun? Verteile die Aufgaben in der Familie so, dass Frau Schneider entlastet wird. Überlege dabei, welche Aufgaben Nico und Elena übernehmen könnten, um ihre Mutter zu entlasten.

Station 5 — Wie hilft der Staat der Familie?

Bei der Hotline einer Familienberatungsstelle trifft folgende Anfrage ein: Fabian und seine Freundin Steffi erwarten ein Baby. Sie möchten gerne wissen, mit welcher staatlichen Unterstützung sie rechnen können, wenn das Baby da ist.

Wer hat die meisten Tipps parat?

Leben
3 in der Gemeinde

Egal, ob ihr in einem Dorf oder in einer Stadt lebt:

Was gefällt euch, wenn ihr an eure Heimatgemeinde denkt?
Was gefällt euch nicht?

Worum geht es?

In den Gemeinden leben unterschiedliche Menschen zusammen: Kinder und Erwachsene, Frauen und Männer, Inländer und Ausländer, Singles und Familien mit Kindern, Autofahrer und Fußgänger usw. Es kann sich dabei um ein Dorf mit zwanzig Häusern handeln oder um eine Stadt mit mehreren hunderttausend Einwohnern. Die Bezeichnung *Gemeinde* wird hierfür als Oberbegriff verwendet.

Manchmal sind alle zufrieden, mit dem, was in ihrer Gemeinde geschieht, zum Beispiel, wenn eine neue Kläranlage für besseren Umweltschutz sorgt. Manchmal gibt es auch Streit, weil zum Beispiel die einen wollen, dass Ruhe auf den Straßen herrscht, und andere, dass etwas los ist in der Stadt.

Wer entscheidet, was gemacht wird? Welche Möglichkeiten haben Kinder und Jugendliche, wenn es um Gemeindeangelegenheiten geht? Wie kann man mit den unterschiedlichen Interessen in einer Stadt auf demokratische Art und Weise umgehen? Das sind Fragen, mit denen ihr euch in dem folgenden Kapitel auseinandersetzen könnt.

Am Ende dieses Kapitels werdet ihr erklären können,

- welche Aufgaben die Gemeinden zu erfüllen haben,
- wer hier die wichtigen Entscheidungen trifft,
- welche Möglichkeiten Kinder und Jugendliche haben, auf Entscheidungen in der Gemeinde Einfluss zu nehmen,
- wie man ein Problem löst, wenn die einen für die Erhaltung eines Parks sind und die anderen für den Bau eines Großkinos,
- wie Demokratie in Gemeinden funktioniert.

Ihr könnt auch aktiv werden – indem ihr euer örtliches Rathaus erkundet und eine Rolle in einem Planspiel übernehmt.

Politik in der Gemeinde – „Was habe ich damit zu tun?"

Wir bewerten einen Fall

Anjas Einstellung ändert sich

Anja weiß heute noch genau, wann sie damit begann, sich für das zu interessieren, was in ihrer Heimatgemeinde geschieht. Es war kurz vor ihrem zwölften Geburtstag, genau am 9. März 2004. An diesem Tag las sie die örtliche Zeitung und darin stand, dass der Stadtrat von Jülich beschließen wolle, das örtliche Freibad zu schließen. Anja wollte das nicht glauben. Das schöne Freibad, das gehörte im Sommer für sie und ihre Freundinnen einfach zum Leben dazu. Das durfte doch nicht geschlossen werden!
Am nächsten Tag war die Freibadschließung großes Thema in Anjas Klasse. Alle Schülerinnen und Schüler waren empört darüber. „Das können die doch nicht machen!", war die übereinstimmende Meinung. Als Klassensprecherin der Klasse 6d nahm Anja die Gelegenheit wahr, das Problem auch im Schülerrat ihrer Schule zur Sprache zu bringen. Einige Mitglieder des Schülerrates waren gleichzeitig gewählte Vertreter im Kinderparlament von Jülich. Für die nächste Sitzung im Rathaus der Stadt setzte das Kinderparlament die Freibadschließung auf die Tagesordnung.
Dort gab ihnen die Jugendbeauftragte der Stadt wichtige Auskünfte zum Stand der Dinge: „Das Freibad müsste dringend renoviert werden, weil es mittlerweile große bauliche Mängel aufweist. Dazu sind cirka drei Millionen Euro erforderlich. Das ist für die Stadt leider viel zu teuer. Lieber will man Geld ausgeben, um ein neues und

Freibad von Jülich, wiedereröffnet am 1. Juli 2006

modernes Hochleistungszentrum für Schwimmer zu errichten. Kinder, Jugendliche und Familien können im Sommer an die Badeseen in der Umgebung fahren."
Anja erfuhr von den Plänen der Stadt. Sie war nicht der Ansicht, dass Jülich ein sportliches Hochleistungszentrum benötigte.
Bereitwillig nahm sie in der Folgezeit an allen Aktivitäten teil, welche die Kinder und Jugendlichen in Jülich zur Erhaltung ihres Freibades auf die Beine stellten. Eine Demonstration wurde organisiert. Man sammelte Unterschriften, schrieb Briefe an den Stadtrat. Erwachsene gründeten eine Bür-

gerinitiative, welche die Forderungen der Kinder und Jugendlichen unterstützte. Diese friedlichen Aktionen führten zu einem Umdenken in der Gemeindepolitik, und es gab wieder eine Mehrheit im Stadtrat für die Freibadrenovierung.

Am 1. Juli 2006 wurde das renovierte Freibad wiedereröffnet. Die Aachener Zeitung berichtete, dass Kinder und Jugendliche zwischen 12 und 17 Jahren maßgeblich zum Erfolg beigetragen hätten. Anja und ihre Freunde waren stolz darauf, dass sie sich für ihre Sache so intensiv starkgemacht hatten.

(vom Autor nach den tatsächlichen Fakten berichtet)

---

1. Was haben Anja und andere Kinder unternommen, um die Schließung des Freibads zu verhindern? Notiert alle Aktivitäten.

Gemeindepolitik betrifft uns alle

Nahezu den ganzen Tag über haben wir mit unserer Gemeinde oder auch dem Kreis und deren Leistungen zu tun. Schon morgens beim Aufstehen benutzen wir die Strom- und Wasserversorgung sowie die Kanalisation. Beim Verlassen des Hauses treffen wir vielleicht auf die Straßenreinigung oder die Müllabfuhr. Hoffentlich muss die Feuerwehr nicht gerade zu einem Einsatz ausrücken. Vielleicht benutzen wir die öffentlichen Verkehrsmittel, um zum kommunalen Kindergarten oder zur Schule zu kommen. Wie es dort mit der Ausstattung aussieht, hängt in hohem Maße von der Gemeinde ab. Nachmittags besteht die Möglichkeit zum Sport in der Sporthalle oder im Schwimmbad. Andere gehen in die Stadtbibliothek oder in die Musikschule. Abends gibt es vielleicht eine Theaterveranstaltung oder einen VHS-Kurs. Auch hier entscheidet die Kommune – und nicht zuletzt ihre Finanzausstattung – über das Angebot. Manche treffen sich im Jugendzentrum. Unser Wohlbefinden hängt in hohem Maß von den Leistungen der Kommunen ab. Damit nicht genug. 80 Prozent aller Angelegenheiten, die einzelne Bürgerinnen und Bürger in Kontakt […] mit Behörden bringen, werden von der Gemeindeverwaltung erledigt.

(Aus: POLITIK & UNTERRICHT aktuell Heft 13/2004, „Kommunalwahlen in Baden-Württemberg", S. 2ff., verf. von Andreas Gawatz)

2. Im Text heißt es: „Unser Wohlbefinden hängt in hohem Maße von den Leistungen der Kommunen ab." Könnt ihr erklären, warum das so ist? (Kommune wird hier als ein anderes Wort für Gemeinde benutzt.)

3. „Was haben wir mit der Politik in der Gemeinde zu tun?" Formuliert dazu eine Erklärung.

2 Demokratische Beteiligung in der Gemeinde

Wir stellen politische Mitwirkungsmöglichkeiten vor

Auf den folgenden Seiten findet ihr (A) die Mitwirkungsmöglichkeiten von Kindern und Jugendlichen in der Gemeindepolitik und (B) die Möglichkeiten von Erwachsenen und ausländischen Mitbürgerinnen und Mitbürgern. Ihr könnt entscheiden, ob ihr die Arbeit aufteilt oder ob ihr euch auf die Bearbeitung eines Schwerpunktthemas konzentriert.

A Kinder und Jugendliche

Vielleicht denkt ihr, dass Kinder und Jugendliche keine Rolle spielen, wenn es um Entscheidungen in der Gemeinde geht. Das ist aber nicht der Fall, wie zum Beispiel ein Blick in die hessische Gemeindeordnung zeigt. Dort heißt es:

§ 4c: Die Gemeinde soll bei Planungen und Vorhaben, die die Interessen von Kindern und Jugendlichen berühren, diese in angemessener Form beteiligen. Hierzu soll die Gemeinde über die in diesem Gesetz vorgesehene Beteiligung der Einwohner hinaus geeignete Verfahren entwickeln und durchführen.

§ 8c: Kindern und Jugendlichen können in ihrer Funktion als Vertreter von Kinder- und Jugendinitiativen in den Organen der Gemeinde und ihren Ausschüssen sowie der Ortsbeiräten Anhörungs-, Vorschlags- und Redemöglichkeiten eingeräumt werden.

(Aus der hessischen Gemeindeordnung in der Fassung vom 15.11.2007)

Mitwirkung in Kinder- und Jugendparlamenten

In vielen kleinen und großen Städten wurden im Laufe der vergangenen Jahre Kinder- und Jugendparlamente gegründet. Als ein Beispiel für das besondere Engagement von Kindern und Jugendlichen stellen wir hier das Kinder- und Jugendparlament der Stadt Offenbach vor, das bereits im Jahr 1998 gegründet wurde.

Das KJP Offenbach: „Die Zukunft liegt in unseren Händen ..."

Für TEAM stellte sich die erste Vorsitzende des KJP, Dragana Gavric, für ein Interview zu Verfügung:

TEAM: Was sind die Gründe, warum du dich für die Mitarbeit im Kinder- und Jugendparlament entschieden hast?

Sitzung eines Jugendparlamentes

DRAGANA: Dafür gibt es natürlich mehrere Gründe. Zum einen ist es meiner Meinung nach sehr wichtig, die Jugend in die Politik mit einzubeziehen. Die Zukunft liegt in unseren Händen, also kann es sicherlich nichts schaden, Initiative zu ergreifen und etwas für den Bezug der Kinder und Jugendlichen zur Politik und vor allem für die Stadtpolitik zu tun. Oft fühlt sich die Jugend nicht ernst genommen und ohne das KJP wäre es meiner Meinung nach auch relativ schwer, wenn nicht sogar unrealistisch, etwas Positives in der Stadt zu bewirken. Zum anderen interessiere ich mich sehr für Politik und meine, dass man zu gar nichts käme, wenn es nicht Einzelne gäbe, die aktiv mithelfen, etwas zu verändern. Ich für meinen Teil denke, dass wir hier in unserem KJP eine ziemlich gute Truppe sind. Jeder hat viel Ehrgeiz und besitzt die Fähigkeit, zu diskutieren und selbst von Anfang an stark kritisierte Anträge gut durchzusetzen.

TEAM: Was musstest du tun, um in das KJP hineinzukommen?

DRAGANA: Zusammen mit allen anderen Kandidatinnen und Kandidaten habe ich im Schülerrat an einer unserer Vorstellungsrunde teilgenommen und bin dann von den Klassensprechern und ihren Stellvertretern gewählt worden. Jede allgemeinbildende Schule kann entsprechend ihrer Größe Hauptdelegierte und Stellvertreter für das KJP entsenden. Stimmberechtigt sind dort aber nur die Hauptdelegierten.

TEAM: Was waren bisher die größten Erfolge eures KJP?

DRAGANA: Wir haben es geschafft, die Kinder- und Jugendfarm einzurichten. Das ist eine Einrichtung, die Offenbacher Kindern und Jugendlichen besondere Freizeit- und Naturerlebnisse bietet. Auf der Farm gibt es Tiere, und man kann Hütten bauen, Beete anlegen und vieles mehr. Sozialpädagogen betreuen die Kinder vor Ort. In der Stadtbücherei haben wir einen Kinder-Infopunkt eingerichtet. Hier kann man sich informieren, welche Angebote es für Kinder in unserer Stadt gibt. Wir haben einen Kinderstadtplan herausgebracht, in dem alle Spielmöglichkeiten in Offenbach eingetragen sind. Unter den Offenbacher Jugendlichen haben wir eine Meinungsumfrage durchgeführt und ausgewertet. Ein Fußballturnier für Toleranz gegen Ausländerfeindlichkeit wurde durchgeführt. Wir haben eine Ausstellung zum Thema Mobbing organisiert und sogar ein Kinderbuch gestaltet, das sich mit dem Problem des Hundedrecks auf den Offenbacher Straßen beschäftigt. Das ist eine Auswahl aus den Aktivitäten in jüngster Zeit.

TEAM: Wie arbeitet das KJP mit den anderen politisch wichtigen Personen und Gremien in Offenbach zusammen?

DRAGANA: Wir stellen Anträge an die Stadtverordnetenversammlung und beteiligen uns mit Redebeiträgen in den Fachausschüssen, wenn kinder- und jugendrelevante Themen bearbeitet werden. Der Stadtverordnetenvorsteher ist der Schirmherr des KJP. Er berät und unterstützt uns. Auch mit dem Oberbürgermeister haben wir einen regelmäßigen Gedankenaustausch. Besonders wichtig ist die Veranstaltungsreihe „Oberbürgermeister und KJP on Tour". Dabei organisieren wir gemeinsam mit dem Oberbürgermeister Hearings in den Offenbacher Schulen. Je nach Projekt arbeiten wir auch mit einzelnen Ämtern der Stadt zusammen. Unsere Erfahrungen der Zusammenarbeit sind gut.

TEAM: Was hat ein parlamentarisches Engagement bisher für dich persönlich gebracht?

DRAGANA: Viel hat es gebracht – definitiv. Und ich denke, ich sage das nicht nur für mich, sondern auch für die anderen Mitglieder, jedenfalls für die große Mehrheit. Ich habe gelernt, dass nichts passiert, wenn man keine Initiative ergreift und sich nicht für andere einsetzt. Etwas verändern kann man nur, wenn man es in die Hände nimmt. Vor allem habe ich gelernt, auch Unstimmigkeiten mit einer diplomatischen Diskussion zu beheben. Alles geht, man muss es nur wollen und etwas dafür tun.

TEAM: Was würdest du Kindern und Jugendlichen raten, die mit dem Gedanken spielen, für ein Kinder- und Jugendparlament zu kandidieren?

DRAGANA: Trau dich! Man kann nichts verlieren und wenn du nicht gewählt wirst, kannst du trotzdem aktiv mitarbeiten. Du kannst die Sitzungen besuchen und deine Meinung abgeben. Gehe mit Freunden zusammen zu den ersten Treffen und nach den ersten zwei oder drei Treffen brauchst du die Freundin oder den Freund nicht mehr. Selbst wenn du nicht stimmberechtigt bist, kannst du wenigstens gehört werden, und wenn du argumentativ deine Meinung einbringen kannst, kann es auch von großem Vorteil sein. Du lernst Leute kennen und kannst beispielsweise an einem Rhetorikseminar teilnehmen. Das ist sehr gut für deine Zukunft! Und alles, was für die Zukunft gut ist, kann jetzt nicht schlecht sein.

TEAM: Liebe Dragana Gavric, vielen Dank für dieses Interview.

(Das Interview wurde im April 2008 geführt. Weitere Informationen zum KJP Offenbach findet ihr unter www.of.junetz.de/jugendparlament)

Möglichkeiten und Grenzen politischer Rechte von Kindern

Kinder können sich Gruppen und Vereinen anschließen, die es sich zur Aufgabe gemacht haben, die Interessen von Kindern zu vertreten. Überall haben sie das Recht, ihre Meinungen aktiv zu vertreten, auch wenn es um Politik geht. Allerdings können Kinder nicht Mitglied in einem Gemeindeparlament werden und nicht an politischen Wahlen teilnehmen. Damit will man den Kindern nicht Probleme anvertrauen, die von Erwachsenen gemacht wurden und daher von diesen gelöst werden müssen. Kinder können die Informationsangebote zur Gemeindepolitik nutzen. Sie können für ein Kinder- und Jugendparlament kandidieren und sich im Falle einer Mitgliedschaft mit schriftlichen Anträgen an ihre Gemeindevertretung richten.

Aktiv werden in K-Teams

Eine gute Möglichkeit für Kinder, sich politisch zu engagieren, sind die sogenannten „K-Teams", die vom deutschen Kinderhilfswerk ins Leben gerufen wurden. K-Teams organisieren zum Beispiel Streetball-Turniere in vielen Städten. Sie setzen sich gegen zu hohe Eintrittspreise in öffentlichen Schwimmbädern ein, fordern bessere Kontrollen gegen Hunde auf öffentlichen Spielplätzen und vieles andere mehr. Mitglied in einem K-Team kann jedes Schulkind werden. Anmelden kann man sich über das Internet. Nähere Informationen erhaltet ihr unter www.kindersache.de.

„Kinderparlamente sind eine prima Einrichtung. Da würde ich auch gerne mitmachen."

„Ehrlich gesagt: Für die Mitarbeit in einem Kinderparlament ist mir meine Freizeit zu schade."

„Ich würde zwar selbst nicht mitarbeiten, aber ich finde es gut, dass es Kinderparlamente gibt."

1. Was sagt die hessische Gemeindeordnung zur Mitwirkung von Kindern und Jugendlichen aus (S. 68)?

2. Fasst das Interview mit der Vorsitzenden des Offenbacher Kinder- und Jugendparlaments so zusammen, dass auch diejenigen Schülerinnen und Schüler darüber informiert sind, die den Text nicht gelesen haben.

3. Gibt es Aussagen im Interview, die euch besonders wichtig erscheinen? Wenn ja, stellt sie zusammen und begründet, warum ihr sie für wichtig haltet.

4. Welche Möglichkeiten der politischen Mitwirkung haben Kinder, welche nicht?

5. Welche der abgedruckten Meinungen über die Mitarbeit in Kinder- und Jugendparlamenten überzeugt euch am meisten? Sprecht miteinander und begründet eure Ansichten.

B Erwachsene und ausländische Mitbürger

Wir besuchen Familie Schwendler, die an einem Samstag beim gemeinsamen Abendessen sitzt. Die Schwendlers, das sind die Eltern Simone und Norbert und die beiden Kinder Tanja (11) und Philipp (13). Morgen werden die Bürgerinnen und Bürger der Stadt ihre neue Gemeindevertretung wählen und so ist die Wahl auch ein Thema beim gemeinsamen Abendessen. Diesmal ist es Tanja, die mit dem Gespräch beginnt.

Beim Lesen des Gesprächs werden euch zwei Fremdwörter auffallen, die eine Besonderheit der Wahl kennzeichnen, um die es hier geht.

TANJA: Was wird morgen eigentlich gewählt?

VATER: Morgen wird die Gemeindevertretung gewählt. Das ist eine Gruppe von Leuten, die fünf Jahre lang bestimmen wird, was in unserer Stadt politisch geschieht.

PHILIPP: Findet bei dieser Gemeindevertretungswahl gleichzeitig die Wahl des neuen Oberbürgermeisters statt?

MUTTER: Nein! Dafür gibt es eine gesonderte Oberbürgermeisterwahl. Sie findet alle sechs Jahre statt.

TANJA: Ich will auch gerne wählen. Wann darf ich endlich mitwählen, Mama?

MUTTER: Wenn du älter bist, mein Schatz. Zurzeit liegt das Wahlalter in unserem Bundesland bei 18 Jahren. In einigen anderen liegt es bei 16.

PHILIPP: Wie ist das eigentlich mit den Leuten, die einen ausländischen Pass haben und in Schönstadt wohnen: Dürfen sie an der Wahl teilnehmen?

VATER: Ja, sie dürfen sowohl wählen als auch gewählt werden, allerdings nur, wenn sie aus einem Land der Europäischen Union zu uns gekommen sind oder wenn sie in einem Einbürgerungsverfahren die deutsche Staatsangehörigkeit erworben haben. Hoffentlich machen wir morgen alles richtig, wenn wir wählen gehen. Die Sache ist ja gar nicht so einfach.

MUTTER: Wieso? Für mich ist das kein Problem. Ich werde kumulieren.

TANJA: Was ist das denn, kumulieren?

MUTTER: Das heißt anhäufen. Ich werde meine Stimmen auf Frau Schuster anhäufen. Frau Schuster kümmert sich ganz toll um die neu zugezogenen Familien hier in unserer Siedlung. Sie steht aber als Kandidatin ihrer Partei ziemlich hinten auf der Kandidatenliste. Von meinen 59 Stimmen kumuliere ich so viel ich darf, nämlich drei Stück, auf sie. Damit verbessere ich ihre Chance, in den Rat einzuziehen.

PHILIPP: Ich kumuliere mir jetzt mal noch von dem Gemüse auf meinem Teller, damit verbessere ich meine Chancen, möglichst viel davon zu kriegen.

VATER: Ich glaub', du hast es begriffen.

Ich werde noch eine andere Möglichkeit des Wahlrechtes nutzen. Ich werde panaschieren.

TANJA: Panaschieren – was ist denn das jetzt schon wieder?

VATER: Pass auf! (Er verteilt Erbsen auf seinem Teller.) Jeder Wähler von Schönstadt hat morgen 59 Stimmen. Das sind genauso viele wie unsere Gemeindevertretung Mitglieder hat. Und genauso viele Erbsen liegen jetzt hier auf meinem Teller. Ich kann diese 59 Erbsen, ich meine natürlich Stimmen, alle einer Partei geben. Dann brauche ich nur ein Kreuz zu machen und wähle die Liste einer Partei. Ich kann sie aber auch auf Kandidaten aus verschiedenen Parteien verteilen. Ich gebe einige Erbsen den Wahlvorschlägen von Partei A, einige an B usw. Panaschieren heißt, man mischt seine Stimmen.

MUTTER: Was machst du denn für einem Matsch auf deinem Teller, Tanja?

TANJA: Ich mach's wie Papa. Ich panaschiere mein Gemüse, mein Püree, meine Soße und meinen Schokoladenpudding.

---

1. Tanja und Philipp stellen eine Menge wichtiger Fragen im Gespräch der Familie Schwendler. Sucht darauf nach Antworten, die ihr euch gut einprägen könnt.

Vielfältige Mitwirkungsmöglichkeiten

„Die Gemeinde ist die Grundlage des demokratischen Staates." So steht es im Paragraphen 1 der hessischen Gemeindeordnung. Die Ordnungen der weiteren 15 Bundesländer enthalten ähnliche Aussagen. Demokratie funktioniert nur auf der Basis von Mitwirkungsrechten. Welche sind wichtig auf der Ebene der Gemeindepolitik?

Mitwirkung durch Wahlen

Alle wahlberechtigten Bürgerinnen und Bürger in der Gemeinde können an den Wahlen zu ihrer örtlichen Gemeindevertretung teilnehmen und sich als Kandidaten für die Wahl der Ratsmitglieder zur Verfügung stellen. Sie können also wählen und gewählt werden. Man nennt das aktives und passives Wahlrecht. In Hessen und in einigen anderen Bundesländern haben die Wählerinnen und Wähler bei Kommunalwahlen so viele Stimmen wie Sitze in dem zu wählenden Gemeindeparlament vorgesehen sind. Hat dieser zum Beispiel 59 Sitze (das ist so bei Städten zwischen 50 001 und 100 000 Einwohnern), so haben die Wähler auch 59 Stimmen. Sie können 59 Kreuze auf ihrem Wahlzettel machen und dabei kumulieren und panaschieren. Sie können auch auf diese Möglichkeit verzichten und mit nur einem Kreuz dem Wahlvorschlag einer Partei zustimmen. Dabei können sie einzelnen Kandidaten auf der gewählten Liste durch Durchstreichen ihre Stimme verweigern (siehe Abbildung c).

Kumulieren: Von seinen Stimmen kann der Wähler maximal drei auf einen Kandidaten anhäufen und so dessen Chancen verbessern, in den Rat einzuziehen.

Panaschieren: Man hat die Möglichkeit, seine Stimmen auf die Kandidaten verschiedener Listen zu verteilen. Die Wählerinnen und Wähler können sich so aus den Kandidatenlisten verschiedener Parteien oder Wählergemein-schaften diejenigen Personen aussuchen, die sie für besonders befähigt halten.

Außerdem wählen sie in einer getrennten Wahl den Bürgermeister. Auch für dieses Amt besitzt jeder wahlberechtigte Bürger der Gemeinde das aktive und passive Wahlrecht. Die Kandidatinnen und Kandidaten dürfen hier allerdings nicht jünger als 25 und nicht älter als 67 Jahre sein.

Mitwirkung durch Bürgerentscheid

Eine weitere Entscheidungsmöglichkeit in der Gemeindepolitik ist der *Bürgerentscheid*. Diese Mitwirkungsmöglichkeit läuft in zwei Schritten ab: Zunächst gibt es ein *Bürgerbegehren*. Das ist ein schriftlicher Antrag, in dem die Menschen von der Gemeindevertretung fordern, dass diese zu einem bestimmten Thema einen von den Bürgern im Antrag vorgeschlagenen Beschluss fasst. Lehnt die Gemeindevertretung dieses Begehren ab, kommt es im zweiten Schritt zum Bürgerentscheid. Dann werden alle wahlberechtigten Bürger der Gemeinde dazu aufgerufen, direkt per Abstimmung über das Problem zu entscheiden. Sie können sich so über eine Entscheidung der Gemeindevertretung hinwegsetzen.

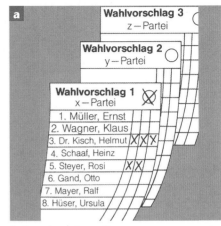

So kann man kumulieren.

So kann man panaschieren.

So kann man auf Kumulieren und Panaschieren verzichten.

Mitwirkung durch Bürger- initiativen

Wenn Bürger mit der Planung in der Gemeinde unzufrieden sind oder Maßnahmen verhindern oder durchsetzen wollen, schließen sie sich oft in einer Bürgerinitiative zusammen. Das sind Zusammenschlüsse von Bürgern, die sich zum Ziel gesetzt haben, ein bestimmtes Vorhaben durchzusetzen oder zu verhindern. Bürgerinitiativen können Druck auf die Mitglieder ihrer Gemeindevertretung ausüben und diese dazu zwingen, sich mit ihrem Anliegen zu befassen. Eine wichtige Form der Bürgerbeteiligung auf der Gemeindeebene ist auch die Mitarbeit in der Ortsgruppe einer politischen Partei. Über die gesetzlich garantierten Möglichkeiten hinaus haben die Einwohner einer Gemeinde auch zahlreiche andere Möglichkeiten der politischen Einflussnahme. Sie können sich an die örtliche Presse wenden, die Ratsmitglieder di-

rekt ansprechen, Veranstaltungen und Info-Stände organisieren, Versammlungen abhalten und anderes mehr.

Mitwirkungsmöglichkeiten ausländischer Bewohner

Jeder Grieche, Spanier, Portugiese, Italiener, Ire, Däne, Malteser oder Rumäne und jeder andere ausländische Mitbürger aus einem anderen Land der Europäischen Union besitzt das aktive und passive Wahlrecht bei den Wahlen zur Gemeindevertretung und bei der Bürgermeisterwahl. Das gleiche Recht haben Deutsche, wenn sie in einem Land der Europäischen Union wohnen. In Gemeinden ab einer bestimmten Größe (in Hessen ab 1000 Einwohnern) muss ein Ausländerbeirat eingerichtet werden. Hierin können diejenigen ausländischen städtischen Einwohner ihre Interessen vertreten, die nicht aus einem Mitgliedsland der EU kommen.

Hier protestiert eine Bürgerinitiative gegen den Plan des Ausbaus der Bahnstrecke bei Offenburg. Sie fordert, dass zum Schutz des Stadtbildes und der Landschaft ein Tunnel gebaut wird. Eine Ordensschwester ist stellvertretende Vorsitzende dieser Bürgerinitiative.

Aktives Wahlrecht

Wahlberechtigt

sind alle Deutschen im Sinne des Artikels 116 Abs. 1 des Grundgesetzes,

die am Wahltag das **18. Lebensjahr** vollendet haben und seit mindestens **3 Monaten** eine Wohnung oder ihren gewöhnlichen Aufenthalt im Wahlgebiet haben.

Auch Deutsche im Ausland sind unter bestimmten Voraussetzungen wahlberechtigt

Passives Wahlrecht

Wählbar

sind alle Deutschen im Sinne des Artikels 116 Abs.1 des Grundgesetzes,

die am Wahltag das **18. Lebensjahr** vollendet haben.

Rechtsgrundlagen: Art. 38 GG, Bundeswahlgesetz

ZAHLENBILDER

© Erich Schmidt Verlag

86 020

2. Stellt euch vor, ihr sollt als Expertin oder Experte für die Mitwirkungsmöglichkeiten Erwachsener und ausländischer Mitbürger in der Gemeindepolitik eure Kenntnisse Schülerinnen und Schülern vermitteln, welche die Materialien auf dieser Doppelseite nicht bearbeitet haben. Bereitet dazu einen Stichwortzettel vor, der folgende Punkte enthält:
(A) Entscheidungsmöglichkeiten durch Wahlen,
(B) Kumulieren und Panaschieren,
(C) aktives und passives Wahlrecht,
(D) Bürgerbegehren, Bürgerentscheid, Bürgerinitiativen,
(E) Möglichkeiten ausländischer Bewohner in der Gemeinde.

Welche Aufgaben haben die Gemeinden?

Wir schaffen Klarheit durch übersichtliche Darstellungen

Wir sind zum zweiten Mal bei Familie Schwendler in Schönstadt zu Gast. Dieses Mal unterhalten sich die Eltern mit ihren Kindern Tanja und Philipp darüber, was in ihrer Stadt los ist und welche Probleme es gibt. Diesmal ist es Philipp, der mit dem Gespräch beginnt.

Lest das Gespräch mit verteilten Rollen und achtet beim Lesen besonders auf die Fragen, die im Gesprächsverlauf gestellt werden.

Viele Aufgaben – leere Kassen

PHILIPP: Habt ihr gehört, die Stadt hat kein Geld mehr. Das Hallenbad soll geschlossen werden und vielleicht auch das städtische Kunstmuseum.

VATER: Na ja, Gerüchte gibt es viele, aber es wird wohl nichts so heiß gegessen wie es gekocht wird. Aber gespart werden muss wohl ganz enorm.

TANJA: Das wäre ja total blöd, wenn wir nicht mehr schwimmen gehen könnten. Wir bezahlen doch immer Eintrittsgeld.

MUTTER: Und nicht zu knapp für vier Personen. Wenigstens haben wir jetzt mehr Kindergartenplätze. Meine Freundin Edina ist als Alleinerziehende heilfroh, dass ihr kleiner Antonio einen Platz bekommen hat.

TANJA: Warum kann denn die Stadt das Hallenbad nicht mehr bezahlen?

VATER: Die Erweiterung des Kindergartens hat die Stadt einiges gekostet. Die haben wohl auch neues Personal einstellen müssen, damit jedem Kind ein Kindergartenplatz garantiert werden kann.

PHILIPP: Moment mal, Tanja fragt nach dem Hallenbad und ihr erzählt was von Kindergarten. Was hat denn der Kindergarten mit dem Hallenbad zu tun?

MUTTER: Na ja, das sind eben alles Kosten, die in einer Stadt entstehen. Gibt man sein Geld für die eine Sache aus, ist für die andere nichts mehr übrig.

VATER: Es ist wie bei uns zu Hause. Die Ausgaben dürfen auf Dauer nicht höher sein als die Einnahmen. Ich bin mal gespannt, jetzt wird ja bald der Haushalt in Schönstadt verabschiedet.

TANJA: Fährt der Haushalt weg? Und was ist das eigentlich, ein Haushalt?

MUTTER: (lacht) In einem Haushalt schreibt man auf, welche Einnahmen man in einem Jahr hat und welche Ausgaben dem gegenüberstehen. Und verabschieden heißt, dass die Stadtverordnetenversammlung über den Haushalt abstimmt.

TANJA: Dann sollen die mal aufschreiben, dass die Teerdecke vom Radweg zu unserer Schulturnhalle an vielen Stellen kaputt ist und repariert werden muss.

PHILIPP: Mit deinem Radweg ist es wahrscheinlich so wie mit dem Jugendzentrum, das unser Oberbürgermeister mit tollen Worten versprochen hat – nichts tut sich. Haben die Stadtverordneten keine Lust oder haben die kein Geld?

VATER: Lust bestimmt, aber die Kasse ist wohl ziemlich leer und trotzdem haben die Einwohner viele Wünsche: Vergrößerung der Fußgängerzone in der Innenstadt, einen neuen Vorhang für das Stadttheater, bessere Busverbindungen, eine neue Musikschule und wer weiß, was noch. Das geht eben nicht alles.

MUTTER: Der Stadtverordnetenversammlung geht's genau wie mir. Es ist gar nicht so leicht, es allen recht zu machen, wenn das Haushaltsgeld knapp ist.

1. Notiert alle Fragen, die in diesem Gespräch gestellt werden, und sucht in der Klasse nach Antworten darauf.

2. Die Stadt Schönstadt haben die Autoren dieses Buches erfunden, aber die Aufgaben, die Wünsche und die Probleme sind mehr oder weniger typisch für fast alle Gemeinden, die es in Deutschland gibt – und das sind über 16000. Was erfahrt ihr darüber in diesem Gespräch?

Topthema

Gemeindeaufgaben

1. Erkläre, was man unter kommunaler Selbstverwaltung versteht.
2. Die Gemeindeaufgaben lassen sich (A) nach Bereichen ordnen (siehe Abbildung) und (B) nach Pflichtaufgaben, freiwilligen Aufgaben und staatlichen Auftragsangelegenheiten. Entwirf für das Ordnungsprinzip B ein eigenes Schaubild.
3. Stelle die Gemeindefinanzen in einem Schaubild dar.

Recht auf kommunale Selbstverwaltung

Stellt euch einmal vor, alles, was die Gemeinden in der Bundesrepublik Deutschland betrifft, würde von der Hauptstadt Berlin aus zentral entschieden. Das wäre sicherlich nicht im Interesse der Menschen, die in den vielen Dörfern und Städten leben und hier mitreden und mitgestalten wollen.

Die politische Ordnung in Deutschland sieht etwas ganz anderes vor, nämlich dass die Gemeinden ihre Angelegenheiten vor Ort selbstständig und in eigener Verantwortung regeln können. Man bezeichnet das als das Recht auf kommunale Selbstverwaltung.

Aus diesem Recht ergeben sich eine Reihe von Aufgaben für die Gemeinden: Dabei kann man unterscheiden zwischen Pflichtaufgaben, freiwilligen Aufgaben und staatlichen Auftragsangelegenheiten. Pflichtaufgaben sind Aufgaben, welche die Gemeinde erfüllen muss. Dazu gehören zum Beispiel der Unterhalt einer örtlichen Feuerwehr, die Versorgung der Bevölkerung mit Strom und Wasser, die Durchführung der Müllabfuhr, die Einrichtung von Buslinien und anderes mehr. Ganz wichtig sind auch Maßnahmen zum Schutz der Umwelt, wie zum Beispiel der Bau von Kläranlagen. Bei den freiwilligen Aufgaben wird in der Gemeinde selbst entschieden, ob sie durchgeführt werden oder nicht. Oft geht es dabei um Baumaßnahmen, z. B. ob eine Sporthalle gebaut oder ein Jugendzentrum eingerichtet werden soll. In einem dritten Aufgabenbereich helfen die Gemeinden bei der Durchführung von Bundesgesetzen oder Landesgesetzen. Dazu gehören zum Beispiel das Ausstellen von Personalausweisen, die Mithilfe bei der Durchführung von Landtagswahlen und Bundestagswahlen, die Führung des Standesamtes oder Einwohnermeldeamtes. Man nennt diesen Bereich „staatliche Auftragsangelegenheiten", weil die Gemeinden hier im übergeordneten Auftrag der Länder und des Bundes tätig sind.

Die Finanzen der Gemeinden

Die Einnahmen der Gemeinden kommen zu etwa je einem Drittel aus folgenden Quellen:

Erstens: Sie ziehen Steuern ein. Zwei wichtige Gemeindesteuern sind zum Beispiel die Gewerbesteuer, die von den ortsansässigen Gewerbebetrieben bezahlt wird, und die Grundsteuer, welche die Eigentümer landwirtschaftlichen, gewerblichen und privaten Grund und Bodens zu entrichten haben.

Eine zweite Einnahmequelle sind Gebühren und Eintrittgelder – zum Beispiel für die Müllabfuhr und für das städtische Schwimmbad. Als eine dritte wichtige Einnahmequelle erhalten die Gemeinden vom Bund und von den Bundesländern sogenannte Finanzzuweisungen. Bei diesen Zuweisungen ist zu unterscheiden zwischen Geldern, über welche die Gemeinden frei verfügen können, und solchen, die sie erhalten, um damit eine ganz bestimmte Maßnahme zu finanzieren – zum Beispiel die Durchführung einer großen Ausstellung in der Stadt.

Gemeindeaufgaben nach Bereichen

1. **Technische Versorgungsaufgaben:**
   z. B. Versorgung mit Wasser, Strom, Gas

2. **Kulturelle Aufgaben:**
   z. B. Unterhalt von Schulen, Büchereien, Theater, Museen

3. **Soziale Aufgaben:**
   z. B. Kinderbetreuung, Altenpflege und Jugendhilfe

4. **Bautätigkeit und -planung:**
   z. B. Straßenbau und Förderung des Wohnungsbaus

5. **Aufgaben zur Sicherung der öffentlichen Ordnung:**
   z. B. Meldewesen

4   Die Stadtverordnetenversammlung von Schönstadt tagt

Wir erstellen einen Haushaltsplan

Stellt euch die folgende Situation vor:

Die Verwaltung der Stadt Schönstadt hat eine Liste erstellt, auf der alle die Vorhaben stehen, die im nächsten Haushaltsjahr von der Gemeinde durchgeführt werden sollen. Diese Liste liegt nun der Stadtverordnetenversammlung vor. So heißt im Bundesland Hessen die von den Bürgerinnen und Bürgern gewählte Gemeindevertretung. Als demokratisch gewähltes Stadtparlament trifft es die wichtigen Entscheidungen. So wird die Gemeindevertretung auch entscheiden, welches Vorhaben auf der Wunschliste verwirklicht werden soll und welches nicht.

Die Bedeutung des Haushaltsplans

Alle Gemeinden sind verpflichtet, Haushaltspläne zu erstellen und der Öffentlichkeit zugänglich zu machen. Darunter versteht man die Gegenüberstellung der im kommenden Haushaltsjahr zu erwartenden Einnahmen und Ausgaben. Genau muss darin aufgeführt werden, für welche Vorhaben die Stadt welche Summe an Geld ausgeben wird und mit welchen Einnahmen die Stadt rechnen kann. Haushaltspläne sind wichtig, weil sie deutlich machen, was die gewählte Gemeindevertretung mit den zur Verfügung stehenden Einnahmen in dem entsprechenden Haushaltsjahr vorhat. Die Gemeinden müssen sich streng an ihre Haushaltspläne halten.

Die Gemeindevertretung von Schönstadt steht für das kommende Haushaltsjahr vor folgendem Problem: Die Verwirklichung aller Maßnahmen auf der Wunschliste von Schönstadt würde 8 Millionen Euro kosten. Die zur Verfügung stehenden Einnahmen werden nur 4 Millionen Euro betragen. Es muss also gespart werden. Ihr seid die Stadtverordneten und sollt über drei Fragen A, B und C entscheiden (siehe Kasten auf der nächsten Seite): Setzt euch zunächst in Gruppen zusammen. Ihr seid dann die sogenannten Ausschüsse, welche die Stadtverordnetenversammlung vorbereiten. Er-

arbeitet Vorschläge und berechnet sie so, dass sie insgesamt nicht mehr als vier Millionen Euro kosten. Nach der Gruppenarbeit stellen die einzelnen Gruppen ihre Vorschläge in der Klasse vor. Die Klasse ist dann sozusagen das Stadtparlament von Schönstadt. Jede Gruppe muss versuchen, die Stadtverordnetenversammlung, also die gesamte Klasse, von ihren Vorschlägen zu überzeugen. Denkt euch in den Gruppen gute Begründungen aus. Die Klasse kann dann per Abstimmung über die einzelnen Punkte entscheiden und eine endgültige Liste verabschieden.

---

1. Was sollten alle Stadtverordneten über den städtischen Haushaltsplan wissen? Notiert dazu die wichtigen Informationen in euer Heft.

Die Wunschliste	Die Kosten
1. Um das Wohngebiet Schleemannstraße müsste eine Lärmschutzmauer gebaut werden.	1 500 000 Euro
2. Das viel zu klein gewordene Fremdenverkehrsamt für die Touristen in der Stadt müsste erweitert werden.	250 000 Euro
3. Der städtische Kindergarten müsste um zwei Gruppenräume erweitert werden.	500 000 Euro
4. Ein neues Industriegebiet müsste mit Strom, Gas, Wasser und Abwasserleitungen versehen werden, damit sich neue Betriebe in Schönstadt ansiedeln können.	2 000 000 Euro
5. Alte Stadtbusse sollten durch drei neue Busse für die Beförderung von Schülerinnen und Schülern ersetzt werden.	400 000 Euro
6. Im städtischen Gymnasium ist das Dach undicht. Es müsste erneuert werden.	600 000 Euro
7. Das Seniorenheim in der Stadtgartenstraße soll vergrößert werden.	300 000 Euro
8. Die historische Rathausfassade müsste restauriert werden, da an einigen Stellen der Putz abzubröckeln droht.	300 000 Euro
9. Das Stadttheater braucht dringend einen neuen Vorhang und für mehrere Reihen neue Stühle.	100 000 Euro
10. Ein Haus soll angekauft werden, damit die Stadt ein Jugendzentrum einrichten kann.	1 000 000 Euro
11. Für mehrere Spielplätze in der Stadt müssten neue Spielgeräte angeschafft werden.	200 000 Euro
12. Die schon lange geplante Skater- und Schlittschuhbahn im Stadtpark sollte gebaut werden.	850 000 Euro
	zusammen: 8 Millionen Euro

Städtischer Haushaltsplan: links die Einahmen, rechts die Ausgaben

Ihr müsst entscheiden:

A Welches Vorhaben soll auf jeden Fall verwirklicht werden?

B Auf welches Vorhaben soll ganz verzichtet werden?

C Welches Vorhaben soll zu einem späteren Zeitpunkt verwirklicht werden?

5 Wie arbeiten Gemeindevertretungen, Bürgermeister und Gemeindeverwaltungen?

Wir erkunden die Arbeit in einem Rathaus

Die Rechte und Pflichten der Bürgermeister, der Gemeindeverwaltung und der Mitglieder in den Gemeindevertretungen sind in den Gemeindeordnungen festgelegt. Darin gibt es Unterschiede von Bundesland zu Bundesland. Die Darstellung in diesem Unterkapitel bezieht sich auf Hessen. Die Gemeindeordnung in Hessen unterscheidet sich von den meisten anderen Gemeindeordnungen. In Hessen gibt es einen Magistrat und eine Vorsitzende oder einen Vorsitzenden in der Stadtverordnetenversammlung. Am Ende eurer Arbeit werdet ihr erklären, was darunter zu verstehen ist.

In allen Städten und Gemeinden in Deutschland ist die gewählte Vertretung der Bürgerinnen und Bürger das oberste beschließende Organ. Sie trägt unterschiedliche Bezeichnungen: Gemeinderat, Stadtrat, Gemeindevertretung, Stadtverordnetenversammlung. Unterschiedlich sind auch die Stellung und Funktionen des (Ober-)Bürgermeisters. Wichtig ist, ob er direkt vom Volk oder von der Gemeindevertretung gewählt wird. In den vergangenen Jahren ist die direkte Wahl durch die Bürgerinnen und Bürger der Gemeinde in den meisten Bundesländern gesetzlich verankert worden.

Überall werden die Gemeinderäte bzw. die Stadtverordneten von den ortsansässigen Bürgerinnen und Bürgern in freien, gleichen und geheimen Wahlen gewählt. Die Abstände zwischen den Gemeinderatswahlen sind wiederum unterschiedlich. In Bremen sind es vier Jahre, in Bayern sechs und in Hessen

(und allen übrigen Bundesländern) fünf Jahre. In einigen Bundesländern dürfen Jugendliche bereits mit 16 Jahren an den Wahlen zur Gemeindevertretung teilnehmen (Mecklenburg-Vorpommern, Niedersachsen, Nordrhein-Westfalen, Sachsen-Anhalt, Schleswig-Holstein), in Hessen und allen anderen ab 18 Jahren. In Hessen haben die Bürgermeisterinnen und Bürgermeister eine

besondere Stellung, weil sie nicht den Vorsitz in der Gemeindevertretung haben. Die Gründe für die vielfältigen Regelungen liegen zum einen darin, dass die einzelnen Länder und Regionen ihre eigenen Traditionen haben, zum anderen ist Deutschland ein Bundesstaat, in dem jedes der 16 Bundesländer über die Regelung seiner Angelegenheiten selbst entscheiden kann.

■ Tipp zur Vorgehensweise: Arbeitsteilung in der Klasse

Auf der folgenden Seite werden die drei in der Überschrift genannten kommunalen Einrichtungen in den Materialien A, B und C vorgestellt. Empfohlen wird, dass ihr euch die Bearbeitung aufteilt.

Erster Schritt: Teilt die Klasse so auf, dass jeweils ein Drittel den Textteil A, B und C liest und die wichtigsten Informationen über Aufgaben und Zusammensetzung daraus aufschreibt.

Zweiter Schritt: Bildet dann Dreiergruppen, in denen jeweils eine Person vertreten ist, die A, B oder C bearbeitet hat. In der nun folgenden Gruppenarbeit informiert ihr euch gegenseitig über die bearbeiteten Themen.

Dritter Schritt: Einzelne Gruppen tragen gemeinsam vor der Klasse die Ergebnisse ihrer Arbeit vor.

Vierter Schritt: Im Anschluss daran könnt ihr auf die Fragen der Jugendlichen in den Sprechblasen Auskunft geben.

A Die Stadtverordneten-versammlung

B Bürgermeisterin/Bürgermeister

C Die Verwaltung

| Vorsitzende(r) und 15–105 Gemeindevertreterinnen und -vertreter | nimmt an den Sitzungen teil ← / wählt die Stadträte in den Magistrat → | Stadtvorstand = Magistrat Bürgermeister bzw. Oberbürgermeister und Beigeordnete/Stadträte |

leitet →

Bürgeramt				
Amt 1	Amt 2	Amt 3	Amt 4	Amt 5
Amt 6	Amt 7	Amt 8	Amt 9	Amt 10

Die Stadtverordnetenversammlung (auch Gemeindevertretung genannt) ist das oberste Entscheidungs- und Beschlussorgan in den Städten in Hessen. Man kann sie auch als das demokratisch gewählte Stadtparlament bezeichnen. Abhängig von der Einwohnerzahl liegt ihre Mitgliederzahl zwischen 15 und 105 Personen. Die Stadtverordneten, die ehrenamtlich tätig sind, werden von den wahlberechtigten Bürgerinnen und Bürger für die Dauer von fünf Jahren gewählt. Dabei haben die Wählerinnen und Wähler die Auswahl zwischen zahlreichen Kandidatinnen und Kandidaten, die wiederum verschiedenen Parteien angehören können. Die Stadtverordnetenversammlung hat eine Fülle von Aufgaben: Sie trifft alle Entscheidungen, die für die Stadt von Bedeutung sind. Sie beschließt im Haushalt über die Ausgaben der Stadt. Sie entscheidet über die Höhe von Gebühren (zum Beispiel für die Müllabfuhr) und über einige Steuern, die der Stadt zufließen. Sie wählt die ehrenamtlichen und hauptamtlichen Mitglieder des Magistrats. Sie wählt auch den Stadtverordnetenvorsteher, der die Sitzungen leitet. In der Regel tagt die Stadtverordnetenversammlung monatlich einmal. Die Sitzungen sind grundsätzlich öffentlich.

In Hessen werden die Bürgermeister für die Dauer von sechs Jahren von den wahlberechtigten Bürgerinnen und Bürgern direkt gewählt. In Städten ab 50 000 Einwohnern tragen sie die Amtsbezeichnung Oberbürgermeister. Sie sind hauptamtlich tätig. Zusammen mit den von der Stadtverordnetenversammlung gewählten ehrenamtlichen und hauptamtlichen Stadträten bilden sie den Stadtvorstand. Dieser wird auch Magistrat genannt. Das lateinische Wort Magistratus wurde früher für höhergestellte Beamte verwendet. Hier drückt es aus, dass die Magistratsmitglieder weitgehend gleichberechtigt sind. Der Magistrat ist sozusagen die Regierung der Stadt und die Bürgermeister/innen sind die Chefs der Stadtregierung. Der Magistrat nimmt an den Sitzungen der Stadtverordnetenversammlung teil, hat aber dort kein Stimmrecht. Oberbürgermeister sind die obersten Repräsentanten einer Stadt. Zu ihren Aufgaben gehören die Leitung und Beaufsichtigung der Stadtverwaltung (zusammen mit dem Magistrat). Sie vertreten die Gemeinden in allen wichtigen Angelegenheiten; kümmern sich zum Beispiel um die Ansiedlung von Firmen, empfangen Gäste, halten Reden bei Eröffnungen und Einweihungen und anderes mehr.

Die Stadtverordnetenversammlung und der Magistrat samt Oberbürgermeister bilden sozusagen die politische Abteilung in einem Rathaus, denn hier fallen die politischen Entscheidungen. Daneben ist das Rathaus auch noch der Sitz der Stadtverwaltung. Die Verwaltung einer Stadt hat dafür zu sorgen, dass alle amtlichen Angelegenheiten für die Menschen in der Stadt ordnungsgemäß erledigt werden. Die Verwaltungsaufgaben sind auf zahlreiche Ämter verteilt. Es gibt das Einwohnermeldeamt, das Standesamt, das Amt für Umweltfragen und andere mehr. Viele einzelne Ämter sind in den letzten Jahren in Servicecentern zusammengefasst worden, damit die Bürgerinnen und Bürger viele Vorgänge, wie zum Beispiel das Anmelden des neuen Motorrollers, die Ausstellung eines neuen Personalausweises, an einem Schreibtisch mit einem städtischen Angestellten erledigen können. Viele Vorgänge können auch von zu Hause aus „virtuell" über das Internet getätigt werden. Stadtverordnetenversammlung, Bürgermeister, Stadtvorstand und Stadtverwaltung arbeiten eng zusammen. Die Verwaltung sorgt dafür, dass die Dinge ordentlich ausgeführt werden, welche die Stadtverordnetenversammlung beschlossen hat.

1. Stellt, nachdem ihr die anderen Schülerinnen und Schüler über euren Textteil A, B oder C informiert habt, gemeinsam zusammen, wie die unterschiedlichen Personen und Einrichtungen zusammenarbeiten.

Methodenkarte

A Erkundung: Was ist das?

Erkunden heißt, etwas auskundschaften, was bis dahin unbekannt war. Hier könnt ihr euch euer örtliches Rathaus für eine Erkundung vornehmen. Die Erkundung kann außerhalb der Unterrichtszeit durchgeführt werden. Ihr sollt dabei möglichst viel über die Arbeit in einem Rathaus erfahren. Ihr müsst euch also die Dinge vor Ort anschauen und versuchen, mit den Menschen ins Gespräch zu kommen.

B Wie macht man das?

1. Schreibt auf, was ihr in Erfahrung bringen wollt.

Setzt euch zusammen und überlegt, was ihr wissen wollt. Formuliert Fragen wie zum Beispiel: Wie viele Menschen arbeiten im Rathaus? Was wird dort speziell für Kinder und Jugendliche getan? Welche Aufgaben sind zurzeit besonders aktuell? und andere Fragen mehr.

2. Vereinbart einen Termin für die Erkundung.

Setzt euch mindestens zwei Wochen vor der geplanten Erkundung mit dem Rathaus telefonisch in Verbindung. Sagt, was ihr vorhabt, vereinbart einen Termin, bittet darum, dass euch jemand für eure Fragen zur Verfügung steht und euch durch das Rathaus führt. Vielleicht nimmt sich ja die Bürgermeisterin, der Bürgermeister oder einer der Beigeordneten persönlich Zeit für euch.

3. Teilt die Erkundungsaufgaben untereinander auf.

In der Vorbereitung solltet ihr genau festlegen, wer was fragt, wer Fotos macht und wer was notiert. Besprecht, ob ihr eine Gruppe von Schülerinnen und Schülern die Erkundung durchführen lasst oder ob die gesamte Klasse daran teilnehmen soll.

4. Besorgt die Medien, mit denen ihr die Erkundungsergebnisse festhalten werdet.

Es wäre schade, wenn ihr bei eurer Erkundung keine Möglichkeit hättet, die Beobachtungen und Gesprächsergebnisse festzuhalten. Denkt an Notizblöcke, eventuell auch daran, einen Fotoapparat mitzunehmen.

5. Überlegt, wie das Erkundungsergebnis präsentiert werden soll.

Wenn nur ein Teil eurer Klasse die Erkundung aktiv durchführt, solltet ihr eine wirkungsvolle Präsentation für die Ergebnisse überlegen. Ihr könnt euch wieder die Arbeit aufteilen und eine Teampräsentation vorbereiten.

C Worauf solltet ihr besonders achten?

Wahrscheinlich seid ihr ein wenig aufgeregt, wenn ihr ein Rathaus betretet und dort mit Menschen sprechen wollt. Ihr braucht aber keine Angst zu haben, denn die Mitarbeiter werden es für gut und wichtig halten, dass sich Schülerinnen und Schüler aus der Stadt für das eigene Rathaus interessieren. Wichtig ist, dass ihr höflich seid, euch angemessen vorstellt, die getroffenen Vereinbarungen einhaltet und genau sagt, was ihr wollt.

Methodenkarte 5

A Virtuelles Rathaus – was ist das?

Es gibt das wirkliche Rathaus in deiner Stadt und es gibt zusätzlich das virtuelle Rathaus. Virtuell heißt „nicht wirklich". Ein virtuelles Rathaus ist eigentlich kein Haus. Es existiert nur in der Welt des Computers. In den virtuellen Rathäusern werden jedem, der daran interessiert ist, über das Internet zahlreiche Angebote der Stadtverwaltung zur Verfügung gestellt. Wenn ihr keine Möglichkeit habt, an einer realen Erkundung eures Rathauses teilzunehmen, könnt ihr es auch online im virtuellen Rathaus tun. Das ist bei diesem Thema ganz einfach.

B Wie macht man das?

Haltet euch bei der Vorgehensweise an die folgenden drei Schritte.

1. Überlegt, welche Informationen ihr sammeln wollt.

Ihr sollt nach Informationen über eure Stadt oder euer Dorf suchen. Ihr sollt sie durcharbeiten und dann in einem klei-nen Vortrag vor der Klasse vorstellen. Das kann auch gut in Partnerarbeit oder in einer Gruppe gemacht werden.

2. Arbeitet gezielt mit dem Internetauftritt eurer Gemeinde.

Ihr gebt einfach den Namen eurer Heimatgemeinde in die Adressenspalte ein, z.B. www.fulda.de. Es erscheint die Homepage des gewählten Ortes. Nun klickt ihr die Links Rathaus, Stadtrat, Stadtverwaltung, Bürgermeister an. Nach und nach könnt ihr zu den Themen auf einem Stichwortzettel Informationen einsammeln.

3. Stellt Material für eine Präsentation zusammen.

Schreibt zu den Punkten, die ihr herausfinden sollt, Informationen heraus, die ihr später in eurer Präsentation verwenden werdet. Schaubilder, Fotos etc. könnt ihr als Dokument kopieren und später mithilfe einer Folie oder einem Computerprogramm (z.B. PowerPoint) in eurer Präsentation verwenden.

C Worauf solltet ihr besonders achten?

Bei der Informationssuche im Internet kann es leicht passieren, dass man sich ablenken lässt. Konzentriert euch daher auf euren Auftrag. Druckt nur solche Materialien aus, die ihr wirklich für euren Vortrag verwenden könnt.

Das sollt ihr herausfinden:

- Einwohnerzahl eurer Gemeinde (und weitere interessante Zahlen)
- Der Bürgermeister, die Bürgermeisterin (Name, Partei, seit wann im Amt, weitere Infos …)
- Der Gemeinderat bzw. Stadtrat (Zahl der Mitglieder, Zusammensetzung nach Parteien)
- Wichtige Ämter im Rathaus (Was erledigt man wo?)
- Einrichtungen und Aktivitäten für Kinder und Jugendliche (Gibt es ein Kinderbüro, einen Kinderbeauftragten? Werden Freizeitaktivitäten angeboten?)
- Weitere interessante Informationen aus dem Internet über eure Stadt

Park oder Kino?
Was soll mit dem Grundstück der Stadt geschehen?

Wir führen ein Planspiel durch

In den Schulen der kleinen Stadt Schönstadt finden zurzeit heftige Diskussionen statt. Dabei geht es nicht um die Schule oder um Ärger mit den Lehrern. Es sind die Zustände in der Innenstadt von Schönstadt, welche die Kinder und die Jugendlichen in zwei gegnerische Lager spalten. Welches Ereignis in einer Stadt kann zu solch heftigem Streit unter Jugendlichen führen?

Der Grund liegt in der Schönstädter Fußgängerzone. Hier gibt es noch ein großes unbebautes Grundstück, das sich im Besitz der Stadt befindet. Ursprünglich befand sich hier einmal das städtische Arbeitsamt, das aber vor vielen Jahren abgerissen werden musste und in einen größeren Bau an anderer Stelle umzog. Die Stadt ließ dann auf dem freien Grundstück eine Grünanlage einrichten mit Blumenbeeten, einer Wiese und einem Spielplatz für Kinder. Der besondere Clou: Vor drei Jahren hat die Stadt die Einrichtung einer Skateranlage innerhalb dieser Fläche genehmigt, die von einer Sportartikelfirma finanziell gesponsert wurde. Diese Anlage mit Plattform, Coping-Ramp, Fun-Ramp und Fly-Ramp erfreut sich nun bei den 10- bis 16-Jährigen großer Beliebtheit. Die Kinder und Jugendlichen können hier ihrem Hobby nachgehen, ohne jemanden zu stören. So hat sich der kleine Park am Rande der Fußgängerzone zum beliebtesten Freizeittreff der Schönstädter Kids entwickelt. Und damit soll jetzt Schluss sein.

Das Kinounternehmen **Kinomax** hat der Stadt das Angebot gemacht, das Grundstück zu kaufen, um dort ein modernes Großkino zu bauen. Zwar existiert in Schönstadt eine Kinoanlage mit mehreren Sälen, sie liegt aber außerhalb des Stadtzentrums. Die Firma Kinomax plant die Einrichtung von sechs supermodernen Kinosälen und einer Tiefgarage für 300 Autos unterhalb der Anlage. Und genau dieser Plan ist der Grund für den Streit unter den Schönstädter Jugendlichen. Eine Gruppe, die sich **Skaterkids** nennt, ist empört. Sie will erreichen, dass ihr Park und ihre Skateranlage auf jeden Fall erhalten bleibt. Diese Jugendlichen fordern von der Stadt, dass sie das Grundstück unter keinen Umständen verkauft. Demgegenüber steht aber eine Gruppe von Jugendlichen, die sich **Filmfreaks** nennt. Diese Gruppe wäre froh, wenn Schönstadt eine zentral gelegene Kinoanlage bekäme. Ihre Sprecher haben den Bürgermeister und die Stadt in einem Zeitungsartikel dazu aufgefordert, das Grundstück für einen guten Preis zu verkaufen. Beide Jugendgruppen haben Verbündete unter den Erwachsenen. Die Gruppe der Skaterkids wird von zahlreichen Eltern unterstützt, die sich in der Bürgerinitiative **Rettet unseren Park** zusammengeschlossen haben. Sie wollen kein Großkino mit riesiger Tiefgarage. Sie wollen auch nicht auf die letzte grüne Lunge in der Innenstadt von Schönstadt verzichten.

Die jugendlichen Filmfreaks werden kräftig von der Firma Kinomax unterstützt. Kinomax wirbt mit dem Argument, dass ein modernes Kinozentrum heutzutage zum Bild eines attraktiven Stadtzentrums gehört. Die **Stadtverordnetenversammlung von Schönstadt** muss entscheiden. Soll der Park entfernt und das Grundstück verkauft werden oder nicht? Einerseits bringt der Verkauf eine willkommene Summe Geld in die ziemlich leere Stadtkasse von Schönstadt. Andererseits nehmen Bürgermeister und Stadtverordnete die Sorgen der Kinder, Jugendlichen und Eltern ernst, die für den Erhalt des Parks kämpfen. Was ist zu tun? Auf diese Frage sollt ihr in einem Planspiel eine Lösung finden.

Das sind eure Rollen im Planspiel

Für die Durchführung müsst ihr euch auf fünf Gruppen aufteilen.

Stadtverordnetenversammlung von Schönstadt

Ihr müsst zusammentragen, welche Gründe für den Erhalt des Parks sprechen und welche für den Bau des Großkinos. In einer Versammlung mit allen Gruppen werdet ihr am Anfang eure Überlegungen vortragen, dann die verschiedenen Gruppen anhören und am Ende eine Entscheidung treffen. Ihr müsst mit allen Beteiligten höflich umgehen, weil ihr ja wiedergewählt werden wollt. In der Stadtverordnetenversammlung müssen nicht alle einer Meinung sein, sondern ihr könnt nach der Mehrheit entscheiden.

Pro Kino

Geschäftsleitung der Firma Kinomax

Ihr wollt die Kinoanlage unbedingt bauen. Für euch kommt nur ein Standort im Zentrum infrage. Ihr bietet der Stadt für das Grundstück einen Preis von drei Millionen Euro. Ihr würdet die Stadt auch an den Einnahmen aus dem Parkhaus beteiligen. Versucht, die anderen Jugendlichen und die Eltern von den Vorzügen eines modernen Kinos zu überzeugen.

Jugendgruppe Filmfreaks

Ihr müsst möglichst viele gute Begründungen für den Bau eines modernen Großkinos zusammentragen. Ihr müsst versuchen, die gegnerischen Jugendlichen davon zu überzeugen, dass auch sie Vorteile von einem Kinoneubau haben. Die Einwände der Eltern und der Stadtverordnetenversammlung gegen ein Kino müsst ihr mit guten Argumenten entkräften.

Kontra Kino

Bürgerinitiative „Rettet unseren Park"

Ihr seid Eltern von kleinen und großen Kindern, die auf keinen Fall auf Park und Freizeittreff in der Innenstadt verzichten wollen. Ihr seid der Meinung, dass es beim geplanten Kino wieder einmal nur um das Geld und gegen die Umwelt geht. Ihr müsst die Versammlung davon überzeugen, dass die letzte grüne Lunge im Zentrum der Stadt für alle Bewohner unbedingt erhalten werden muss.

Jugendgruppe Skaterkids

Ihr müsst mit vielen guten Begründungen verhindern, dass euer Park und eure Skateranlage zerstört wird. Ihr seid zwar keine Kinogegner, meint aber, dass ein neues Kino nicht an der Stelle des Parks gebaut werden darf. Erklärt den übrigen Teilnehmern auch, warum ein Park umweltfreundlicher ist als ein Kino mit Tiefgarage.

Streit in Schönstadt

So   oder   so?

Blick auf Innenstadt, Park und Fußgängerzone; der rot umrandete Bereich müsste für Kino und Tiefgarage geopfert werden.

So verläuft das Planspiel:

Gruppe: _____

Unser Ziel:

_____

_____

Unsere Argumente:

1 _____

_____

2 _____

_____

3 _____

_____

Erste Phase: Vorbereitung der gemeinsamen Versammlung

1. Bildet in der Klasse die fünf beteiligten Gruppen.
2. Schreibt in jeder Gruppe auf, wie eurer Meinung nach die Lösung in diesem Streit aussehen soll.
3. Sucht nach möglichst vielen Argumenten, mit denen ihr in der Versammlung die Stadtverordnetenversammlung und die übrigen Teilnehmer überzeugen wollt, und notiert sie.
4. Nehmt mit anderen Gruppen per Brief Kontakt auf, mit denen ihr euch vielleicht verbünden könnt oder denen ihr einen Vorschlag zu machen habt.
5. Einigt euch auf euer Vorgehen in der Versammlung und überlegt, wer welche Argumente vortragen wird.

Zweite Phase: Durchführung der Versammlung

1. Die Diskussionsleiterin bzw. der Diskussionsleiter eröffnet die Sitzung und begrüßt die Teilnehmer.
2. Die Stadtverordnetenversammlung informiert die Versammlung über den Stand der Überlegungen.
3. Alle weiteren Gruppen tragen der Reihe nach ihre Ansichten vor.
4. Die Versammlung diskutiert.
5. Die Stadtverordnetenversammlung zieht sich zur Beratung zurück.
6. Sie teilt der Versammlung den Beschluss mit und begründet die Entscheidung.

Brief

Mitteilung an

Gruppe: _____

von: _____

Vorschlag:

_____

_____

Termin für ein Gespräch:

_____

Memorystationen

Leben in der Gemeinde

Station 1 — Politik in der Gemeinde –
„Was habe ich damit zu tun?"

Sätze zu Ende führen

In einem Text mit der Überschrift „Gemeindepolitik betrifft uns alle" stand zu lesen:

Nahezu den ganzen Tag über haben wir mit unserer Gemeinde zu tun.

Führe die folgenden Sätze so zu Ende, dass deutlich wird, warum dieser Satz zutrifft.

1. Morgens nach dem Aufstehen benutzen …

2. Nach dem Verlassen des Hauses sehen wir möglicherweise auf der Straße …

3. Um zur Schule zu gelangen, benutzen viele von uns …

4. Nachmittags besuchen wir vielleicht …

Station 2 — Demokratische Beteiligung in der Gemeinde

Fehlersuche

Herr Ohnemich äußert sich zur demokratischen Beteiligung in der Gemeinde. Dabei unterlaufen ihm vier dicke Fehler. Welche sind das?

In den Gemeinden gibt es für die Bürgerinnen und Bürger nur eine einzige Möglichkeit der Wahl. Eine direkte Entscheidungsmöglichkeit über ein Vorhaben in der Gemeinde haben sie gar nicht. Kinder und Jugendliche haben keinerlei Möglichkeiten, auf Gemeindevorhaben Einfluss zu nehmen – genauso geht es allen ausländischen Mitbürgern.

Station 3 — Welche Aufgaben haben die Gemeinden?

4 plus 4 plus 4 – Was passt wozu?
Übernehmt die Übersicht in euer Heft und ordnet den drei grundlegenden Aufgabenbereichen der Gemeinden die jeweils drei richtigen Beispiele zu.

1. Pflichtaufgaben	2. Freiwillige Aufgabe	3. Staatliche Auftragsangelegenheiten

(a) Versorgung mit Strom, Wasser, Straßenbeleuchtung
(b) Ausstellung von Personalausweisen
(c) Modernisierung des städtischen Freibades
(d) Neubau eines Stadttheaters
(e) Führung eines Einwohnermeldeamtes

(f) Mithilfe bei der Durchführung von Bundestagswahlen
(g) Abwasserreinigung durch Kläranlagen
(h) Zahlung finanzieller Hilfen für Vereine
(i) Bau und Unterhalt von Schulen

Station 4 — Die Stadtverordnetenversammlung tagt

Eine Übersicht zum Haushaltsplan anlegen

Übernehmt diese Skizze und vervollständigt sie mit den richtigen Informationen.

A Was muss er enthalten?

B Warum ist er wichtig?

Der städtische Haushaltsplan

D Ist er freiwillig oder Pflicht?

C Wer entscheidet über seine Annahme?

Station 6 — Was soll mit dem Grundstück geschehen?

Zwei Vorteile – Zwei Nachteile

Angenommen dass …
In deiner Stadt hätte die gewählte Gemeindevertretung zu entscheiden, ob ein im Zentrum gelegenes städtisches Grundstück an eine große Firma verkauft werden soll oder nicht. Die Firma will dort einen Betrieb errichten. Bisher gab es auf diesem Grundstück nur Spazierwege, Bäume und Wiesen.

> **A** Welche zwei Vorteile hätte die Stadt vom Verkauf des Grundstücks?

> **B** Welche zwei Nachteile müsste die Stadt dafür in Kauf nehmen?

Station 5 — Wie arbeiten Gemeindevertretungen, Bürgermeister und Gemeindeverwaltungen?

Ein Schaubild erklären

Bereitet mithilfe des Schaubildes und eurer Kenntnisse aus dem Unterkapitel 5 einen mündlichen Vortrag über die Gemeindepolitik vor. Darin sollt ihr auf die Punkte eingehen, die auf dem Stichwortzettel stehen.

Merkzettel

- Zwei Wahlen durch die Bürger
- Zwei Wahlen durch die Stadtverordnetenversammlung
- Zusammensetzung der Stadtverordnetenversammlung
- Zwei Aufgaben der Stadtverordnetenversammlung
- Zusammensetzung des Magistrats
- Rolle des Bürgermeisters

Hessische Gemeindeordnung

© Erich Schmidt Verlag

ZAHLENBILDER
75 280

richtig handeln

Zwei Sozialarbeiterinnen der Initiative „Voll ist out" reden mit den Schülerinnen Sarah und Silke über deren Trinkgewohnheiten. Warum sollte man den beiden Sozialarbeiterinnen genau zuhören? Sammelt möglichst viele Gründe!

Worum geht es?

Erwachsenwerden hat viele positive Seiten. Man darf zum Beispiel am Wochenende ausgehen, um sich mit Freunden zu treffen, so wie Sarah und Silke, die beiden Mädchen auf dem Foto, dies tun. In der Regel wird dabei ein Glas getrunken und die Stimmung steigt.

Immer häufiger passiert es aber, dass Jugendliche beim „Partymachen" in ihrer Clique weit mehr trinken, als ihnen gut tut.

In Zweier-Teams ziehen deshalb Mitarbeiter und Mitarbeiterinnen der Drogenhilfe in der Zeit vor Karneval durch die Kneipen von Münster, um Jugendliche vor dem Alkoholabsturz zu bewahren. Ein ähnliches Ziel verfolgt dieses Kapitel. Es soll euch helfen, „Nein" zu Drogen zu sagen. Denn Drogen, und Alkohol ganz besonders, sind die gefährlichsten Hürden auf dem Weg zum Erwachsenwerden, über die viele Jugendliche ins Straucheln geraten.

Am Ende dieses Kapitels werdet ihr

- erläutern können, wie gefährlich Drogen sind,
- überprüft haben, wie gut geschützt ihr selbst gegen Drogen seid,
- erklären können, was Sucht ist und welche Drogen Sucht auslösen,
- erläutern können, welche Wege in die Sucht führen,
- darstellen können, welche Folgen Sucht für die Betroffenen und für die Gesellschaft hat,
- herausgefunden haben, was der Einzelne gegen Suchtgefährdungen tun kann,
- erklären können, was die Politik leistet, um die Drogenproblematik zu bekämpfen.

Wer ernsthaft über Sucht und Drogen reden will, der muss sich informieren. Da Fachleute am besten Bescheid wissen und es in jeder Stadt Drogenberatungsstellen gibt, lernt ihr in diesem Kapitel, wie eine Expertenbefragung vorbereitet und durchgeführt wird.

Warum sind Drogen überhaupt ein Problem?

Wir untersuchen einen Fall

Vollrausch mehrmals die Woche

Der erste Schluck Bier war eklig. So eklig, dass Alex (Name geändert) ihn in die Büsche im Park seiner norddeutschen Heimatstadt spuckte. Die anderen lachten. Alex war 13, der Jüngste in der Clique. Irgendwann brachte jemand eine Flasche Wodka und ein Tetrapak Orangensaft mit. Alex mischte Wodka und Saft in einem Plastikbecher und trank. Den süßen, gelben Mix spuckte er nicht mehr aus. Alex schaute in die Baumkronen, die sich ein bisschen drehten. Es war Sommer. Er war glücklich.

Ein Jahr später brauchte der Achtklässler für sich allein eine dreiviertel Flasche Wodka, um auf einen angenehmen Partypegel zu kommen. Mehrmals pro Woche trank er bis zum Vollrausch weiter. Als Alex 16 war, sprach ihn der Deutschlehrer an einem Mittwochmorgen auf seine Alkoholfahne an. Alex lachte. Der Deutschlehrer bestellte die Eltern in die Schule. Alex ist heute 18 Jahre alt und wohnt in der Dietrich-Bonhoeffer-Klinik in Ahlhorn bei Oldenburg. Er hat Glück gehabt. Denn das Suchtkrankenhaus ist eine der wenigen Kliniken in Deutschland, die sich speziell um alkoholkranke Jugendliche kümmern. Geschichten wie die von Alex können fast alle der rund 50 Patienten zwischen 14 und 25 erzählen. Es sind Geschichten über Abende, an denen sich drei Freunde fünf Literflaschen Schnaps teilen. Es sind Geschichten, in denen oft noch Cannabis, Amphetamine und Ecstasy vorkommen. Es sind extreme Geschichten.

Immer mehr Jugendliche trinken bis zur Besinnungslosigkeit. Ein Ritual mit gefährlichen Folgen.

Zu dritt fünf Flaschen Schnaps

Die meisten Heranwachsenden trinken längst nicht so viel wie Alex. Doch es sind Fälle wie seiner, die ein Schlaglicht auf die problematische Verbindung von Jugendlichen und Alkohol werfen und Politiker unterschiedlicher Parteien laut über Verbote nachdenken lässt. In Berlin hat ein 16-Jähriger 52 Gläser Tequila getrunken und liegt seit rund zwei Wochen im Koma. Jugendliche, sagen Suchtexperten, sind statistisch gesehen von Jahr zu Jahr jünger, wenn sie erstmals Bier oder Wein oder Sekt trinken – der Deutschen Hauptstelle für Suchtfragen zufolge durchschnittlich zwölfeinhalb. [...]

Obwohl der Konsum deutscher Minderjähriger seit der 2004 eingeführten Sondersteuer auf Alkopops insgesamt sinkt, nimmt das bewusste „Koma-Saufen" laut Bundeszentrale für gesundheitliche Aufklärung weiter zu. Und: Diejenigen, deren Rausch in der Notaufnahme endet, werden jünger. Laut Techniker Krankenkasse landeten 2006 fast drei von 1000 Jugendlichen zwischen 15 und 20 Jahren mit einer Alkoholvergiftung im Krankenhaus.

(Aus: Anne Lehmhöfer: Vollrausch mehrmals die Woche, in: Frankfurter Rundschau Nr. 65 vom 17. März 2007, S. 2)

Studie: Jeder fünfte Minderjährige hat Zugriff zu Spirituosen

Immer mehr Schüler in Deutschland greifen zur Flasche. Nach einer neuen Studie, die von der Bundesregierung vorgelegt wurde, liegt der Anteil der Biertrinker unter den Neunt- und Zehntklässlern inzwischen bei knapp 67 Prozent. Bei der letzten Befragung im Jahr 2003 waren es noch zehn Prozentpunkte weniger gewesen. Der Konsum harter Spirituosen, der in dieser Altersgruppe eigentlich verboten ist, stieg zwischen 2003 und 2007 von rund 53 auf 57 Prozent. Die Drogenbeauftragte der Bundesregierung, Sabine Bätzing (SPD) nannte die Entwicklung „alarmierend". [...]

Die Studie belegt auch gravierende Folgewirkungen des Alkoholmissbrauchs. 21 Prozent der Jungen gab an, dadurch in eine gewalttätige Auseinandersetzung verwickelt worden zu sein. Und jeder zwölfte der befragten Schüler hatte nach eigenen Angaben unter Alkoholeinfluss bereits ungeschützten Sex. [...]

(Aus: dpa/afp: Alkoholalarm: Schüler trinken mehr Schnaps, in: Saarbrücker Zeitung, Ostern 2008, S. 1)

Alkoholkonsum der Jugendlichen 2004 bis 2007

Seit 2005 steigt die pro Kopf konsumierte Alkoholmenge bei den 12- bis 17-jährigen Jugendlichen wieder. Dieser Gesamtanstieg [...] findet besonders deutlich bei den männlichen Jugendlichen im Alter von 16 und 17 Jahren statt. [...] Auch der Anteil der 12- bis 17-jährigen Jugendlichen, die im letzten Monat mindestens einmal an einem Tag fünf oder mehr Gläser alkoholhaltiger Getränke trinken (Binge-Trinken) steigt deutlich an und beträgt nun 26 Prozent.

(Aus: BZgA: Alkoholkonsum der Jugendlichen 2004 bis 2007. Kurzbericht www.bmg.bund.de, Zugriff vom 19.05.2008)

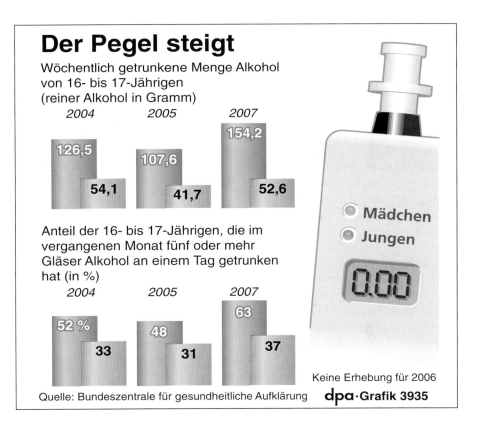

Der Pegel steigt

Wöchentlich getrunkene Menge Alkohol von 16- bis 17-Jährigen (reiner Alkohol in Gramm)

2004: 126,5 / 54,1
2005: 107,6 / 41,7
2007: 154,2 / 52,6

Anteil der 16- bis 17-Jährigen, die im vergangenen Monat fünf oder mehr Gläser Alkohol an einem Tag getrunken hat (in %)

2004: 52 % / 33
2005: 48 / 31
2007: 63 / 37

Mädchen
Jungen
0.00

Keine Erhebung für 2006

Quelle: Bundeszentrale für gesundheitliche Aufklärung   dpa·Grafik 3935

Alkohol: akute Gefahren und langfristige Gesundheitsschäden

Fast ein Viertel aller Gewalttaten wie Sachbeschädigung, Körperverletzung und Totschlag werden unter Alkoholeinfluss begangen. Jährlich sterben circa 700 Menschen in Deutschland bei alkoholbedingten Autounfällen [...] Alkohol ist ein Zellgift und kann besonders im heranwachsenden Körper große Schäden anrichten. [...] Besonders gefährdet ist das Gehirn.

Hirnschrumpfungen verursachen Störungen des Gedächtnisses, der Denkfähigkeit und der Persönlichkeit des Alkoholikers. Unzuverlässigkeit, Depressionen und Wahnvorstellungen können die Folge sein. [...]

(Aus: Ministerium für Arbeit, Gesundheit und Soziales des Landes Nordrhein-Westfalen: Lexikon der Süchte. Suchtvorbeugung in Nordrhein-Westfalen, Düsseldorf 2007, S. 9)

1. Fasse die einzelnen Stationen der Alkoholkarriere von Alex zusammen.
2. Die Drogenbeauftragte der Bundesregierung nennt die Entwicklung „alarmierend". Suche in den Texten Gründe für diese Einschätzung. Beachte dabei besonders die Zahlen.
3. Welche Folgen hat der Alkohol für Jugendliche?

Topthema

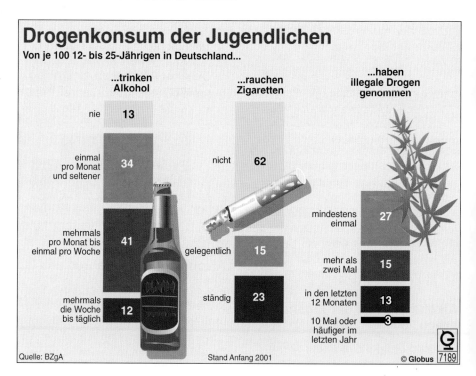

Drogen

1. Wie wirken Drogen und welche Folgen hat ihr Konsum?

2. Warum ist der Begriff „weiche Drogen" irreführend?

3. Wodurch unterscheiden sich legale von illegalen Drogen? Was haben sie gemeinsam?

Drogen sind Substanzen, die uns verändern, indem sie in die natürlichen Abläufe unseres Körpers eingreifen. Sie verändern aber auch unsere Gefühle und Stimmungen, die Art und Weise, wie wir unsere Lebenswirklichkeit wahrnehmen und unseren Umgang mit den Menschen, die uns begegnen. Von solchen Veränderungen wird derjenige, der Drogen konsumiert, auf zweifache Weise abhängig. Sein Körper gewöhnt sich an die Wirkung der Droge. Diesen Prozess nennen Fachleute körperliche Abhängigkeit. Ohne Droge signalisiert der Körper unserem Bewusstsein: „Mir fehlt etwas." Um sich wohlzufühlen, muss der Betroffene zur Droge greifen: Sich wohlfühlen ohne Drogen, das geht jetzt nicht mehr. Diesen Prozess nennen Fachleute psychische Abhängigkeit. Sie zu überwinden ist sehr schwer. Es kann Jahre dauern, bis ein Drogenabhängiger nicht mehr das Bedürfnis nach der Droge verspürt. Oft ist von „harten" und „weichen" Drogen die Rede. Doch eine solche Unterscheidung ist problematisch, denn die Prozesse der Abhängigkeit laufen bei „weichen" Drogen genauso ab wie bei „harten" Drogen – nur dauert es länger, bis man süchtig wird. Darüber hinaus haben Wissenschaftler herausgefunden, dass der frühe Konsum von „weichen" Drogen die Wahrscheinlichkeit erhöht, auf „harte" Drogen umzusteigen. „Weiche" Drogen sind also keineswegs harmlos.

Viele Drogen sind Rauschmittel. Bei ihnen ist die Gefahr, abhängig zu werden, besonders groß. Deshalb hat der Gesetzgeber ein Konsum-, Herstellungs- und Verteilungsverbot für diese Stoffe ausgesprochen und dessen Missachtung unter Strafe gestellt. Im Betäubungsmittelgesetz (BtMG) definiert er die verbotenen Drogen und legt die strafbaren Handlungen fest. Er unterscheidet dabei zwischen legalen und illegalen Drogen. Der Konsum legaler Drogen ist nicht strafbar. Ihr Konsum wird in unserer Gesellschaft weitgehend toleriert. Trotzdem werden auch legale Drogen missbraucht und können abhängig machen. Hierzu zählen Alkohol, Nikotin, Koffein und Medikamente wie Aufputsch- und Beruhigungsmittel.

Zu den gefährlichen illegalen Drogen zählen Heroin, Kokain, Haschisch, LSD und Ecstasy. Der Handel mit ihnen, ihr Besitz und Konsum sind strafbar.

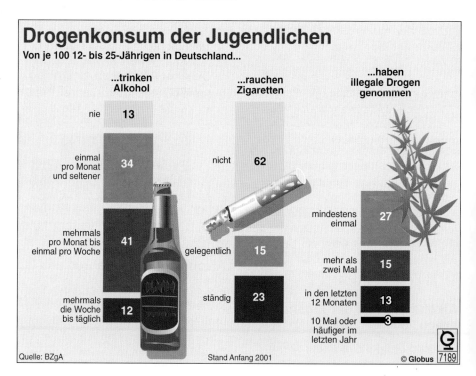

Drogenkonsum der Jugendlichen

Von je 100 12- bis 25-Jährigen in Deutschland...

...trinken Alkohol		...rauchen Zigaretten		...haben illegale Drogen genommen	
nie	13	nicht	62	mindestens einmal	27
einmal pro Monat und seltener	34	gelegentlich	15	mehr als zwei Mal	15
mehrmals pro Monat bis einmal pro Woche	41	ständig	23	in den letzten 12 Monaten	13
mehrmals die Woche bis täglich	12			10 Mal oder häufiger im letzten Jahr	3

Quelle: BZgA — Stand Anfang 2001 — © Globus 7189

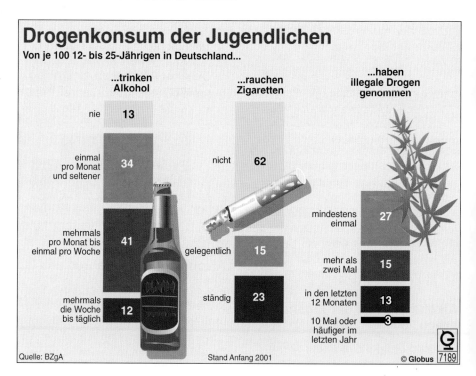

92

Trainingsplatz

Wir untersuchen einen Fall von Alkoholsucht

„… Früher war ich richtig gut in der Schule. Heute ist das leider nicht mehr so. Das mit dem Alkohol fing ja ganz harmlos an. In der 8. Klasse, da machten wir eine Klassenfahrt nach Holland. Wir durften natürlich keinen Alkohol mitnehmen, aber da hat sich nur ein Teil der Klasse dran gehalten, schließlich kontrolliert ja niemand das Gepäck.

In unserem Jugendhaus wurde es dann abends richtig lustig. Klar, dass ich auch was getrunken habe, wenn die anderen mir die Flasche gaben. Na ja, in der ersten Nacht war mir dann ziemlich schlecht. Aber keiner der Lehrer hat was mitbekommen.

Der nächste Tag war nicht so gut, denn wir machten eine Strandwanderung und ich hatte ganz schön Mühe mitzuhalten. Abends machte ich dann erst mal Pause. Während die anderen wieder feierten, lag ich in meinem Zimmer. Glücklicherweise ging's mir am nächsten Tag wieder besser und abends konnte ich wieder mitmachen. … So fing alles an …"

Auf dieser Seite lernt ihr Isabelle kennen. Sie ist heute 17 Jahre alt. Isabelle hat ein Problem: Sie trinkt zu viel und läuft Gefahr, alkoholabhängig zu werden. In der Tabelle findet ihr die Folgen übermäßigen Alkoholkonsums aufgelistet. Zeichnet die Tabelle in euer Heft und überlegt euch Gefahrensituationen, in die Isabelle aufgrund ihrer Alkoholsucht geraten sein könnte. Notiert sie in der Tabelle und stellt sie der Klasse vor.

Folgen des Alkoholmissbrauchs	gefährliche Situationen in Isabelles Leben
Verlust der Kontrolle	
erhöhte Unfallgefahr	
Vergiftungsgefahr	
zunehmende Ängste	
verminderte körperliche und geistige Leistungsfähigkeit	
steigendes Krankheitsrisiko	

Sucht – was geht uns das an?

Wir überprüfen unsere Einstellungen?

Sucht – das ist doch nicht mein Problem

„Ich hab' kein Problem damit!"
So reagieren viele Menschen, wenn sie auf Suchtgefährdung und Drogen ange-sprochen werden. In unserer Gesellschaft sind Drogen jedoch weit verbreitet und entsprechend häufig werden Menschen danach süchtig. Die eigene Gefährdung wird oft nicht gesehen oder mit Witzen überspielt. Der „Suchtsack" soll dir dabei helfen, Drogen und Suchtgefährdungen zu erkennen.

Alkoholsucht bleibt häufigste Abhängigkeitsform

Mit 88 % ist die Alkoholsucht nach wie vor die dominierende Abhängigkeits-form. Es folgen Medikamentenabhän-gigkeit (2 %), Essstörungen (1 %), illegale Drogen (0,5 %) und Glücks-spielsucht (0,4 %). Männer sind mehr-heitlich von der Alkoholsucht betrof-fen (77 %), Frauen überwiegend von Medikamentenabhängigkeit und Ess-störungen.

(Aus: Hessische Landesstelle für Suchtfragen (HLS), Frankfurt, in: Hessisches Ärzteblatt 2/2006, S. 104, verf. von Wolfgang Schmidt)

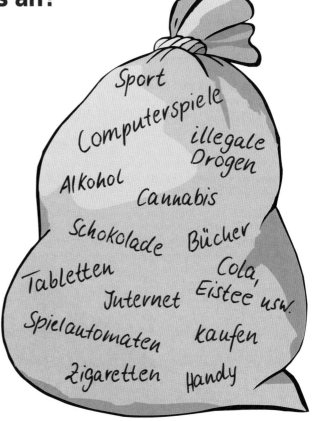

1. Wie suchtgefährdet bist du? Übertrage folgende Tabelle in dein Heft, ergänze sie mithilfe des „Suchtsackes" und kreuze an.

	nie	gelegentlich	oft	bei jeder Gelegenheit
Zigaretten				
Alkohol				
Fernsehen				
Lesen				
…				

2. Wähle drei Dinge aus dem „Suchtsack" aus und erkläre, was sie in deinen Augen mit Sucht zu tun haben. Diskutiert am Ende der Vorstellungsrunde folgende Fragen:
   - Fehlen im Suchtsack Dinge, die süchtig machen? Welche?
   - Welche Dinge wurden am häufigsten genannt? Warum?
   - Wo beginnt jeweils die Sucht?

3. Vergleicht eure Ergebnisse mit den Zahlen der Hessischen Landesstelle für Suchtfragen.

Wie suchtanfällig bin ich?

Sucht ist ein weit verbreitetes Phänomen. Hinter jedem Suchtfall steckt eine persönliche Lebensgeschichte. Es gibt Faktoren, die Sucht auslösen und begünstigen. Es gibt aber auch Faktoren, die einer Suchtgefährdung entgegenwirken. Diese Faktoren nennt man Schutzfaktoren.

Starke Persönlichkeiten verfügen über Schutzfaktoren und sind weniger suchtanfällig.

Mit dem Schutzfaktoren-Check könnt ihr herausfinden, ob ihr schon eine starke Persönlichkeit seid, indem ihr beobachtet, womit ihr euch schwertut und was euch leichtfällt.

Schutzfaktoren-Check

- Ich kann mich abgrenzen und mich ausklinken, wenn's mir mal nicht passt.
- Ich kann „Nein" sagen in Situationen, in denen andere Druck ausüben und ein „Ja" erwarten.
- Ich weiß meistens, was mit mir los ist.
- Ich kann auch mal eine Niederlage einstecken, ohne völlig auszuflippen.
- Ich mag mich gern und bin alles in allem zufrieden mit mir.
- Ich traue mich, meine Meinung zu sagen.
- Im bewussten Genießen bin ich große Klasse.
- Ich kann gut Kontakt aufnehmen.
- Ich traue mir selbst eine Menge zu.
- Ich vertraue mich mit meinen Problemen oder Träumen meinen engsten Freunden an.

(Nach: Bundeszentrale für gesundheitliche Aufklärung (Hg.): Zeitung sucht SchülerInnen, S. 4 f., Köln 1997)

Über wie viele Schutzfaktoren verfügst du?

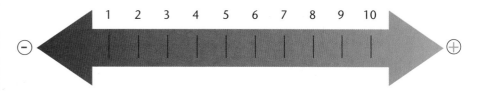

1. Schreibe deine Schutzfaktoren heraus und erinnere dich an eine Situation aus deinem Leben, in der einer dieser Schutzfaktoren dich starkgemacht hat. Stellt euch eure Ergebnisse gegenseitig vor.

Sucht hat viele Gesichter

Auf dieser Doppelseite lernst du Karen und Oliver kennen. Beide haben ihre eigene Suchtgeschichte zu erzählen: Oliver ist internetsüchtig, Karen ist magersüchtig. Informiere dich über einen der beiden Fälle und stelle ihn in der Klasse vor.

A Eine Seite nicht nur für Jungen: Verloren in virtuellen Welten

Oliver J. fühlte sich sterbenselend. Die Nachricht über seinen bevorstehenden Freitod verfasste der 15-Jährige mit den Tasten seines Handys. Es war ein später Nachmittag im Sommer 2004, der blonde Teenager saß allein auf einer Wolldecke in einem Waldstück bei Bielefeld, die Vögel zwitscherten, die Welt wirkte freundlich. Aber Oliver sah keinen Ausweg: Er würde sitzenbleiben, sein Amerika-Austausch platzen. Seit einem Jahr hatte er keinen Internetzugang mehr. Jetzt war er am Tiefpunkt.

Aus einer Wodkaflasche hatte der Junge sich Mut angetrunken, um die etwa 100 Herztabletten aus dem Vorrat seines Vaters zu schlucken. Gerade schickte er die SMS mit seinen letzten Worten, da klingelte es. Ein Kumpel überredete Oliver, es nicht zu tun. „Das war wirklich Schwein", sagt der heute 18-Jährige. Am selben Abend fand er sich in der Psychiatrie wieder. Olivers Fall ist ungewöhnlich. Er war nicht süchtig nach Inhalten – er erschuf sie selbst. Als er zehn war, ließen seine Eltern sich scheiden, er blieb beim Vater. Auf seinem ersten PC programmierte er kleine Funktionen, baute eine einfache Fan-Website, zum Spiel „Microsoft Train Simulator". Es war das erste von vielen Projekten, die Oliver in die Isolation trieben. Zwei Jahre später zieht die neue Freundin

zum Vater. Oliver ist plötzlich nicht mehr die Nummer eins. Er schließt sich mit seinem Kater in sein Zimmer ein, dort liegt nun ein DSL-Anschluss, chattet mit Könnern und studiert Quelltexte. Bald ist die Schule Nebensache. Stattdessen feilt er an einer Fan-Seite für die Städtebausimulation „Sim City".

Oliver findet listig Wege, um seine Obsession auszuleben. Gegenüber einer Agentur gibt er sich als älter aus, bestellt ein Grunddesign für eine Seite und lässt die Rechnung über 350 Euro vom Vater bezahlen. Der damals 14-Jährige schreibt Business-Pläne in Powerpoint. Er will den Eltern beweisen, dass er nicht spielt – und prompt „investieren" sie: Mit dem Geld mietet er Platz auf Servern und kauft Foren-Software. Insgesamt 200 Domains mietet Oliver, die Eltern kostet das am Ende etwa 15 000 Euro.

Rechnungen von Lieferanten lässt Oliver von Papas Konto abbuchen, er fälscht Unterschriften und hält auf Ebay Waren feil, die er nicht liefern kann. Er raucht Kette und versagt in der Schule. [...] Es hagelt Strafanzeigen. Der Vater kappt die DSL-Leitung. Für

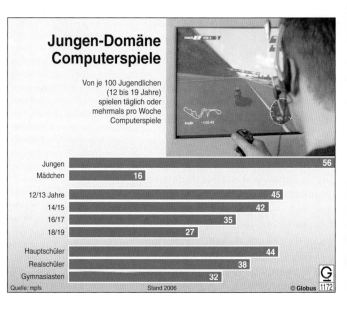

Jungen-Domäne Computerspiele

Von je 100 Jugendlichen (12 bis 19 Jahre) spielen täglich oder mehrmals pro Woche Computerspiele

Jungen	56
Mädchen	16
12/13 Jahre	45
14/15	42
16/17	35
18/19	27
Hauptschüler	44
Realschüler	38
Gymnasiasten	32

Quelle: mpfs   Stand 2006   © Globus 1172

Oliver ein kalter Entzug, mit dem er nicht zurechtkommt. „Ich war fast drei Jahre nur im Internet. Das ist, als hätte ich im Koma gelegen." Als feststand, dass er die neunte Klasse nicht schafft, beschloss der Junge seinen Selbstmord. Nach diesem Tiefpunkt im Wald hat Oliver freiwillig drei Monate in der Jugendpsychiatrie verbracht. Seit seiner Entlassung nutzt er eine ambulante Therapie. Inzwischen hat er seinen Hauptschulabschluss und besucht ein Berufskolleg. Allein vor dem Informatik-Unterricht hat er Panik. Oliver, der seine prägenden Jahre vor dem Bildschirm verbracht hat, weiß nicht, wie es weitergehen soll. „Was passiert mit uns Süchtigen, wenn das Internet in Zukunft immer wichtiger wird?"

(Aus: Tim Farin, Christian Parth: Verloren in virtuellen Welten, in: Stern Nr. 9, 2008, S. 138 f.)

---

1. Wie hat sich die Internetsucht von Oliver entwickelt? Sammelt einzelne Stationen seines Weges in die Sucht.

2. Welche Folgen hat die Internetsucht für Oliver?

3. Welche Gründe trieben Oliver in die Sucht?

B Eine Seite nicht nur für Mädchen: Die Sucht, immer weniger zu werden

Nett war der Brief und gleich per Du: „Wir freuen uns sehr, Dir mitteilen zu können …", begann er. Karen R. konnte es kaum fassen. Ein Jahr Schüleraustausch in Montreal! Mit 17 ganz weit weg von zu Hause, Französisch lernen in Kanada. Davon hatte sie lange geträumt.

Was kam, glich eher einem Albtraum. Nach der ersten Begeisterung wurde Kanada für Karen von Tag zu Tag bedrohlicher. Ein Fast-Food-Land, fürchtete sie, wie die USA: Burger, Hotdogs, Dicke. Dort würde sie bis zur Unförmigkeit aufquellen! „Ich wollte unbedingt vorher abnehmen, am besten zehn Kilo oder mehr. Damit ich für Montreal einen Puffer hätte."

Also verzichtete sie auf Süßes. Statt Schokocroissants frühstückte sie Vollkornbrot. Zur Schule nahm sie nur noch Obst mit. In fünf Wochen verlor Karen 10 Pfund, nahm von 53 auf 48 Kilo ab.

Es reichte ihr aber nicht. Immer öfter legte sie Fastentage ein. Erzählte den Eltern, sie habe woanders gegessen oder ihr sei nicht wohl. Nach zwei Monaten spürte sie, dass sie sich nicht mehr im Griff hatte, „weil ich alles, was ich aß, total geplant habe". Später war auch das egal.

Dass die Eltern sich sorgten, der Hausarzt ihre Blutwerte katastrophal nannte, es drang nicht mehr durch. Freunde riefen sie schon länger nicht mehr an. Am Ende landete sie nicht in der Neuen Welt, sondern in Prien am Chiemsee: auf einer Station für Essgestörte in der Medizinisch-Psychosomatischen Klinik Roseneck.

In nur sechs Monaten hat die Anorexie, die Magersucht, Karens Leben verschluckt. Zurück blieb eine todkranke 17-Jährige, 1,70 Meter groß, 38 Kilo leicht.

Magersucht ist weiblich und inzwischen geradezu unheimlich jung. Sie trifft mindestens eine von 200 Frauen zwischen 15 und 35. Viele verfallen ihr als Jugendliche, wenn andere Teenager Zukunftspläne schmieden. Grob geschätzt 100 000 Magersüchtige leben in Deutschland, davon ist nur ein Bruchteil männlich. Die genaue Zahl kennt niemand, weil viele nie bei einem Arzt auftauchen – sie fühlen sich schlank, nicht krank. Klar ist dagegen, dass jede Zehnte an den Folgen stirbt: an Nierenversagen, Herzversagen oder Infektionen, die der ausgezehrte Körper nicht mehr besiegen kann. Keine psychisch bedingte Erkrankung tötet so viele junge Frauen, wie Magersucht es tut. Und wer die Hungerspirale überlebt, bleibt ein Leben lang gezeichnet. Calciummangel und der für ein angemessenes Training der Knochen viel zu leichte Körper lassen ein sprödes, von Osteoporose zerfressenes Skelett zurück: Wirbel und Oberschenkelhälse einer 80-jährigen Greisin im Körper einer Studentin. Hungern und Dursten ruinieren die Nieren, manche Magersüchtige hängen an der Dialyse.

Bis heute rätseln Wissenschaftler, wieso jemand sich so etwas antut. […] Machte man noch vor einigen Jahrzehnten die Familie, insbesondere eine angeblich „überkontrollierende" Mutter für das Hungern der Tochter verantwortlich, gehen Wissenschaftler heute von einem Ursachen-Mosaik aus: Genetische Veranlagung, Einfluss der Familie, belastende Erlebnisse und eine unsichere Persönlichkeit können sich auf unheilvolle Weise verbinden und ihr Opfer in die Falle treiben.

(Aus: Nicole Heissmann: Die Sucht, immer weniger zu werden, in: Stern Nr. 7, 2008, S. 84f.)

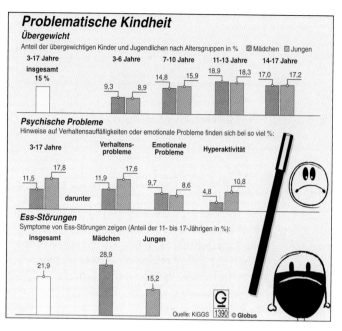

Problematische Kindheit

Übergewicht
Anteil der übergewichtigen Kinder und Jugendlichen nach Altersgruppen in % ▨ Mädchen ▨ Jungen

3-17 Jahre insgesamt 15 %	3-6 Jahre	7-10 Jahre	11-13 Jahre	14-17 Jahre
	9,3 8,9	14,8 15,9	18,9 18,3	17,0 17,2

Psychische Probleme
Hinweise auf Verhaltensauffälligkeiten oder emotionale Probleme finden sich bei so viel %:

3-17 Jahre	Verhaltens-probleme	Emotionale Probleme	Hyperaktivität
11,5 17,8 darunter	11,9 17,6	9,7 8,6	4,8 10,8

Ess-Störungen
Symptome von Ess-Störungen zeigen (Anteil der 11- bis 17-Jährigen in %):

insgesamt	Mädchen	Jungen
21,9	28,9	15,2

Quelle: KiGGS 1390 © Globus

1. Was sind die Ursachen für Karens Magersucht?

2. Welche Folgen hat diese Sucht für Karen?

3. Warum ist Magersucht so schwer als Sucht zu erkennen?

Topthema

1. Beantworte die drei Leitfragen des Textes.

2. Übertrage die Mindmap in dein Heft (DIN-A4 im Querformat) und ergänze sie mit den wichtigsten Informationen.

Was ist Sucht?

Sucht hat viele Gesichter: Im Foto eines Mädchens, das nach einer Überdosis Heroin tot auf einer Bahnhofstoilette gefunden wird, offenbart Sucht ihr grausames Gesicht. Im Werbefoto eines Menschen, der entspannt und gut gelaunt eine Zigarette raucht, zeigt Sucht uns ihr scheinbar harmloses Gesicht. Süchtig werden kann man nach vielem: nach Zigaretten, nach Alkohol, sogar nach Gummibärchen oder Schokolade. Dann spricht man von „stoffgebundener Sucht".

Süchtig werden kann man aber auch nach bestimmten Verhaltensweisen oder Tätigkeiten wie telefonieren, im Internet surfen usw. Dann spricht man von „stoffungebundener Sucht". Die Weltgesundheitsorganisation (WHO) sagt, dass Sucht an vier Merkmalen zu erkennen sei:

- am zwanghaften Bedürfnis nach einer Droge oder Verhaltensweise,
- am Zwang zur immer höheren Dosis,
- an der körperlichen und seelischen Abhängigkeit von dieser Droge oder Verhaltensweise,
- an der zerstörerischen Wirkung dieser Droge oder Verhaltensweise auf die eigene Person und die Umwelt, in der die Person lebt.

Wie wird man süchtig?

Suchtgeschichten beschreiben immer einen Prozess. Niemand wird von dem ersten Glas Bier oder der ersten Zigarette süchtig. Am Beginn des Suchtprozesses steht die Manipulation der eigenen Gefühle, d. h. man versucht seine Stimmungen und Gefühle zu verändern. Man will sich wohlfühlen. Unangenehme Gefühle sollen zu positiven Gefühlen werden. Um dieses Ziel zu erreichen, werden Ersatzstoffe oder Ersatzhandlungen eingesetzt. Stellen sich die erwünschten Stimmungen ein, dann entwickelt sich eine positive Grundeinstellung gegenüber der Droge. Jetzt wird es gefährlich, denn von manchen Drogen wie Heroin oder Crack wird man sehr schnell abhängig. Der nächste Schritt in die Sucht ist dann die Gewohnheit. Die Droge wird nicht mehr bewusst in bestimmten Situationen zur Steigerung des Wohlgefühls eingesetzt, sondern missbraucht, um Konflikte zu umgehen. Süchtig ist man aber erst dann, wenn man zur Droge nicht mehr „Nein" sagen kann. Das Fehlen der Droge schafft jetzt selbst jene unangenehmen Gefühle, die man ursprünglich manipulieren wollte. In der Sucht hat sich die Droge verselbstständigt: Sie diktiert das Verhalten, der Süchtige ist nicht mehr frei in seinen Entscheidungen.

Warum wird man süchtig?

Manche Menschen werden von Alkohol, vom Fernsehen oder vom Internet abhängig, andere hingegen können Alkohol, Fernsehen und Internet maßvoll genießen und sind nicht suchtgefährdet. Woran liegt das? Sucht hat viele Ursachen. Die Wissenschaft hat herausgefunden, dass drei Faktoren zusammenkommen müssen, wenn Sucht entstehen soll. Die eigene Persönlichkeit spielt eine wichtige Rolle. Menschen, die ihre Probleme und Konflikte nicht lösen, sind suchtanfälliger als jene, die über eine so starke Persönlichkeit verfügen, dass sie über ihre Probleme reden können, auch wenn es ihnen im Moment unangenehm ist. Der zweite Faktor ist die Umwelt, in der Menschen aufwachsen. Wenn die Freunde und Freundinnen rauchen oder trinken, dann ist es für den Einzelnen schwer, sich anders als die Gruppe zu verhalten. Aber auch hier hilft es, stark zu sein, um „Nein" zu sagen. Richtige Freunde werden die Entscheidung akzeptieren. Schließlich spielt die Droge selbst eine Rolle. Es gibt Drogen, die schnell abhängig machen, weil ihr Genuss chemische Veränderungen in unserem Körper hervorruft, bei anderen Drogen dauert dieser Prozess länger.

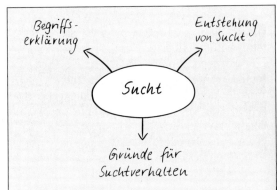

Wir erkennen die Ursachen und sehen die Folgen von Suchtgefährdung

Auf dieser Seite findet ihr den Anfang eines Comics. Die Situationen, die Leo erlebt, werden euch nicht fremd sein. Doch nur selten kommt im wirklichen Leben so viel zusammen wie an diesem Morgen in Leos Alltag.

Wenn ihr verstehen wollt, warum Leo zur Droge greift, dann müsst ihr euch zuerst mit den Bildern 1 bis 4 befassen.

1. Schreibt heraus, was Leo an diesem Tag so zugesetzt hat.

2. Überlegt, wie Leos Geschichte weitergehen wird. Ihr könnt dann entweder ein sechstes Comic-Bild malen oder seine Geschichte weitererzählen.

3. Stellt euer Bild oder eure Geschichte der Klasse vor.

3 Drogensucht – was können wir dagegen tun?

Wir fragen Experten

Auf den nächsten Seiten erfahrt ihr, was die Politik tut, um gegen Drogensucht anzugehen (A), und was jeder selbst gegen Suchtgefährdung tun kann (B). Mit diesen Informationen könnt ihr eine Expertenbefragung vorbereiten und anschließend über drogenpolitische Maßnahmen diskutieren.

A Was kann die Politik tun, um Drogensucht einzudämmen?

Wie die Stadt Münster dem Jugendalkoholismus zu Leibe rückt

Die 15-jährige Stefanie hat es bei einer Freundin miterlebt: Ordentlich gebechert, Filmriss, Krankenhaus. „Die haben ihr da den Magen ausgepumpt", berichtet die Jugendliche nachdenklich. Nein, ihr selbst soll das nicht passieren. Miriam Dohr und Anna Wensiersky hören das gern. Die beiden jungen Frauen mit dem orangefarbenen Outfit sind in Münsters Innenstadt unterwegs, um mit Jugendlichen über Alkohol zu reden. Und über die Gefahren, die mit übermäßigem Trinken verbunden sind.
Jetzt, in der heißen Karnevalsphase, sind weitere vier Teams der Suchtvorbeugung im Außeneinsatz. Tagsüber in den Fußgängerzonen und an den Jugendtreffs, abends in den Kneipen. Ihre Botschaft prangt überdeutlich im Logo mit der weißen Maus: „Voll ist out".
Das ist das Motto der Aufklärungskampagne, mit der die Stadt Münster dem Problem Jugendalkoholismus zu Leibe

rücken möchte. Ob Infostände oder Gesprächsrunden in Schulen – das Team vom Amt für Kinder, Jugendliche und Familien greift auf eine ganze Palette von Kontaktangeboten zurück. Und stößt auf offene Ohren.

(www.vollistout.de. Wie die Stadt Münster dem Jugendalkoholismus zu Leibe rückt, Zugriff: 24.5.2008)

Moderne Drogen und Suchtpolitik

[...] Drogen und Sucht sind Themen, vor denen keiner die Augen verschließen kann – sie gehen alle etwas an. Jeder dritte Bundesbürger raucht, über 10 Mio. Menschen in Deutschland konsumieren Alkohol in riskanter Weise, die Zahl der Medikamentabhängigen wird auf mindestens 1,4 Mio. geschätzt, dazu kommen ca. 120 000 bis 150 000 Opiatabhängige und 400 000 Menschen, deren Cannabiskonsum gesundheitsschädigende Ausmaße angenommen hat. Die Zahlen machen deutlich – Drogenprobleme sind keine Randgruppenprobleme. Wir erleben sie vielmehr täglich als Betroffene oder Angehörige. [...]
Getreu dem Motto „Die suchtkranken Menschen müssen dort abgeholt werden, wo sie sind" basiert die Drogenpolitik der Bundesregierung auf vier Säulen. Ziel der **Prävention** ist es, den gesundheitsschädlichen Konsum von Suchtmitteln von vornherein zu verhindern. Für die **Behandlung** von Suchterkrankungen steht ein sehr vielfältiges Angebot bereit, es reicht von der ambulanten Beratung bis hin zur stationären Rehabilitation. Die **Überle-**

benshilfen (z. B. Drogenkonsumräume, Notfallhilfe) richten sich an schwerstabhängige Menschen, deren Überleben es zunächst zu sichern gilt, bevor sie eine effektive Behandlung aufnehmen können. **Angebotsreduzierung** und **repressive Maßnahmen** tragen dazu bei, dass das Ausmaß an Suchterkrankungen durch eine verminderte Verfügbarkeit der Suchtmittel reduziert wird.
Die Drogenpolitik der Bundesregierung hat die früher einseitig erfolgte Fixierung auf die illegalen Suchtmittel aufgehoben. Nun stehen auch die legalen Drogen, wie Alkohol und Nikotin, im Vordergrund der Aktivitäten.

(www.bmg.bund.de, Zugriff: 24.5.2008)

Drogenbericht 2008

Sabine Bätzing ist Drogenbeauftragte der Bundesregierung. Das Interview führte Marcus Müller für die Zeitschrift „Stern".

Frau Bätzing, wie schlimm steht es um den Drogenkonsum der Jugendlichen?
[...] Was uns Sorge macht, ist der exzessive Alkoholkonsum von Jugendlichen. Der ist stark gestiegen: von 34 auf 50 Gramm Alkohol pro Woche.

Das ist fast eine Verdoppelung. Woran liegt das?
Das hat verschiedene Ursachen. Es ist bei uns sehr leicht, an Alkohol heranzukommen. Das Jugendschutzgesetz wird nicht so eingehalten, wie es wünschenswert wäre. Ein dritter Punkt ist die Alkoholwerbung. Diese hat einen massiven Einfluss auf Kinder und Jugendliche. Und der vierte Punkt ist das Verhalten der Gesellschaft, die manchmal mangelnde Vorbildfunktion. All diese Gründe zusammen bewirken einen verstärkten Alkoholkonsum bei Kindern und Jugendlichen.

Wie wollen sie das ändern?
Mein Ziel ist ein Mix aus verschiedenen Maßnahmen: Prävention auf der einen Seite, Gesetze auf der anderen. Das heißt: Die Gesetze, die wir haben, wie das Jugendschutzgesetz, müssen besser eingehalten werden. Die Selbstregulierung im Bereich der Werbung muss so verbessert werden, dass man auch tatsächlich von einer Selbstregulierung sprechen kann. Außerdem müssen wir einen bewussteren Umgang der Menschen mit Alkohol erreichen. Wir wollen verantwortungsvollen, maßvollen Alkoholkonsum. Das schaffen wir nur, wenn wir auch die Köpfe der Erwachsenen erreichen. [...]

(www.stern.de/politik/deutschland/619363.html. Zugriff: 5.5.2008)

„Wir brauchen ein Alkoholverbot für Minderjährige"

Raphael Gaßmann ist stellvertretender Geschäftsführer der Deutschen Hauptstelle für Suchtfragen. Anne Lemhöfer führte das Interview für die Frankfurter Rundschau.

In der Debatte mehren sich die Rufe nach schärferen Gesetzen. Jörg Dietrich Hoppe, Präsident der Ärztekammer, hat gefordert, Alkohol nur noch an Volljährige auszuschenken. Halten Sie ein solches Totalverbot für sinnvoll?
Ja. Wir brauchen die Gesetzesänderung. Es wäre das richtige Signal. Alkohol ist ein hartes Suchtmittel. Fünf bis zehn Prozent aller Menschen, die je einen Schluck Alkohol getrunken haben, werden alkoholabhängig. Was wir zusätzlich brauchen, ist ein Werbeverbot und einen lizenzierten Alkoholhandel, wie er etwa in Skandinavien bereits existiert. [...]

16- und 17-Jährigen das Bier auf der Schulparty und das Glas Sekt an Silvester verbieten – ist das nicht weltfremd?
Warum? Die Straftat begehen ja nicht die Jugendlichen, sondern diejenigen, die ihnen den Alkohol verkauft haben. Irgendwo muss man die Grenze ziehen. Ein Verbot löst nicht alle Probleme. Das ist klar. Es ist utopisch zu glauben, dass Minderjährige durch ein Alkoholverbot aufhören, zu trinken. Ein Erfolg wäre aber schon, dass es uns auf diese Weise gelingen würde, das statistische Einstiegsalter um ein Jahr zu erhöhen. [...]

(Aus: Anne Lemhöfer: „Wir brauchen ein Alkoholverbot für Minderjährige", in: Frankfurter Rundschau Nr. 65 vom 17. März 2007, S. 2)

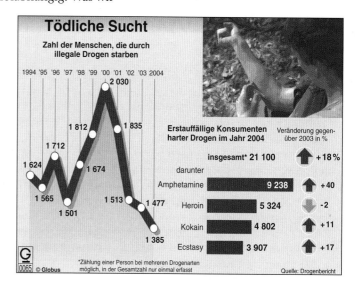

Tödliche Sucht

Zahl der Menschen, die durch illegale Drogen starben

1994 '95 '96 '97 '98 '99 '00 '01 '02 '03 2004
2 030
1 812 — 1 835
1 712
1 624 — 1 674
1 565
1 501 — 1 513 — 1 477
1 385

Erstauffällige Konsumenten harter Drogen im Jahr 2004 — Veränderung gegenüber 2003 in %

insgesamt* 21 100 — +18 %
darunter
Amphetamine — 9 238 — +40
Heroin — 5 324 — -2
Kokain — 4 802 — +11
Ecstasy — 3 907 — +17

*Zählung einer Person bei mehreren Drogenarten möglich, in der Gesamtzahl nur einmal erfasst

© Globus — 0065 — Quelle: Drogenbericht

1. Wie sieht die Suchtvorbeugung in Münster genau aus?

2. Nenne und erkläre die vier Säulen moderner Drogen- und Suchtpolitik.

3. Die Drogenbeauftragte der Bundesregierung nennt vier Gründe für den steigenden Alkoholkonsum von Jugendlichen. Diskutiert in der Klasse, ob die vorgeschlagenen Maßnahmen reichen, um das Problem in den Griff zu bekommen.

4. Raphael Gaßmann gehen die Gesetze nicht weit genug. Er verlangt ein komplettes Alkoholverbot für Jugendliche. Nimm Stellung zu dieser Forderung.

B Was kann jeder selbst gegen Suchtgefährdung tun?

Starke Kinder brauchen keine Suchtmittel

Eine positive Persönlichkeitsentwicklung wirkt suchtvorbeugend.
Wir wissen, dass Suchtprobleme ihren Anfang häufig im Kindes- und Jugendalter nehmen und erst im Erwachsenenalter sichtbar werden. Deshalb muss man frühzeitig etwas dagegen tun. Weiterhin ist bekannt, dass „starke" Kinder weniger suchtgefährdet sind. Daher ist es wichtig, die Stärken bei Kindern und Jugendlichen zu fördern. Was aber sind „starke" Kinder?

1. Kinder sind stark, wenn sie Selbstvertrauen haben.
2. Kinder sind stark, wenn sie Freiräume haben.
3. Kinder sind stark, wenn sie vertrauen können.
4. Kinder sind stark, wenn sie positive Vorbilder haben.
5. Kinder sind stark, wenn sie Konflikte lösen können.

(Aus: BZgA (Hrsg.): Kinder stark machen im Sportverein, S. 6, Köln 2006)

Der Einfluss der Familie

Kinder orientieren sich an dem, was sie in der Familie erleben. Sie lernen durch das, was sie sehen, was ihre Eltern und Geschwister tun. Auch ihre Einstellung zum Alkohol wird dadurch geprägt. […] Auf der anderen Seite kommt es aber auch auf die Erziehung ganz allgemein an: Wenn Menschen gelernt haben, auch schwierige Situationen zu meistern, ohne zu Alkohol, Medikamenten oder Zigaretten zu greifen, werden sie wahrscheinlich von keinem dieser Mittel zu viel konsumieren oder gar suchtkrank werden. […]

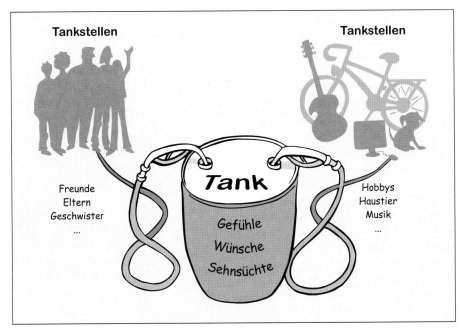

Jeder Mensch hat Sehnsüchte. Werden seine Sehnsüchte und Bedürfnisse auf Dauer nicht gestillt, dann fühlt er sich schlecht und es wächst die Gefahr, dass er zu Ersatzmitteln greift, um seine schlechten Gefühle zu überspielen.

Verständnis, Vertrauen und Liebe sind die Voraussetzung dafür, dass sich ein Kind zu einem selbstbewussten und selbstsicheren Menschen entwickelt! Sie stellen sozusagen die Basis dar und sind Grundlage für ein gelungenes und glückliches Leben. Ein Kind, das so aufwächst, wird später einmal verantwortungsvoll mit Alkohol umgehen können und besser vor Sucht geschützt sein.

(Aus: BZgA (Hrsg.): Alkohol – reden wir darüber. Ein Ratgeber für Eltern, S. 6, Köln 2007)

1. Warum ist es wichtig, bereits im Kindesalter etwas gegen Suchtgefährdung zu unternehmen?

2. Bist du eine „starke" Persönlichkeit? Schätze dich mithilfe der fünf Faktoren selbst ein.

3. Was kann die Familie tun, um Suchtgefährdungen entgegenzuwirken?

4. Übertragt das „Tank-Modell" in euer Heft und füllt es für euch selbst aus. In den Tank schreibt ihr eure Gefühle, Wünsche und Sehnsüchte; in die Tankstellen schreibt ihr all das, was euch starkmacht und euch hilft, „euren Tank zu füllen".

Methodenkarte

Expertenbefragung | **Thema: Drogensucht in unserer Stadt**

A Expertenbefragung, was ist das?

Es gibt Probleme, die sind so vielschichtig und schwer zu durchschauen, dass man sich als Laie schwertut. In solchen Fällen wendet man sich an einen Experten, den man in die Schule einlädt. Experten befassen sich beruflich mit solchen Problemen. Sie verfügen deshalb über praktische Erfahrungen und ein großes Hintergrundwissen.

B Expertenbefragung, wie geht das?

1. Experten auswählen

Experten gibt es in jeder Stadt. Doch bevor ihr konkrete Fragen formulieren könnt, müsst ihr euch überlegen, wen ihr befragen möchtet, denn jeder Experte hat sein Spezialgebiet, über das er besonders gut Bescheid weiß. Befragt ihr beispielsweise einen Arzt, so wird er euch über die gesundheitlichen Folgen des Drogenkonsums besonders gut Auskunft geben können. Die Polizei weiß dagegen viel über die Drogenszene der Stadt und die Drogenkriminalität. Beratungsstellen kennen die Probleme und Nöte der Drogenabhängigen. In Gesundheitsämtern findet ihr Spezialisten, die sich mit Drogenvorbeugung befassen.

2. Fragen sammeln und Fragestrategien festlegen

Um sinnvolle Fragen stellen zu können, müsst ihr euch einen Überblick über das Problem verschaffen. Dabei helfen euch aktuelle Artikel aus der Tageszeitung so

wie die Stichwortseiten „Sucht" und „Drogen".
Sammelt in der Klasse Fragen, die ihr stellen wollt. Legt die Reihenfolge fest, in der gefragt wird. Bestimmt, wer welche Frage stellen soll.
Tipp: schwierige Fragen am Schluss stellen

3. Expertenbefragung vorbereiten

Folgende Checkliste erleichtert die Organisation:
1. Schulleitung informieren
2. Raumfrage klären und Raum einrichten
3. Experten einladen, Termine und Themen absprechen
4. Diskussionsleiter bestimmen
5. Protokollführer (mindestens 2 Schüler) bestimmen
6. Fotografen bestimmen

4. Expertenbefragung durchführen

Experten sind Gäste, von denen ihr etwas wollt. Um euch zu helfen, lassen sie ihre Arbeit ruhen oder schenken euch ih-

re Freizeit. Das verpflichtet euch zu Freundlichkeit, Höflichkeit, zu gutem Benehmen und aktiver Mitarbeit. Eine Expertenbefragung kann folgendermaßen ablaufen:

- Begrüßung der Experten am Schuleingang durch den Lehrer, Klassensprecher und Versammlungsleiter
- Vorstellungsrunde der Experten
- Fragerunde (**Tipp:** auf die Antworten der Experten eingehen und nachfragen)
- Verabschiedung

5. Ergebnisse auswerten und dokumentieren

Nachdem ihr euch informiert habt, müsst ihr andere informieren. Ihr könnt eine Wandzeitung erstellen und im Schulgebäude aushängen, ihr könnt einen Bericht für eure Schülerzeitung schreiben oder im Lokalteil eurer Tageszeitung einen Bericht veröffentlichen.

Zur Diskussion: Was können wir gegen die Alkoholsucht von Jugendlichen tun?

Die folgenden Beiträge stammen aus verschiedenen Internet-Foren, in denen über den Alkoholkonsum Jugendlicher diskutiert wurde. In diesen Foren kann jeder seine Meinung zum Thema äußern. Dazu verfasst er, meist unter einem anonymen Nick, eine E-Mail. In der Regel geht er dabei auf die Äußerungen seiner Vorredner ein.

Verfasse zu mindestens zwei Beiträgen deine eigene Meinung und stelle sie der Klasse vor.
■ **Tipp:** Legt zu jedem Beitrag ein eigenes Blatt an und lasst es als Schreibkette durch die Klasse laufen.

A TheSoapBoxOpera postete

Verbote und höhere Strafen wären sinnvoll. Vielleicht auch ein Gesetz „Alkohol erst ab 18", aber ich denke, dass die Regierung wenig für Gesetze gegen Alkohol, die unsere Kinder beschützen würden, tun wird, da dann weniger Geld in die Staatskasse fließen würde, aufgrund des geringeren Verkaufs von alkoholischen Getränken.

C Roller postete

Wie man aus der Vergangenheit weiß, sind Verbote nicht sehr effektiv. Warum stellt man nicht erst mal die Alkoholwerbung ein und verhindert, dass Jugendliche ab 16 sich legal mit Bier besaufen können?

E 2k3 postete

Verbot hilft nicht, das weiß ich aus den USA, doch ist es eine Unverschämtheit, dass Jugendliche mit Werbung „manipuliert" werden, es wird auf Gruppenzwang gesetzt, ganz wie es früher mit Zigarettenwerbung geschah.

B Derweltgroessteshufan postete

Die Vermittlung von positiven moralischen Werten an Jugendliche durch Erwachsene fände ich richtig, genauso wie auch sehr hohe Strafen für Alkoholverkäufer, wenn sie an Kinder und Jugendliche etwas verkaufen (Rund 1000 € hielte ich für angemessen.).

D RenM postete

„Spaßverbot für alle!"
Mal im Ernst: Ich war mit 16 in der Lage, mich beim Alkoholkonsum ganz gut einzuschätzen. Andere brauchen da sicher länger, aber spätestens mit 18 sollte man sich selber gut einschätzen können. Alkohol zu verbieten ist der VÖLLIG falsche Ansatz, weil das nur umso mehr Anreiz schafft. Wichtig ist ein sinnvoller Umgang mit dem Alkohol in Maßen und dazu ist es wichtig, dass die Jugendlichen den Umgang mit Alkohol auch kennenlernen.

Alle Beiträge stammen aus den Internet-Foren www.forum.spiegel.de und www.kai3.tv.

Wir ordnen Lösungen für das Suchtproblem „Rauchen" den vier Säulen moderner Suchtpolitik zu

Prävention, Behandlung, Überlebenshilfe und Angebotsreduzierung sind die vier Säulen moderner Sucht- und Drogenpolitik.

Ordne die konkreten Maßnahmen den vier Säulen zu. Übertrage dazu die Tabelle in dein Heft. Unterstreiche aus jedem Bereich jeweils eine Maßnahme, die dir besonders wirkungsvoll erscheint.

Präven-tion	Be-hand-lung	Überle-benshil-fe	Ange-bots-reduzie-rung
...	...	...	...

Wettbewerb zum Nichtrauchen mitmachen ❀ Nikotinpflaster benutzen ❀ Zigarettenersatz aus der Apotheke rauchen ❀ Nichtrauchertag durchführen ❀ Rauchverbot in der Schulordnung durchsetzen ❀ Besuch einer Suchtklinik zum Entzug ❀ Expertenbefragung durchführen ❀ Notfallhilfe bei Gefäßverschluss durch Rauchen ❀ jugendliche Testkäufer einsetzen ❀ stärkere Kontrollen der Polizei durchführen ❀ Persönlichkeit durch Sport stärken ❀ Zigaretten auf die Liste illegaler Drogen setzen und den Verkauf verbieten ❀ Gesetz über ein Rauchverbot in der Öffentlichkeit erlassen ❀ Beinamputation durchführen

Memorystationen

Suchtgefährdung: sehen, verstehen, richtig handeln

Warum sind Drogen überhaupt ein Problem?

Drogen verändern manchmal mehr, als du denkst.

Dieses Plakat ist von Schülern und Schülerinnen entworfen und in einem Wettbewerb zur Suchtvorbeugung prämiert worden. Natürlich war ihnen klar, dass Pinguine keine Geweihe tragen und ihnen auch keine Rüssel anstelle ihres Schnabels wachsen.
Erkläre mithilfe des Plakates, was Drogen sind und welche Folgen ihr Konsum haben kann.

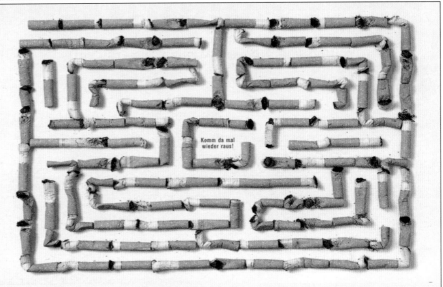

„Komm da mal wieder raus!", so lautet das Motto dieser Postkarte, die vom Gesundheitsministerium verteilt worden ist. Beantworte am Beispiel des Rauchens folgende Fragen:

1. Was ist Sucht?
2. Wie kommt es, dass Menschen sich so in diesem „Labyrinth" verirren?

Station 3 Drogensucht – was können wir dagegen tun?

Betrachte das Schaubild und notiere drei Informationen, die du dir merken willst.

Verfasse dann einen Kommentar zu diesen Informationen. Erläutere dabei die vier Säulen staatlicher Sucht- und Drogenpolitik.

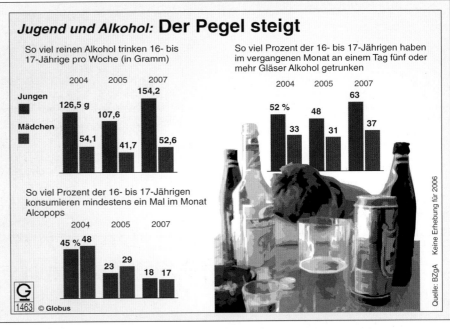

Jugend und Alkohol: **Der Pegel steigt**

So viel reinen Alkohol trinken 16- bis 17-Jährige pro Woche (in Gramm)

	2004	2005	2007
Jungen	126,5 g	107,6	154,2
Mädchen	54,1	41,7	52,6

So viel Prozent der 16- bis 17-Jährigen haben im vergangenen Monat an einem Tag fünf oder mehr Gläser Alkohol getrunken

	2004	2005	2007
	52 %	48	63
	33	31	37

So viel Prozent der 16- bis 17-Jährigen konsumieren mindestens ein Mal im Monat Alcopops

	2004	2005	2007
	45 %	23	18
	48	29	17

G 1463 © Globus

Quelle: BZgA   Keine Erhebung für 2006

5 Umweltschutz als Zukunftsaufgabe

Worum geht es?

Bestimmt hast du folgenden Satz schon öfter gehört: „Mach bitte das Licht aus, wenn du dein Zimmer verlässt!“

Mit einer kleinen Geste deiner Hand ist es getan: Du sparst Strom, Geld und schützt zugleich die Umwelt. Wenn viele Hände, zum Beispiel die Hände aller Kinder deiner Klasse, deiner Schule oder deines Heimatortes genauso handeln, dann werden aus vielen kleinen Händen große Hände, die viel bewirken können.

In Australien hat die Regierung kürzlich beschlossen, dass im ganzen Land zukünftig nur noch Energiesparlampen benutzt werden dürfen. Du siehst also, dass auch ganz große Hände am Werk sind, um die Umwelt zu schützen. Das ist nur ein Beispiel, welches deutlich macht, was Menschen tun können, um etwas so unfassbar Großes und Schönes wie unsere Erde zu schützen.

Wir beginnen in diesem Kapitel damit, unsere eigenen Einstellungen zur Umwelt zu untersuchen, dann überlegen wir, was im Kleinen getan werden kann, um die Umwelt zu schützen. Schließlich werfen wir einen Blick auf die großen Probleme, denn bei deren Lösung wollen wir mitreden können.

Am Ende dieses Kapitels werdet ihr

- herausgefunden haben, welche Einstellungen die Menschen in Deutschland und Europa zu Umweltfragen haben,
- beschreiben können, welche Gefahren für die Umwelt drohen,
- erklären können, was jeder von uns für die Umwelt tun kann,
- erfahren haben, welche Aufgaben im Umweltschutz die Politiker übernehmen müssen.

Wer den Zusammenhang zwischen dem Verhalten der Menschen und den Folgen für die Umwelt herausfinden will, muss in der Lage sein, schwierige Texte zu verstehen. Aus diesem Grund liegt ein besonderer Schwerpunkt in diesem Kapitel beim Einüben einer nützlichen Lesemethode.

Unser Handeln hat Folgen für die Umwelt

Wir untersuchen, wie wir mit unserem Müll umgehen

Neulich in unserer Schule

1. „Das kehrt doch der Hausmeister weg, oder?" Was haltet ihr von Teresas Bemerkung?

2. Die beiden sind auf dem Weg zur Umwelt-AG. Stellt euch vor, ihr würdet mit ihnen gehen und ihr dürftet dort Themen vorschlagen, mit denen ihr euch befassen wollt. Schreibt die Themen auf und begründet, warum ihr sie für wichtig haltet (Partnerarbeit).

Dem Müll auf der Spur

Auch ihr könnt wie Teresa und Dominik eure Umwelt genauer unter die Lupe nehmen. Als Umweltdetektive sammelt ihr Beweise für Umweltsünden. Ihr sucht aber auch Beispiele für umweltfreundliches Verhalten. Ihr könnt dazu eine Fotodokumentation gestalten und in eurer Schule präsentieren.

Theresa und Dominik haben dieses Foto auf ihrem Schulhof geschossen und es in die Umwelt-AG mitgebracht. Es zeigt, welcher Müll in den Pausen achtlos in den Grünanlagen der Schule landet. Die Reinigung der Schulanlagen, die oft noch schlimmer vermüllt sind, als ihr es auf dem Foto seht, kostet die Schule viel Geld, das sie sparen könnte, um damit zum Beispiel Spiel- und Sportgeräte für die Pausen anzuschaffen. Durch umweltbewusstes Verhalten könnt ihr aber noch mehr für den Geldbeutel eurer Schule tun. Denn jede volle Mülltonne kostet. Für die Entsorgung einer Tonne Müll verlangen die Betreiber von Müllverbrennungsanlagen bis zu 200 €.

1. Was empfindest du, wenn du das Foto betrachtest?

2. Als Umweltdetektive müsst ihr genau hinsehen. Beschreibt das Problem, das ihr auf dem Foto erkennt. Welches Verhalten steckt dahinter?

Nachhaltiges Handeln

Der Begriff Nachhaltigkeit stammt ursprünglich aus der Forstwirtschaft des 17. Jahrhunderts. Er bedeutet, dass man nicht mehr verbrauchen soll, als in der Natur nachwachsen kann. [...] Heutzutage versteht man unter Nachhaltigkeit, dass auf die nachfolgenden Generationen, also auf unsere Nachkommen mehr Rücksicht genommen wird. Auch sie brauchen Rohstoffe und Bodenschätze wie zum Beispiel Holz, Wasser, Erdöl, Kohle. Es gilt also immer noch der Leitsatz, dass wir nicht mehr ernten dürfen, als nachwachsen kann. Aber wir müssen auch dafür sorgen, dass unsere Umwelt nicht durch Fabrikabgase, Schmutzwasser oder Gifte geschädigt wird. [...]

(Aus: Gerd Schneider, Christiane Toyka-Seid: Politik-Lexikon für Kinder, S. 196. Campus Verlag, Frankfurt a. M. 2006)

> JA, SICHER! ... ABER SO VIEL HAUSAUFGABEN!! ... WISSEN SIE EIGENTLICH, WAS ALLEIN AN PAPIER DABEI DRAUFGEHT?!!

NACH-HALTIG-KEIT

> Wenn wir weniger Müll machen, spart die Schule Geld. Dafür könnten wir zum Beispiel Spielsachen für die Pausen kaufen.

> An unserer Schule sind die Mülleimer immer überfüllt. Wir machen viel zu viel Müll.

> So viel Dreck landet bei uns nicht da, wo er eigentlich hingehört. Schau dir doch nur unsere Grünanlagen an. Das ist doch eklig. Und es schadet der Umwelt.

> Um den Müll soll sich der Hausmeister kümmern. Ich bin schließlich hier, um zu lernen und nicht um Müll aufzusammeln.

> Wenn jeder von uns seinen Müll ordentlich wegwerfen würde, dann wäre mit Sicherheit eine der Putzfrauen arbeitslos.

> Warum soll ich mich um den Müll der anderen kümmern. Ich schmeiße doch meinen Müll immer ordentlich weg.

1. Analysiert die Karikatur und beantwortet die Frage, wie in der Schule auf nachhaltiges Handeln geachtet werden kann.

2. Lest die Meinungen in den Sprechblasen und diskutiert, ob es Aufgabe der Schülerinnen und Schüler sein kann, sich um den Müll an ihrer Schule zu kümmern.

Sollen wir unserer Schule Mülldiät verordnen?

Wir führen eine Diskussion

Die Emilie-Heyermann-Realschule in Bonn gehört zu den Vorreitern, was den Umgang mit Müll angeht. Es ist ihr durch konsequente Müllvermeidung und Mülltrennung gelungen, den Müllberg um 1,4 Tonnen im Jahr, das sind 1400 kg, zu verringern. Vielleicht kann sie ja Vorbild sein für eure eigene Schule.

UmweltSchule
Lernen und Handeln
für unsere Zukunft

> Es helfen in der 7a

Patricia   Paul   Judith

Gelbe Tonne

Plastikmüll, wie z. B.:

Dosen/Getränkedosen
Plastikflaschen
Verpackungen
gewachstes Papier
Alufolie
Glanzpapier
Lackfolien
Trinkpäckchen
Styropor
Folien
Plastiktüten

Blaue Tonne

nur Papiere und Pappe, wie z. B.:

beschriebene Blätter
alte Hefte
Pappschnellhefter
<u>nicht</u> verschmutzte
Papiertüten
Zeitungen
Werbeprospekte

Graue Tonne

Restmüll, wie z. B.:

gebrauchte Taschentücher
gebrauchtes Butterbrotapier
Butterbrotabfälle
Obstreste
sonstige Essensreste
Kaugummi
Stifte
Stoffabfälle

> Weniger Müll produzieren ist der beste Umweltschutz. Deshalb sollten wir an unserer Schule so etwas auch machen.

Müllvermeidung, Mülltrennung, Müllanalyse: So lautete das Motto der Emilie-Heyermann-Realschule in Bonn. Verschiedene Ideen dazu wurden bereits in die Tat umgesetzt.
Einrichtung von Trennungsmöglichkeiten (Papier, Gelber Sack, Restmüll) in jedem Fach- und Klassenraum mit dazugehörigen Hinweisschildern auf das exakte Trennen.
In jeder Klasse wurde ein Ordnungsdienst eingerichtet, der die Entleerung der Mülleimer der eigenen Klasse in die entsprechenden Container auf dem Schulhof übernimmt. So lernen die Schülerinnen und Schüler, Verantwortung für ihren eigenen Abfall zu tragen. Gleichzeitig wird dadurch das Reinigungspersonal entlastet. Unser Reinigungsdienst hat so mehr Zeit, die getrennte Entsorgung des Mülls in den Fachräumen sorgfältig durchzuführen.

In der Vergangenheit war dies sicher auch aufgrund der hohen Arbeitsbelastung des Reinigungspersonals nicht immer der Fall.
Die Schülerinnen und Schüler der neuen Klassen 5 erhielten, genauso wie die Schülerinnen und Schüler der letzten drei Jahrgänge, stabile Mehrwegverpackungen für ihre Getränke und Butterbrote kostenlos, um die Masse der Flaschen, Tetrapaks und Butterbrotpapiere zu vermindern. [...]
Das Angebot des Kiosks wurde auf überflüssige Verpackungen überprüft. Brötchen und Brezeln werden ohne zusätzliche Verpackungen ausgegeben. Es wird nur noch ein Müsliriegel und eine Schlemmermilch angeboten, bei denen aus hygienischen Gründen auf eine Verpackung nicht verzichtet werden kann.

(Aus: http://ehs.schulen.bonn.de, Zugriff Januar 2008)

> Das, was in dieser Schule gemacht wird, ist mit einem riesigen Aufwand verbunden. Wenn Schülerinnen und Schüler das machen müssen, werden sie das Lernen vernachlässigen.

1. Lest das Programm der Emilie-Heyermann-Realschule durch und überlegt gemeinsam, ob ihr an eurer Schule etwas Ähnliches auf die Beine stellen könnt.

2. Diskutiert in der Klasse über die Vor- und Nachteile, die ein solches Projekt mit sich bringen würde.

Trainingsplatz

Wir entwickeln Lösungsvorschläge für das Müllproblem an unserer Schule

Die Fotodokumentation auf dieser Seite wurde von Schülerinnen und Schülern einer Realschule während einer Fotorallye erstellt. Beschäftigt euch mit folgenden Fragen und erarbeitet Lösungen für mindestens drei der dargestellten Probleme.

1. Welche Regeln für umweltfreundliches Verhalten sollen an der Schule gelten?
2. Welche Strafen sind sinnvoll, wenn Einzelne sich nicht an abgemachte Verhaltensregeln halten?
3. Welche weiteren Ideen für eine umweltfreundliche Schule fallen euch ein?

■ **Tipp:**

Ihr könnt über eure Lösungsvorschläge in der Klasse diskutieren und abstimmen. Mit den Abstimmungsergebnissen eurer Klasse könnt ihr euch an die SV wenden. Sie vertritt eure Interessen. Zu denen gehört auch, in einer sauberen Schule zu lernen.

3 │ Warum ist Müll ein so großes Umweltproblem?

Wir informieren uns und erarbeiten schwierige Texte

Auf den folgenden Seiten findet ihr drei Texte (**A, B, C**), die euch informieren, wie wir mit unserem Müll umgehen. Dabei könnt ihr folgendermaßen vorgehen:

1. Schritt: Macht euch zuerst mit der Lesemethode auf der folgenden Seite vertraut. Sie hilft euch, die Informationstexte besser zu verstehen.

2. Schritt: Entscheidet euch für einen der drei Texte und werdet Spezialist für ein Thema, das ihr den anderen in der Klasse erklären wollt.

3. Schritt: Erarbeitet euren Text mithilfe der Lesemethode und stellt dann euer Thema in der Klasse vor.

Folgende Fragen helfen euch, den wichtigen Informationen auf die Spur zu kommen. Sie passen zu allen drei Texten.

1. Welche Informationen sollen sich alle merken?

2. Ergänze folgende Sätze:
Ich finde gut, dass …
Nicht gut finde ich, dass …

Ohne ein besonderes Müllvermeidungskonzept werden an einer Schule mit 500 Schülerinnen und Schülern pro Woche etwa 2 500 Liter Müll produziert (Altpapier nicht mitgerechnet). Das sind etwa 20 große graue Mülltonnen, wie ihr sie von zu Hause kennt. Der Müll wird gesammelt und abgefahren. Das kostet die Schule viel Geld und belastet die Umwelt.
Die Kinder auf dem Foto kennen offensichtlich das Problem und demonstrieren für einen verantwortungsvollen Umgang mit dem Müll.
Was passiert mit unserem Müll? Was wisst ihr bereits darüber?

Methodenkarte 7

Texteinsammelmethode: Schwierige Texte lesen | Thema: Was passiert mit unserem Müll?

A Was ist das?

So wie den beiden in der Zeichnung ist es euch wahrscheinlich auch schon ergangen. In der Schule, im Deutschunterricht und in den Sachfächern, habt ihr es oft mit schwierigen Texten zu tun. „Schwierige Texte zu lesen macht keinen Spaß", behaupten Schülerinnen und Schüler oft, weil sie mit dem Ergebnis ihrer Arbeit nicht zufrieden sind. Wenn es dir bisher schwergefallen ist, einen Text durchzuarbeiten, dann solltest du es mit der Texteinsammelmethode versuchen. Mit dieser Methode sammelst du in fünf Schritten immer mehr von den wichtigen Informationen eines Textes ein.

B Wie macht man das?

1. Ich finde das Thema.

- Beginne nicht sofort mit dem Lesen, sondern lies die fett- oder kursivgedruckten Begriffe und die Überschriften. Unterstreiche sie.
- Formuliere folgenden Satz zu Ende: „Der Text handelt von …". Jetzt kennst du das Thema.

2. Ich mache mir den Text interessant.

- Überlege, was du über das Thema wissen willst und stelle mindestens zwei Fragen, die dich interessieren.
- Lies den Text einmal ganz und überlege, ob der Text deine Fragen beantwortet.

3. Ich verschaffe mir einen Überblick.

- Der Text hat Abschnitte. Was in einem Abschnitt steht, gehört zusammen. Zähle, wie viele Abschnitte der Text hat und nummeriere sie.
- Lies die Abschnitte des Textes der Reihe nach. Unterstreiche dabei in jedem Abschnitt höchstens fünf Schlüsselbegriffe.
- Formuliere für jeden Abschnitt eine passende Überschrift.

4. Ich erkenne die Besonderheiten des Textes.

- Lies dazu den Text erneut Abschnitt für Abschnitt und unterstreiche, was über die Schlüsselbegriffe ausgesagt wird.
- Notiere Wichtiges in Stichworten.

5. Ich kläre, was ich nicht verstanden habe.

Schlage im Lexikon die Bedeutung unbekannter Wörter nach oder frage jemanden um Rat.

■ **Tipp:** Lege ein Lexikon der wichtigen Begriffe an und erstelle Quizkarten zum Lernen der Begriffe.

A Warum ist Müll überhaupt ein Problem?

Beachtet: In diesem Text kommt es besonders auf die Zahlen an.

Müll: Nervig, teuer und elefantenschwer …

Was hat eine leere Tintenpatrone mit einem Elefanten zu tun? Beide sind ganz schön schwer. Was, eine einzige Patrone? Die wiegt doch nichts! Eine alleine nicht. Aber wenn jede Schülerin und jeder Schüler in Deutschland nur 25 Tintenpatronen im Jahr verbraucht, dann ergibt das 100 Tonnen Müll. Das ist so viel wie 25 Elefanten wiegen …

Müll nervt. Er stinkt, nimmt Platz weg, fliegt überall herum, kostet Geld, macht tierisch viel Arbeit und die Umwelt kaputt.

Wusstest du,
… dass jeder Mensch in Deutschland im Durchschnitt 189 Kilogramm Hausmüll pro Jahr wegschmeißt? Dazu noch 90 Kilogramm Küchen- und Gartenabfälle. Und 31 Kilogramm Sperrmüll. Die schlimmsten Müllmonster sitzen in den Stadtstaaten, also Hamburg, Bremen oder Berlin (308 Kilogramm pro Kopf). Weniger Müll hinterlassen die Menschen in den großen Bundesländern, den Flächenstaaten (199 Kilogramm pro Kopf).
… dass es ganz schön teuer ist, seinen Müll loszuwerden? Lässt man zum Beispiel in Hamburg alle zwei Wochen eine Mülltüte mit 80 Litern abholen, dann kostet das jeden Monat über zehn Euro.
Ganz schön viel Geld […]. Das Problem mit Tetrapaks, Konservendosen, Joghurtbechern & Co ist: Wenn man sie einmal weggeschmissen hat, denkt man nicht mehr dran. Aus den Augen, aus dem Sinn! Aber wo bleibt der Müll eigentlich? Die Müllmänner, die ihn bei euch zu Hause oder in der Schule abholen, können ihn ja (leider) auch nicht einfach weghexen.

Deutlich mehr als die Hälfte des Mülls wird wiederverwertet, das heißt, es wird etwas Neues daraus gemacht. Der Rest wird verbrannt oder auf Dauer irgendwo gelagert – deponieren nennt man das. Im Jahr 2004 waren das aber immer noch fast 21 Millionen Tonnen der sogenannten Siedlungsabfälle. Um bei den eingangs erwähnten Dickhäutern zu bleiben: Diese Müllmenge wiegt so viel wie eine Million Elefanten – ganz schöne Riesenherde … Wenn man dann noch bedenkt, dass es im Müll viele Stoffe gibt, die ziemlich ungesund sind und sogar ins Grundwasser sickern können oder bei der Verbrennung in die Luft gelangen, kommt man schnell darauf, dass Müll ein ziemlich dickes Problem ist. Außerdem verschlingen viele Produkte bei ihrer Herstellung Unmengen an Energie und verursachen schon da eine Menge Abfall. Dann werden sie – wie beispielsweise Joghurtbecher – einmal kurz benutzt und schwupps: schon sind sie selbst Abfall. […]

(Nach: Heike Dierbach, Helga Bachmann, www.greenpeace4kids.de/themen/müll/hintergründe vom 23.5.2005, Zugriff Januar 2008)

Jede Menge Müll
Jährliche Abfallmenge* je Einwohner in Kilogramm

Land	Kilogramm
Irland	760
USA	740
Norwegen	700
Dänemark	670
Spanien	650
Luxemburg	650
Deutschland	640
Großbritannien	610
Niederlande	600
Österreich	560
Frankreich	540
Italien	520
Finnland	450
Belgien	440
Griechenland	430
Japan	410
Türkei	360
Slowakei	300
Tschechien	280
Polen	260

1461 © Globus   Quelle: OECD   Stand: 2005   *Siedlungsabfälle: u.a. Hausmüll, Sperrmüll, Straßenkehricht

B Was passiert mit unserem Müll?

Müllverbrennung

Die Silbermöwen bemerkten es wohl als Erste. Winter für Winter waren die Küstenvögel weit ins Landesinnere bis zu den Mittelgebirgen geflogen, um sich die saftigsten Stücke aus den Müllhalden zu picken. Doch plötzlich war es aus mit ihrem Schlaraffenland. Vor zwei Jahren machten die meisten der etwa 200 Hausmülldeponien in Deutschland zu. Seitdem darf Abfall nicht mehr einfach auf die Halde landen, sondern muss wiederverwertet oder verbrannt werden. Der stets garantierte Nachschub an Fressbarem versiegte für die Möwen – ihr Bestand ist seitdem um 60 Prozent zurückgegangen. Ansonsten tut der Umwelt das Deponieverbot jedoch gut. Der Müll verunreinigt nun nicht mehr Böden und Grundwasser. Idealerweise landet jetzt nur, was sich nicht weiter trennen und verwerten lässt, in den 67 Verbrennungsanlagen. Weil nichts mehr auf die Halde gekippt werden darf, wird seit zwei Jahren so viel Müll wie nie zuvor verbrannt. [...]

(Aus: Martin Kotynek, Die Berge so nah, in: Süddeutsche Zeitung WISSEN Nr. 18 vom Oktober 2007, S. 80ff.)

Verrottung

In mechanisch-biologischen Anlagen soll der gefährliche Müll fast genauso wie in einer Müllverbrennungsanlage entschärft werden. Dazu wird der Müll aus der grauen Tonne in einer Sortieranlage getrennt. Wiederverwertbare Materialien wie Metalle werden als Erstes entfernt. Plastik, Holz und Pappe werden zu Brennstoff für Kraftwerke. Der Rest wandert in spezielle Boxen. Dort gärt und verrottet er. Ein Großteil des im Müll enthaltenen Wassers verdunstet. Nach etwa drei Monaten ist von dem ursprünglichen Müllberg nicht mehr viel übrig geblieben. Der so vorbehandelte Rest darf jetzt deponiert werden.

(Autorentext)

Wiederverwertung

Der Grüne Punkt ist das Markenzeichen der *Duales System Deutschland GmbH*. Das ist ein Unternehmen, das seit 1990 dafür sorgt, dass alte Verpackungen, die du wegwirfst, wiederverwertet werden. Mit dem Grünen Punkt werden Verpackungen in Deutschland und anderen europäischen Staaten gekennzeichnet, die in der gelben Tonne/dem gelben Sack, in der Altpapiertonne oder im Altglascontainer gesammelt werden. Von da aus gehen sie dann auf die Reise ins Recycling (Wiederverwertung) und werden neues Papier, neue Joghurtbecher, neue Flaschen und vieles mehr. Natürlich kostet Recycling Geld. Dieses Geld bezahlen die Hersteller der Produkte und dürfen im Gegenzug dazu den Grünen Punkt auf ihre Produkte drucken. Das signalisiert dir: Achtung, Grüner Punkt! Also darf diese Verpackung nicht in den Restmüll, da sie wiederverwertet werden kann!

(Aus: www.najuversum.de © Duales System Deutschland GmbH, Zugriff Januar 2008)

Solche Bilder gehören heute der Vergangenheit an. In Deutschland ist es seit dem Jahr 2005 verboten, den Müll einfach auf Deponien wegzukippen.

C Wie können wir mit unserem Müll umweltgerecht umgehen?

Ein Interview ist eine besondere Textform. Hierbei könnt ihr jede Antwort als eigenen Textabschnitt sehen und zusammenfassen.

Rainer Lucas ist Forscher. Er untersucht, was mit unserem Müll passiert und wie man die Verwertung verbessern kann.

Haben Sie heute schon Müll verursacht?
Ja, ich habe Müll verursacht. Natürlich war mit dem Frühstück auch Müll verbunden, aber es war ein Haushalt, wo unter der Spüle drei verschiedene Mülleimer stehen, wo also sehr gewissenhaft mit dem Müll-Thema umgegangen wird. […]

Gehen wir in die Zukunft: Was könnte man daran noch verbessern?
Müllexperten sagen, dass auch im Restmüll noch ein sehr hoher Wertstoffanteil ist. Wir könnten also versuchen, diesen Anteil auch noch zu nutzen. Damit ist die Vorstellung verbunden, auch den Hausmüll weitestgehend vorzusortieren, noch einmal auf ein Band zu schmeißen, um alles, was nicht schon über die Gelben Tonnen entsorgt worden ist, noch rauszuholen. So könnte man die Verwertungsquote weiter erhöhen. […]

Wir haben jetzt über den Müll geredet, den wir trennen und über den Restmüll. Doch es gibt ja noch anderen Müll: Sondermüll zum Beispiel. Was passiert damit?
Für den Sondermüll aus Haushalten gibt es die Wertstoffhöfe. Ein Problem sind Kleingeräte wie dieses hier (*zeigt auf mein Handy*), weil die oft einfach in die Mülltonne geworfen werden. Damit erhöht sich der Gefahrstoffanteil im Restmüll. […]

Aber was macht man denn mit dem Zeug, welches schon auf Deponien liegt? Gibt es keine Techniken der Zukunft, die eine Lösung versprechen?
Ja, die gibt es. […] Für die Hersteller […] müssen klare Vorgaben her, welche Stoffe nicht verwendet werden dürfen. […] Grundsätzlich muss der Kunde und die Kundin erfahren können, welche Stoffe in den Produkten enthalten sind. […] Also Augen auf beim Kauf von Elektrogeräten und ruhig einmal nachfragen: Welche Stoffe stecken da drin? Welche Risiken sind damit verbunden?

(Aus: www.gruene-jugend.de, Zugriff Januar 2008. Das Interview führte Katrin Rönicke am 03.11.2006)

Rohstoffquelle Müll

Jährlich fallen 41,4 Millionen Tonnen Haushaltsabfälle an

darunter | davon **verwertet**

	darunter	davon verwertet
Hausmüll	13,9 Mio. t	8 %
Papier, Pappe	7,9	99
Gemischte Verpackungen	4,6	87
Garten- und Parkabfälle	3,9	99
Abfälle aus der Biotonne	3,8	100
Glas	3,6	100
Sperrmüll	2,2	45
Elektrogeräte	0,05	100
Sonstiges (u.a. Metalle, Textilien)	1,2	97

Quelle: Stat. Bundesamt

Stand 2005; vorläufige Ergebnisse

© Globus 1423

Auch wenn es mühsam ist, Abfälle getrennt zu sammeln – für die Umwelt lohnt es sich. Denn während von dem, was in die allgemeine Hausmülltonne wandert, nur acht Prozent wiederverwertet werden, landen die getrennt gesammelten Wertstoffe fast komplett im Verwertungskreislauf.

Zur Diskussion: Für welche Art der Müllentsorgung soll die Gemeinde sich entscheiden?

Müll zu vermeiden, ist Aufgabe jedes Einzelnen. Müll zu entsorgen oder wiederzuverwerten, ist Aufgabe der Gemeinde. Doch wie Letzteres geschehen soll, darüber sind sich die Menschen in Deutschland nicht einig. Soll zukünftig noch stärker sortiert und wiederverwertet werden, wie es beispielsweise der Müll-Forscher Rainer Lucas fordert? Oder soll stattdessen mehr Müll unsortiert verbrannt werden, wie es vor allem die Betreiber von Müllverbrennungsanlagen verlangen? Die Entscheidung in dieser Frage liegt letztendlich bei den Politikern in den Städten und Gemeinden.

Auf dieser Seite findet ihr Argumente, die für oder gegen eine stärkere Wiederverwertung sprechen. Mit ihnen könnt ihr euch eine begründete Meinung bilden und in der Klasse diskutieren.

So geht ihr am besten vor:

1. Lest die Argumente und entscheidet euch für eure Position.

2. Begründet eure Position.

3. Stellt euch eure Argumente gegenseitig vor und diskutiert mit ihnen.

4. Zum Abschluss könnt ihr wie Stadträte darüber abstimmen, wie zukünftig mit dem anfallenden Müll verfahren werden soll.

Müllverbrennung

Sortieren ist auch umweltschädlich, weil die Müllautos beim Einsammeln der gelben Säcke viel Kraftstoff verbrauchen.

Wenn man alles verbrennen würde, bräuchten wir den Müll nicht mehr zu trennen und auch kein Duales System mehr. Das spart Geld.

Weil die Deutschen so viel trennen, bleibt zu wenig Müll zum Verbrennen übrig. Deshalb sind die Müllverbrennungsanlagen nicht ausgelastet. Sie stehen ungenutzt herum, kosten Geld und erwirtschaften keinen Gewinn.

Die Praxis hat gezeigt, dass ein großer Teil des getrennten Mülls in den gelben Säcken gar nicht wiederverwertet wird, sondern in den Müllverbrennungsanlagen landet. Da kann man sich den Aufwand der Trennung sparen und gleich alles verbrennen.

Mülltrennung

Wenn die Menschen Müll sortieren und zum Beispiel auf den Grünen Punkt auf Verpackungen achten, dann führt das zu umweltbewussterem Verhalten insgesamt.

Die Mülltrennung in Deutschland ist vorbildlich in der Welt. Das wird von Experten immer wieder bestätigt.

Viele Menschen fühlen sich besser, wenn sie Müll trennen. Sie erfahren so, dass sie selbst etwas zum Umweltschutz beitragen.

Bei Papier und Glas funktioniert die Trennung und Wiederverwertung total gut. Es gibt also keinen Grund, warum das mit anderen Stoffen nicht genau so gut funktionieren sollte.

4 Wie denken Menschen in Deutschland und Europa über den Umweltschutz?

Wir führen eine Umfrage durch

Um eine Befragung unter euren Mitschülerinnen und Mitschülern durchzuführen, solltet ihr diesen Fragebogen kopieren.

Junge ☐ **Mädchen** ☐ **Alter:** _____

1. Stört dich der Müll an deiner Schule?

☐ ja

☐ gelegentlich

☐ nie

2. Ich trinke in der Pause aus ...

☐ Dose

☐ Trinkpäckchen

☐ Einwegflasche

☐ Mehrwegflasche

☐ _____

3. Was machst du mit dem Abfall vom Pausen-frühstück?

☐ kommt in die gelbe Tonne

☐ nehme ich mit nach Hause

☐ landet im Restmüll

☐ lass ich einfach fallen

4. Würdest du Dosen und Einwegflaschen nicht mehr benutzen, wenn es deine Getränke in Pfandflaschen gäbe?

☐ ja

☐ nur, wenn sie nicht zu teuer sind

☐ nein, ist mir zu umständlich

5. Achtest du bei deiner Pausenversorgung darauf, auf bestimmte Verpackungen zu verzichten?

☐ nein

☐ ja, ich verzichte auf _____

6. Wie findest du es, eure Schule müllfrei zu machen?

☐ gut

☐ macht zu viel Arbeit

☐ hat keinen Zweck

7. Würdest du in einer Umwelt-AG mitarbeiten?

☐ ja

☐ nein

☐ vielleicht

8. Mit welchen Themen sollte sich eine Umwelt-AG beschäftigen?

☐ Umweltschutz an der Schule

☐ Schulgarten

☐ Tierschutz

☐ Klimaschutz

☐ Waldsterben

☐ _____

So wie ihr haben das Bundesumweltministerium in Berlin und auch die Europäische Kommission in Brüssel bei den Menschen in Deutschland und Europa nachgefragt, was sie über den Umweltschutz denken und was sie dafür tun.

Umweltschutz wird wieder wichtiger

Zwei von drei Menschen in Deutschland geben an, dass ihnen der sorgsame Umgang mit Müll als persönlicher Beitrag zum Umweltschutz ein wichtiges Anliegen ist. Dafür sind sie bereit, u. a. Folgendes zu tun:

- Müll nach Abfallarten trennen,
- Müll nicht achtlos wegwerfen,
- die persönliche Umgebung sauber halten,
- unnötiges Verpackungsmaterial vermeiden.

Mülltrennung und Mullvermeidung stehen auf Platz eins der persönlichen Beiträge der Deutschen zum Umweltschutz.
Auf Platz zwei folgt der sparsame Umgang mit Energie. Energiesparen ist somit für die Deutschen weniger selbstverständlich als der sorgsame Umgang mit Müll.

(Alle Angaben aus: Umweltbewusstsein in Deutschland 2006. Ergebnisse einer repräsentativen Bevölkerungsumfrage. Hrsg.: Bundesministerium für Umwelt, Naturschutz und Reaktorsicherheit, Berlin 2006, S. 64)

Umwelt wichtig für Lebensqualität

Laut einer neuen Eurobarometer-Erhebung ist den Europäern eine gesunde Umwelt für ihre Lebensqualität genauso wichtig wie der Zustand der Wirtschaft und soziale Faktoren.
Am meisten Sorgen machen sich die Bürger über die Umweltprobleme Was

Ich bin der Meinung, dass die Umwelt in Ordnung ist. Man muss sich keine Sorgen machen.

serverschmutzung, von Menschen verursachte Katastrophen, Klimawandel, Luftverschmutzung und Chemikalien. Die am 29. April vorgestellte Erhebung untersuchte erstmals die Haltung gegenüber der Umwelt in der erweiterten EU. Dafür wurden von Ende Oktober bis Ende November 2004 rund 1 000 Bürger in jedem Mitgliedstaat befragt. [...]
Am meisten Sorgen machen sich die Europäer über die Umweltprobleme, die ihr Leben unmittelbar betreffen. An der Spitze stehen die Wasserverschmutzung (47 Prozent), von Menschen verursachte Katastrophen wie

Das sehe ich aber anders. Ich mache mir schon Sorgen über den Zustand unserer Umwelt.

Ölverschmutzungen und Industrieunfälle (46 Prozent), Klimawandel und Luftverschmutzung (je 45 Prozent) sowie Chemikalien (35 Prozent). Es bestehen jedoch Unterschiede zwischen den alten (EU-15) und den neuen (EU-10) Mitgliedstaaten. So liegt der Klimawandel in den EU-15 auf Platz eins, in den EU-10 dagegen nur auf Platz sieben. Auch in Deutschland wird der Klimawandel als das bedeutendste Umweltproblem wahrgenommen (57 Prozent).

(Aus: Intakte Umwelt wichtig für Lebensqualität, www.vistaverde.de, © vista verde 2005, letzter Zugriff Juli 2008)

1. Welcher der beiden Meinungen stimmst du zu?
2. Notiere die Ergebnisse der beiden Umfragen und vergleiche sie mit den Ergebnissen eurer eigenen Umfrage.

5

Der Treibhauseffekt: Die Hauptkrankheit unserer Erde

Wir analysieren Texte und Schaubilder

Der Treibhauseffekt gilt als die gefährlichste Krankheit der Erde. In diesem Kapitel werdet ihr mehr darüber erfahren und ihr werdet erkennen, was wir tun können, um unsere Umwelt auch über die Grenzen unseres Landes hinaus zu schützen. Beim Erarbeiten der folgenden Seiten könnt ihr die Lesemethode trainieren.

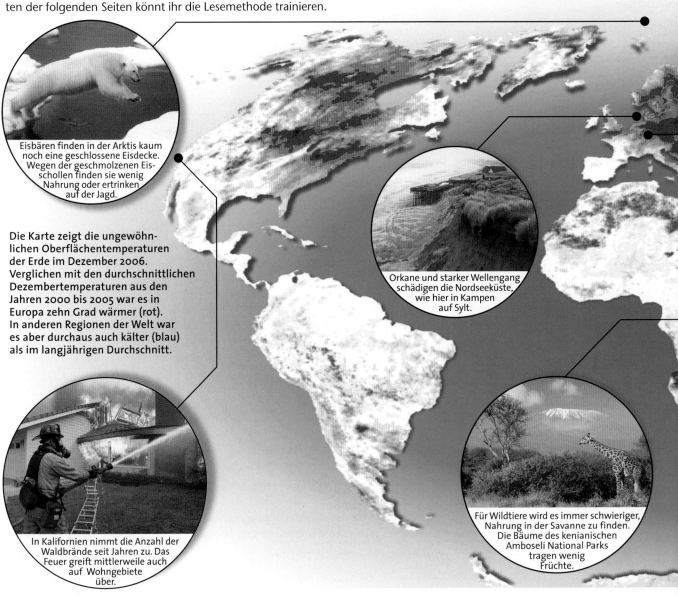

Eisbären finden in der Arktis kaum noch eine geschlossene Eisdecke. Wegen der geschmolzenen Eisschollen finden sie wenig Nahrung oder ertrinken auf der Jagd.

Die Karte zeigt die ungewöhnlichen Oberflächentemperaturen der Erde im Dezember 2006. Verglichen mit den durchschnittlichen Dezembertemperaturen aus den Jahren 2000 bis 2005 war es in Europa zehn Grad wärmer (rot). In anderen Regionen der Welt war es aber durchaus auch kälter (blau) als im langjährigen Durchschnitt.

Orkane und starker Wellengang schädigen die Nordseeküste, wie hier in Kampen auf Sylt.

In Kalifornien nimmt die Anzahl der Waldbrände seit Jahren zu. Das Feuer greift mittlerweile auch auf Wohngebiete über.

Für Wildtiere wird es immer schwieriger, Nahrung in der Savanne zu finden. Die Bäume des kenianischen Amboseli National Parks tragen wenig Früchte.

1. Wie wirken die Fotos auf euch?

2. Was erfahrt ihr auf dieser Seite über den Treibhauseffekt? Betrachtet dazu die Bilder und lest die kurzen Texte.

3. Lest mithilfe der Detektivmethode die Informationstexte der folgenden Doppelseite.

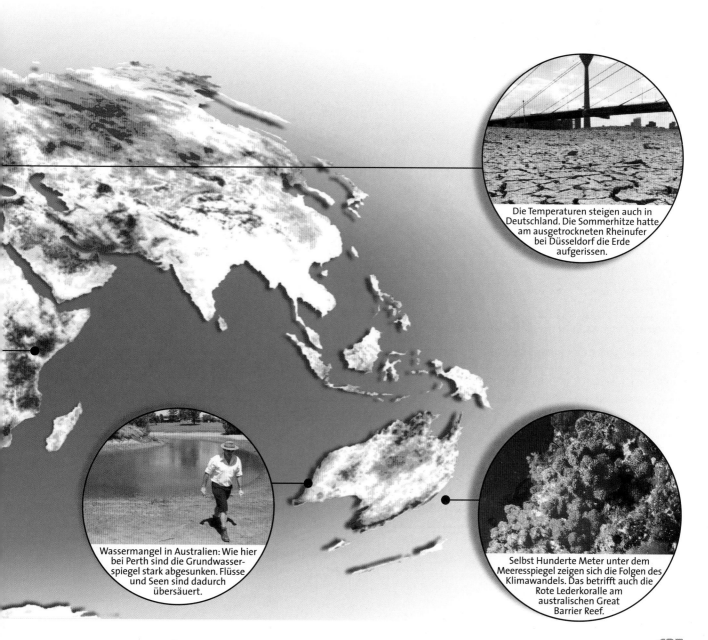

Die Temperaturen steigen auch in Deutschland. Die Sommerhitze hatte am ausgetrockneten Rheinufer bei Düsseldorf die Erde aufgerissen.

Wassermangel in Australien: Wie hier bei Perth sind die Grundwasserspiegel stark abgesunken. Flüsse und Seen sind dadurch übersäuert.

Selbst Hunderte Meter unter dem Meeresspiegel zeigen sich die Folgen des Klimawandels. Das betrifft auch die Rote Lederkoralle am australischen Great Barrier Reef.

Der Treibhauseffekt

Die gefährlichsten Treibhausgase sind Kohlendioxid (CO_2) und Methan (CH_4).

Warum wird es wärmer auf der Erde?

Die Klimaerwärmung entsteht durch den sogenannten Treibhauseffekt. Wenn ihr in ein Gewächshaus geht, dann werdet ihr feststellen, dass es dort meist auch ohne Heizung viel wärmer ist als draußen. Im Treibhaus werden nämlich die Sonnenstrahlen „gefangen", das heißt, die warmen Strahlen kommen zwar rein, aber nicht wieder raus. Von diesem Phänomen im Gewächshaus hat auch der Treibhauseffekt auf der Erde seinen Namen. Er funktioniert nämlich genauso. Anstelle der Glasscheiben im Gewächshaus hat die Erde eine schützende Lufthülle, die Atmosphäre. Diese Atmosphäre besteht aus verschiedenen Gasen, wie zum Beispiel Sauerstoff oder Kohlendioxid. Eigentlich ist der Treibhauseffekt auf der Erde eine prima Sache, denn ohne die schützende Lufthülle wäre es überall bitterkalt, durchschnittlich minus 18 Grad. Erst seitdem die Menschen immer mehr Energie verbrauchen und dadurch immer mehr Kohlendioxid produzieren, ist der Treibhauseffekt zum Problem geworden. Es wird nämlich immer wärmer im Treibhaus Erde. Im Sommer 2003 haben wir in Deutschland schon mal das Steppenklima erprobt: Die Wiesen waren braun, die Flüsse hatten nur noch wenig Wasser und ohne Ventilator ging gar nichts. Sogar manche Kraftwerke für die Stromerzeugung mussten mit halber Kraft fahren, weil in den Flüssen nicht mehr genügend Kühlwasser vorhanden war. Auch viele Tiere und Pflanzen bekommen durch den Treibhauseffekt Probleme. Sie müssen der Erwärmung ausweichen und wandern deshalb in kühlere Gebiete aus. Das bringt das ökologische System ziemlich durcheinander, weil zum Beispiel manche Tiere in ihrem Exil nicht genügend Nahrung finden oder anderen Konkurrenz machen. Viele Lebewesen können sich nicht so schnell umstellen und einfach irgendwo anders hinwandern. [...]

(Aus: http://www.klimanet4kids.badenwuerttemberg.de, © Umweltministerium Baden-Württemberg, Zugriff Januar 2008)

Und was können wir dagegen tun?

Alle sprechen vom Klimawandel. Aber was kannst du zum Klimaschutz selbst beitragen? Dazu gibt es viele Tipps:

Licht aus:
Licht ausschalten, wenn man länger als fünf Minuten aus dem Zimmer geht. Glühbirnen fressen viel Strom. Auch mit Energiesparlampen lässt sich Strom sparen.

Muskeln statt Motor:
Viele fahren auch kurze Wege mit dem Auto. Zum Sport, zur Schule oder zu den Freunden kann man aber oft mit dem Rad fahren oder zu Fuß gehen. Das verbraucht kein Benzin. Wer einen weiten Weg hat, kann Bus oder Bahn nehmen. [...]

Wasser stopp:
Beim Zähneputzen muss das Wasser nicht ständig aus dem Wasserhahn plätschern. Denn Wassersparen spart auch Energie. Trinkwasser muss erst aufbereitet werden. Das verbraucht Energie. Auch beim Waschen kannst du sparen: Beim Baden wird drei- bis viermal so viel Energie verbraucht wie beim Duschen.

Essen von nebenan:
Beim Einkaufen kann man etwas für das Klima tun. Obst und Gemüse kommen oft von weit her. Der Transport mit Flugzeugen und Lastwagen kostet Energie. [...]

Schreib auf Umweltpapier:
Für die Herstellung von Umweltpapier müssen nicht so viele Bäume gefällt werden wie für Normalpapier. Das trägt zum Klimaschutz bei. Denn Bäume filtern schädliche Gase aus der Luft.

(Aus: Trierischer Volksfreund Nr. 193 vom 21.8.2007, S. 6, dpa)

Ein im Zoo von Berlin geborenes und von seiner Mutter verstoßenes Eisbärbaby mit dem Namen Knut wurde 2007 zum Lieblingstier vieler Kinder und Erwachsener. Was hat Knut mit dem Treibhauseffekt zu tun? Würde Knut in seiner natürlichen Umwelt leben, dann hätte er ein Problem. Denn in der Arktis schmilzt den Eisbären ihre Lebensgrundlage unter den Pfoten weg.

1. Kläre mithilfe der Detektivmethode folgende Fragen:
   - Wie entsteht der Treibhauseffekt?
   - Welche Rolle spielt das Klimagas Kohlendioxid dabei?
   - Welche Auswirkungen hat der Treibhauseffekt auf Mensch und Umwelt?
   - Was kann jeder von uns gegen den Treibhauseffekt tun?

2. Stelle deine Leseergebnisse der Klasse vor. Benutze dabei das Schaubild auf der linken Seite.

Umweltpolitik

1. Erkläre die Begriffe „natürliche Lebensgrundlagen" und „Umweltpolitik".

2. Wer macht Umweltpolitik?

3. Was sagt das Schaubild über die weltweiten Umweltzerstörungen aus?

Schutz der natürlichen Lebensgrundlagen

Reine Luft, die wir zum Atmen brauchen. Sauberes Wasser, das wir trinken können, ohne krank zu werden. Fruchtbare Böden, auf denen unser Essen wächst: Das sind die natürlichen Lebensgrundlagen der Menschen. Ohne sie könnte der Mensch nicht auf der Erde überleben. Deshalb ist der Schutz der Umwelt etwas, um das sich alle Menschen in Deutschland kümmern müssen. Leider ist dies im Alltag nicht immer so einfach, wie es sich anhört. Denn wir produzieren durch die Art, wie wir leben, eine Menge Müll, gefährliche Klimagase und Abwässer, die Flüsse und Meere verschmutzen. Wir verbrauchen Papier, für dessen Herstellung Wälder gerodet werden und wir wollen auf asphaltierten Straßen möglichst bequem überall hinkommen. Das alles ist mehr, als die Erde aushält. Deshalb brauchen wir kluge Gesetze, die unsere Umwelt schützen.

- Sie regeln, was jeder Einzelne von uns tun oder lassen muss. So ist es beispielsweise strafbar, seinen Müll irgendwo in die Landschaft zu kippen.
- Sie regeln aber auch, was die Wirtschaft leisten muss. So müssen in Deutschland z. B. alle Neuwagen einen umweltfreundlichen Katalysator haben, der Schadstoffe aus den Auspuffabgasen filtert.

Menschen machen Politik

Politiker in Berlin und in den Bundesländern (zum Beispiel im Landtag in Wiesbaden) und Politiker in unseren Heimatgemeinden teilen sich die umweltpolitischen Aufgaben: Geht es zum Beispiel um die Müllentsorgung bei uns zu Hause, dann kümmern sich die Politiker in unseren Gemeinden und Städten darum. Wenn es hingegen um die Frage geht, wo in Hessen neue Müllverbrennungsanlagen gebaut werden sollen, dann entscheiden zuerst einmal die Politiker in unserer Landeshauptstadt darüber. Für die großen Aufgaben, wie den Klimaschutz, sind vor allem die Politiker in Berlin zuständig. Sie verhandeln mit anderen Ländern zum Beispiel über gemeinsame Maßnahmen gegen die weltweite Klimaerwärmung durch den Treibhauseffekt. All dies, was Politiker in Deutschland und in anderen Ländern der Welt tun, um

- die Atmosphäre,
- die Böden,
- das Trinkwasser,
- die Meere und die Natur
zu schützen, nennt man *Umweltpolitik*.

Sie will dafür sorgen, dass auch zukünftige Generationen gut auf der Erde leben können.

Tagesbilanz der Umweltzerstörung

Jeden Tag

belasten **65 Millionen Tonnen Kohlendioxid (CO$_2$)** die Atmosphäre

sterben über **70 Tier- und Pflanzenarten** aus

werden **26 000 Hektar Tropenwald** vernichtet

werden **253 000 Tonnen Fische** gefangen

werden **9,1 Milliarden m^3 Frischwasser** verbraucht

nimmt das verfügbare **Ackerland um 27 000 Hektar** ab

0115 © Globus .

Quelle: OECD, Weltbank, WWF

Trainingsplatz

Wir ordnen Maßnahmen gegen den Treibhauseffekt zu

Wenn der Kampf gegen den Treibhauseffekt gewonnen werden soll, dann muss jeder seinen Beitrag leisten. Die entscheidende Frage dabei lautet: „Wer soll was tun?"

Diese Frage könnt ihr mithilfe des Trainingsplatzes klären – entweder einzeln, zu zweit oder in Gruppen. Ordnet dazu mindestens jeweils drei Vorschläge aus dem Topf unten den Bereichen **A** und **B** zu.

Die angelegte Tabelle mit den Ergebnissen solltet ihr in euer Heft übertragen.

Wer soll was tun?

A Das muss jeder **Einzelne** tun:	**B** Das muss die **Politik** tun:
1.	1.
2.	2.
3.	3.
…	…

auf Plastiktüten verzichten ❀ Energiesparlampen zur Pflicht machen ❀ die Einhaltung von Klimaschutzabkommen überwachen ❀ beim Einkauf auf Waren mit übermäßigen Verpackungen verzichten ❀ Länder mit hohem CO_2-Ausstoß auffordern, mehr für den Klimaschutz zu tun ❀ alte Kraftwerke, die viel CO_2 ausstoßen, stilllegen ❀ mit dem Fahrrad fahren, statt mit dem Auto ❀ auf Getränkedosen verzichten ❀ den Müll trennen ❀ Gesetze erlassen, die Sonnenenergie und Windkraftanlagen fördern ❀ Geräte nicht „stand by" laufen lassen, sondern richtig ausschalten ❀ internationale Abkommen zur Treibhausgasreduzierung unterschreiben ❀ im Winter sinnvoll lüften ❀ ärmeren Ländern bei ihren Umweltproblemen helfen ❀ einen Baum pflanzen ❀ Wälder schützen ❀ Gütesiegel für umweltfreundliche Produkte einführen …

Memorystationen

Umweltschutz als Zukunftsaufgabe

Station 1 — Unser Handeln hat Folgen für die Umwelt

Einen Leserbrief verfassen

Verfasse als Mitglied der Umwelt-AG einen Brief an die Schülerzeitung, in dem du auf Umweltsünden, aber auch auf vorbildliches Umweltverhalten an deiner Schule hinweist. Erkläre in diesem Brief auch die Vor- und Nachteile umweltfreundlichen Verhaltens in der Schule.

Station 2 — Sollen wir unserer Schule eine Mülldiät verordnen?

Müll sortieren

Welcher Müll muss wohin? Schau dir das Foto an und sortiere den Müll. Übertrage dazu folgendes Schaubild in dein Heft und ergänze es.

Müll	passende Entsorgung
Glasflasche	Glascontainer
...	Gelbe Tonne
...	Papiercontainer
...	Restmüll-Tonne
...	...

Station 3 — Warum ist Müll ein so großes Umweltproblem?

Der Mann hat ein Problem: Müll. Was soll damit passieren? Beziehe dich auf die Karikatur und erkläre die drei Möglichkeiten, vernünftig mit Müll umzugehen.

Beschränkter Müll-Service

©Tomicek/LBS

Station 4 Wie denken Menschen über den Umweltschutz?

viermal richtig – viermal falsch

Notiere die richtigen Aussagen in deinem Heft und verfasse damit einen Lexikonartikel zum Thema „Einstellungen der Menschen zum Umweltschutz".

immer weniger Menschen interessieren sich für Umweltschutz – zwischen Umwelt und Lebensqualität gibt es einen direkten Zusammenhang – die meisten Sorgen machen sich Menschen über Umweltprobleme, die ihr Leben unmittelbar betreffen – Klimawandel und Luftverschmutzung werden kaum als Umweltverschmutzung wahrgenommen – am meisten sorgen sich die Menschen über die Wasserverschmutzung – Mülltrennung und Müllvermeidung steht auf Platz Eins der persönlichen Beiträge zum Umweltschutz – beim Energiesparen tun sich die Deutschen schwer – gerade die Deutschen sind nicht bereit, umweltbewusst mit ihrem Müll umzugehen

Station 5 Der Treibhauseffekt: Die Hauptkrankheit unserer Erde

Treibhauseffekt

Schreibe für eure Schülerzeitung einen Bericht über den Treibhauseffekt. Er soll Antworten auf folgende Fragen geben:

(1) Was ist das, „Treibhauseffekt"?

(2) Wie kommt er zustande?

(3) Welche Auswirkungen hat er für Mensch und Umwelt?

(4) Wie kann das Problem gelöst werden?

Recht und Rechtsprechung

6

**Gelingt es euch, einen Zusammenhang
zwischen dem Foto und dem Thema Recht herzustellen?**

Formuliert eure Gedanken und sprecht darüber.

Worum geht es?

Aus der täglichen Erfahrung wisst ihr, dass unser Alltag durch eine Vielzahl von Regeln und Vorschriften bestimmt ist. Regeln gibt es in der Familie, in der Schule und überall dort, wo Menschen zusammenarbeiten und zusammenleben.

Warum braucht man sie? Nehmen wir zum Beispiel ein Fußballspiel: Könnte man nicht generell darauf verzichten, Spieler nach bestimmten Handlungen vom Platz zu stellen? Was wäre, wenn es keine Regeln gäbe?

Mit den Regeln und mit den Gesetzen ist es eine zweischneidige Sache: Einerseits werden Verbote ausgesprochen, die unsere Handlungsfreiheit einschränken. Andererseits ermöglichen es genau diese Verbote erst, dass wir in Freiheit und Sicherheit vor den Übergriffen anderer leben können.

Das Aufstellen von Regeln in Form von Gesetzen gehört zu den wichtigsten Aufgaben des Staates. Damit sorgt er dafür, dass es in unserem Zusammenleben geordnet zugeht, dass die Bürger in Sicherheit leben können und dass auch die Rechte der Schwächeren geschützt werden.

Von den Bürgern wird erwartet, dass sie über die wichtigsten Grundlagen ihrer Rechtsordnung informiert sind. Das ist einer der Gründe, warum das Thema im Politikunterricht behandelt wird. Darüber hinaus gibt es eine Reihe interessanter Fragen, über die man nachdenken, miteinander sprechen und sich eine Meinung bilden sollte: Warum gibt es immer wieder Menschen, die sich nicht an Gesetze halten? Was soll mit Gesetzesbrechern geschehen? Sollen Jugendliche anders als Erwachsene behandelt werden? Was sind die wichtigsten Menschenrechte, und wer kann dafür sorgen, dass sie eingehalten werden? Um diese und andere Fragen geht es in der folgenden Reihe.

Wenn ihr dieses Kapitel bearbeitet, könnt ihr

- die Funktion des Rechts erklären,
- die besondere Rechtsstellung von Jugendlichen darstellen,
- Ursachen und Formen von Jugendkriminalität sowie den Zweck von Strafe erörtern,
- an einem Fallbeispiel den Ablauf eines Straf- und Zivilprozesses erläutern sowie den Aufbau unseres Gerichtswesens beschreiben.

Wozu brauchen wir das Recht?

Wir untersuchen die Bedeutung von Gesetzen im Alltag

Ob ihr einkaufen geht, mit dem Fahrrad zur Schule fahrt oder euch im Kino einen Film anschaut – bei fast allen Tätigkeiten im Alltag sind Gesetze im Spiel. Zwei Beispiele findet ihr in den folgenden Texten. Ihr könnt sie arbeitsteilig in Partnerarbeit bearbeiten und euch gegenseitig über den Inhalt informieren.

Beispiel 1: Verkehr und Recht

Die Verkehrsregeln für Kinder und Jugendliche stehen im selben Buch wie die für Erwachsene: in der Straßenverkehrsordnung. Gesetze regeln den Verkehr und sollen die Verkehrsteilnehmer so gut es geht schützen. Aber Vorsicht: Oft kommt es zu Unfällen, weil sich ein Verkehrsteilnehmer im Glauben, Recht zu haben, unvorsichtig verhält. Zum Beispiel: Ihr steigt aus der Straßenbahn und überquert eilig die Straße. Denn ihr wisst: Autos müssen anhalten und warten, wenn Leute aus der Straßenbahn ein- und aussteigen und dabei die Fahrbahn überqueren. Leider kommt es oft vor, dass Autofahrer aus Unwissenheit oder Unkonzentriertheit einfach weiterfahren. Jetzt könnt ihr natürlich fragen: Wozu brauchen wir dann noch Verkehrsregeln, wenn man sowieso immer aufpassen muss? Ganz einfach: um Schlimmeres zu verhindern. Stellt euch mal einen großen Platz vor, der nur für Fußgänger da ist – wie den Alexanderplatz in Berlin. An den Rändern sind lauter Geschäfte, Straßenbahnhaltestellen und U-Bahn-Stationen. Die Menschen strömen kreuz und quer über diesen Platz. Und dabei könnt ihr etwas Verblüffendes beobachten: Obwohl der Platz riesig ist und es kein Gedränge gibt, kommt es sehr oft vor, dass die Leute fast zusammenstoßen. Oft können sie nur in letzter Sekunde voreinander ausweichen. Warum das so ist? Weil es keine Regeln gibt und jeder seines Weges geht. Nun haben Menschen einen kurzen Bremsweg. Aber würden Autos auf dem Alexanderplatz herumfahren, gäbe es dort bestimmt ständig Verkehrsunfälle. Verkehrsregeln helfen, Unfälle zu vermeiden und den Verkehr möglichst reibungslos fließen zu lassen. Dabei kommt es gar nicht drauf an, dass die Regeln perfekt sind. Wichtig ist, dass sie jeder kennt und befolgt. Es ist zum Beispiel völlig egal, ob die Autos wie in Großbritannien auf der linken Straßenseite fahren oder auf der rechten wie bei uns. Entscheidend ist vielmehr, dass alle Autos auf der gleichen Seite fahren. Es ist also wichtig, dass es im Straßenverkehr feste Regeln gibt. Die wichtigste Regel lautet: Seid vorsichtig und nehmt Rücksicht! Diese Regel gilt immer und wird durch keine andere Regel aufgehoben.

(Nach: Klaus Wowereit, Darf ich auf dem Gehweg Fahrrad fahren? – oder: Welche Verkehrsregeln sollen Kinder schützen, in: Sigrid Born, Nicole Würth, [R]echt cool. Kinder fragen nach ihren Rechten – berühmte Juristen antworten, München 2004, S. 16 f.)

Beispiel 2:
Internet und Recht

Jedermann kann sich heute ohne größere Probleme eine Domain sichern, also eine Homepage-Adresse wie zum Beispiel www.kathrin-huber.de. Und auch dafür, wie die Homepage mit Inhalten zu füllen sei, gibt es mehr als genug Handbücher. Nur – was soll drauf auf die Seite? Ach, da war doch neulich in diesem Blog ein tolles Foto, und hier dieses wunderbare Gedicht, das sollen alle lesen können. Natürlich auch den Zeitungsbericht über unser letztes Schulkonzert und den Hit meiner Lieblingsband als Hintergrundmusik. Schwupps, gescannt, kopiert, gespeichert, fertig ist die Sache. Das kann teuer werden. Viele glauben, weil im Internet alles so praktisch verfügbar ist, könne auch alles benutzt werden. Das ist ein großer Irrtum. Denn natürlich gilt auch im Web das Urheberrecht. Und das heißt: Das Recht, über ein Werk zu verfügen, hat zunächst allein sein Schöpfer. Wer ein solches Werk ohne Zustimmung des Erschaffers verwendet, muss eventuell Schadenersatz zahlen. Das Urheberrecht regelt eindeutig, was unter seinen Schutz fällt: Schriftwerke – also Romane, Gedichte, auch Zeitungsartikel sowie Computerprogramme – musikalische Werke, Kunstwerke, Fotografien und Filme. Doch nicht nur Urheberrechtsverletzungen sind gefährlich im Internet. Ist diese Foto von dem Betrunkenen neulich auf dem Volksfest nicht zu köstlich? Rauf damit auf die Website. Doch leider entdeckt der das Bild und fühlt sich beleidigt. Was kann geschehen? Dazu ein kurzer Ausflug ins Presse- und Rundfunkrecht. Denn eine Internetseite ist eine Veröffentlichung und unterliegt damit dem Presserecht. Und das heißt: Man muss Personen

Das Recht am eigenen Werk nennt man auch Copyright. Wenn ihr unter einem Foto oder einem Text das Zeichen © findet, bedeutet das, dass ihr diese ohne Zustimmung des Urhebers nicht für eine Veröffentlichung verwenden dürft. Doch auch wenn das Copyright-Zeichen fehlt, müsst ihr den Fotograf oder Autor fragen, bevor ihr es zum Beispiel für eure Schülerzeitung verwendet.

fragen, wenn man sie fotografieren will. Der Begriff heißt „Recht am eigenen Bild", seine Verletzung hat manche Boulevardzeitung schon eine Menge Geld gekostet. Der Fall ist damit klar: Er durfte nicht ohne Zustimmung fotografiert werden, und veröffentlichen durfte man das Foto erst recht

nicht. Dass der, der das Foto veröffentlicht, es nicht gemacht hat, spricht ihn nicht frei. Wenn einer, der in einer peinlichen Situation erwischt wurde, sich dagegen wehrt, dann? Genau: Kann's teuer werden.

(Nach: Stefan Handel: Recht, Was geht das mich an?, München 2006, S. 73f.)

---

1. Wovor schützen uns die Straßenverkehrsregeln und das Urheberrecht?

2. Was würde wohl passieren, wenn es im Straßenverkehr oder im Internet keine Gesetze gäbe?

Topthema

Rechtsordnung und Rechtsstaat

1. Was versteht man unter einer Rechtsordnung?
2. Erläutere die fünf Merkmale eines Rechtsstaats.
3. Erkläre, was die Symbole der Justitia bedeuten.

Warum brauchen wir Gesetze?

Überall, wo Menschen zusammenleben, benötigen sie Regeln, die für alle Menschen in dieser Gemeinschaft gelten. Sonst würden die Stärkeren ihre Interessen rücksichtslos auf Kosten der Schwächeren durchsetzen. Die Gesamtheit aller Regeln und Gesetze bezeichnet man als Rechtsordnung. Grundlage der Rechtsordnung ist die Verfassung Deutschlands, das Grundgesetz. Es ist das oberste Gesetzbuch, an das sich sowohl die Bürger als auch alle staatlichen Einrichtungen halten müssen. Niemand würde sich allerdings an Gesetze halten, wenn Gesetzesüberschreitungen ohne Folge blieben. Deswegen haben die Polizei und die Gerichte den Auftrag, Verstöße gegen Gesetze zu verfolgen und zu bestrafen. Nur der Staat hat das Recht, die Befolgung von Gesetzen notfalls zu erzwingen (Gewaltmonopol des Staates).

Was ist ein Rechtsstaat?

Wir leben in einem Rechtsstaat. Das bedeutet, dass jeder Bürger, aber auch jede staatliche Einrichtung sich dem Recht unterordnen und in seinem Handeln die Gesetze beachten muss. Deshalb spricht man auch von der Herrschaft der Gesetze im Gegensatz zur Willkürherrschaft in Diktaturen. Weitere Merkmale des Rechtsstaats sind:

- **Rechtsgleichheit:** Die Gesetze gelten für alle Bürger gleich. Es darf in der Rechtsprechung keine Rolle spielen, wie reich oder einflussreich jemand ist; auch der Ärmste soll die Chance haben, zu seinem Recht zu kommen.

- **Rechtssicherheit:** Gesetze müssen veröffentlicht werden, damit sich jeder Bürger darüber informieren kann, welche Folgen ein Verstoß haben könnte. Außerdem dürfen Gesetze nicht rückwirkend gelten. Niemand darf also für eine Tat bestraft werden, die zu diesem Zeitpunkt nicht verboten war.

- **Bindung der Gesetzgebung an das Grundgesetz:** Die Gesetze werden von den Abgeordneten des Deutschen Bundestages und – in einigen Fällen – von den Vertretern der Bundesländer gemacht. Doch die Abgeordneten dürfen nicht einfach Gesetze formulieren, die ihnen gerade passen. Sie müssen sich an das Grundgesetz halten. Dort steht in Artikel 1: „Die Würde des Menschen ist unantastbar. Sie zu achten und zu schützen, ist Verpflichtung aller staatlichen Gewalt." Kein Gesetz darf also gegen die Menschenwürde verstoßen. Auch entwürdigende Strafen sind in Deutschland danach verboten. Die Todesstrafe ist nach Artikel 102 ebenfalls abgeschafft. Die Abgeordneten können sie also nicht

Die Statue der Justitia, der römischen Göttin der Gerechtigkeit, steht häufig vor dem Eingang von Gerichten. Von ihr leitet sich der Begriff „Justiz" ab. In der rechten Hand trägt sie eine Waage, in der linken Hand ein Schwert. Ihre Augen sind geschlossen oder verbunden.

einfach wieder einführen, auch wenn sie vielleicht dafür im Bundestag eine Mehrheit finden würden.

- **Rechtswegegarantie:** Jeder Bürger, der sich in seinen Rechten verletzt fühlt, kann ein Gericht anrufen.

- **Unabhängigkeit der Richter:** Richter und Gerichte sind in ihren Entscheidungen nur an das Gesetz gebunden. Keine staatliche Behörde, kein Politiker darf ihnen Weisungen erteilen oder versuchen, Einfluss auf den Ausgang eines Prozesses zu nehmen.

Welche besonderen Rechte gelten für Jugendliche?

Wir wenden gesetzliche Bestimmungen auf ein Fallbeispiel an

Manch ein 14-Jähriger fühlt sich sicherlich schon erwachsen und träumt davon, frei zu sein von Einschränkungen und lästigen Vorschriften. Erwachsen zu werden bedeutet jedoch auch, einen langjährigen Entwicklungs- und Reifeprozess zu durchlaufen. Dazu gehört auch, dass Kinder und Jugendliche über eigenes Geld verfügen und ab 13 Jahren auch selbst Geld verdienen können. Dürfen sie eigentlich mit diesem Geld machen, was sie wollen, also ohne Einschränkungen einkaufen? Darum geht es in dem folgenden Fallbeispiel.

Muss Franziska den Roller zurückgeben?

Franziska hat es geschafft: Sie hat einen der begehrten Ausbildungsplätze in ihrem Wunschberuf ergattert. Am 1. August beginnt sie bei der Software-Firma Interhouse in Kassel ihre Ausbildung zur Werbekauffrau. Allerdings liegt ihr neuer Arbeitsplatz mehr als 180 km von ihrem Heimatort Hanau entfernt – zu weit, um diese Strecke jeden Tag zu pendeln. Unter der Woche wohnt sie deshalb in einem Wohnheim für Auszubildende. Das Wochenende verbringt sie zu Hause. Mit ihren Eltern vereinbart sie, dass sie mit der Ausbildungsvergütung von 436 Euro ihren Lebensunterhalt finanziert, also Essen, Kleidung, Körperpflege, Bücher, Fahrkarten und Vergnügungen wie Kino, Diskobesuche bezahlt. Die Miete für das Zimmer überweisen die Eltern per Dauerauftrag.
Da Franziska sehr sparsam lebt, schafft sie es, bis zum Frühjahr 480 Euro für

Die 17-jährige Franziska hat sich ihren Traum vom eigenen Roller erfüllt.

einen Motorroller zurückzulegen. Sie hat sich in den Kopf gesetzt, damit jeden Tag die 6 Kilometer zu ihrer Arbeitsstelle zu fahren. Aus zahlreichen Diskussionen weiß sie, dass ihre Eltern gegen den Kauf eines Rollers sind, weil sie das Fahren in der Großstadt für zu gefährlich halten. Trotzdem kauft Franziska einen gebrauchten Motorroller und bezahlt ihn bar von ihren Ersparnissen.

Am Abend vor ihrem Geburtstag lässt sie die Bombe platzen und erzählt ihren Eltern von dem Kauf. Sie hofft, dass ihre Eltern wegen des bevorstehenden Festes ihre Ablehnung aufgeben würden. Doch sie hat sich getäuscht: Ihre Eltern verlangen von ihr, den Motorroller dem Händler zurückzugeben.

Muss sie wirklich?

Auszug aus dem Bürgerlichen Gesetzbuch

§ 2 Eintritt der Volljährigkeit
Die Volljährigkeit tritt mit der Vollendung des achtzehnten Lebensjahrs ein.

§ 106 Beschränkte Geschäftsfähigkeit Minderjähriger
Ein Minderjähriger, der das siebente Lebensjahr vollendet hat, ist in der Geschäftsfähigkeit beschränkt.

§ 107 Einwilligung des gesetzlichen Vertreters
Der Minderjährige bedarf zu einer Willenserklärung, durch die er nicht lediglich einen rechtlichen Vorteil erlangt, der Einwilligung seines gesetzlichen Vertreters.

§ 108 Vertragsschluss ohne Einwilligung
(1) Schließt der Minderjährige einen Vertrag ohne die erforderliche Einwilligung des gesetzlichen Vertreters, so hängt die Wirksamkeit des Vertrags von der Genehmigung des Vertreters ab.

§ 110 „Taschengeldparagraph"
Ein von dem Minderjährigen ohne Zustimmung des gesetzlichen Vertreters geschlossener Vertrag gilt als von Anfang an wirksam, wenn der Minderjährige die vertragsmäßige Leistung mit Mitteln bewirkt, die zu diesem Zwecke oder zu freier Verfügung von dem Vertreter oder mit dessen Zustimmung von einem Dritten überlassen worden sind.

A Lückentext

Jugendliche werden am 18. Geburtstag §§§.

Wenn sie älter als §§§ Jahre und jünger als §§§ Jahre sind, sind sie §§§.

Das bedeutet für sie, dass sie beim Abschluss von Verträgen §§§ brauchen.

Wenn die §§§ dem Vertrag, den der Minderjährige schließen möchte, zustimmen, ist dieser beim Abschluss §§§.

Sind die Eltern dagegen nicht einverstanden, ist der Vertrag §§§.

Eine Ausnahme bildet der §§§-Paragraph.

B Anwendung der allgemeinen Bestimmungen des Gesetzes im speziellen Fall Franziskas:

im Gesetz	im Fallbeispiel
Minderjähriger	???
gesetzlicher Vertreter	???
als von Anfang an wirksam	wirksam ab wann?
vertragsmäßige Leistung	Kauf des Rollers
zu diesem Zwecke	Was ist gemeint?
zu freier Verfügung	???
von Dritten	Wer könnte das sein?

1. Informiert euch über den Fall und nehmt Stellung zur Frage, ob Franziska den Roller zurückgeben muss.

2. Bei der Beurteilung des Falls spielen einige Paragraphen aus dem Bürgerlichen Gesetzbuch eine wichtige Rolle.
   a) Lest die Paragraphen sorgfältig durch, übertragt den Lückentext in euer Heft und fügt die fehlenden Begriffe sinngemäß ein.
      ■ **Tipp:** Partnerarbeit
   b) Übertragt die Vokabeln des Taschengeldparagraphs auf Franziskas Fall. Wie lautet der „übersetzte" Text von § 110?
   Beantwortet dann die Frage in der Überschrift und verwendet dabei eure Arbeitsergebnisse.

3. Welchen Zweck haben die gesetzlichen Bestimmungen? Haltet ihr sie für sinnvoll? Diskutiert darüber in der Klasse.

Rechte und Pflichten von Kindern und Jugendlichen

Mit jedem Jahr, um das sie älter werden, wachsen Jugendliche in neue Rechte und Pflichten hinein, bis sie als junge Erwachsene schließlich uneingeschränkt und voll verantwortlich am Rechtsleben teilnehmen. Ab 14 Jahren sind Jugendliche bedingt strafmündig, d. h. strafrechtlich nur verantwortlich, wenn sie zur Zeit der Tat reif genug waren, das Unrecht der Tat einzusehen und danach zu handeln (§ 3 JGG). Ab 13 Jahren sind Kindern leichte und für sie geeignete Arbeiten stundenweise erlaubt. Mit 15 Jahren (nach neun Schuljahren) endet in den meisten Ländern die allgemeine Schulpflicht. [...]

Vom vollendeten 16. Lebensjahr an müssen Jugendliche einen Personalausweis besitzen und unterliegen nun auch der allgemeinen Meldepflicht. [...] Frühestens mit 16 ist es möglich, eine Ehe einzugehen (§ 103 BGB). Voraussetzung dazu ist die Zustimmung des Familiengerichts und in der Regel auch die Einwilligung der Eltern. Der künftige Ehepartner muss volljährig sein. Nach dem Jugendschutzgesetz ist Jugendlichen ab 16 Jahren der Besuch von Gaststätten, Diskos und Kinos bis 24 Uhr gestattet und sie sind nun zu Filmen, Computerspielen usw. mit der Freigabe „ab 16 Jahren" zugelassen. [...] Wer 16 ist, darf den Führerschein der Klassen A 1, L, M und T erwerben (§ 10 Fahrerlaubnis-VO). In Betrieben, die einen Betriebsrat haben und mindestens fünf Jugendliche beschäftigen, können die jungen Leute eine Jugend- und Auszubildendenvertretung wählen, die sich für ihre speziellen Interessen einsetzt. Für Jugendliche unter 18 Jahren gelten die besonderen Vorschriften des Jugendarbeitsschutzgesetzes.

(Der Text wurde zusammengestellt aus den Begleittexten der Zahlenbilder 130215 und 130210, © Erich Schmidt Verlag)

Lebensalter
- **0** Jedes Kind ist von Geburt an rechtsfähig
- **5** Namensänderung nur mit Einwilligung des Kindes
- **6** Beginn der allgemeinen Schulpflicht nach den Landesschulgesetzen; Kinobesuch bis 20 Uhr; Filme, PC-Spiele usw. „ab 6 Jahren", mit Eltern auch Filme „ab 12"
- **7** beschränkt geschäftsfähig; selbstständige Käufe mit dem eigenen Taschengeld; zivilrechtlich beschränkt deliktsfähig

Die Rechte der Kinder und Jugendlichen

Lebensalter
- **12** Zustimmung bei einem Religionswechsel; Filme, PC-Spiele usw. „ab 12 Jahren"
- **13** Leichte und geeignete Arbeiten sind stundenweise erlaubt
- **14** religionsmündig; Anhörungs- bzw. Mitentscheidungsrecht in familien- und sorgerechtlichen Fragen; bedingt strafmündig; Kinobesuch bis 22 Uhr
- **15** Nach 9 Schuljahren endet die allgemeine Schulpflicht; Ende des Beschäftigungsverbots

© Erich Schmidt Verlag

ZAHLENBILDER
130 210

Lebensalter
- **16** ausweispflichtig
  - meldepflichtig
  - beschränkt testierfähig
  - eidesfähig
  - Eheschließung mit Zustimmung des Familiengerichts
  - Besuch von Gaststätten, Discos und Kinos bis 24 Uhr
  - Filme, PC-Spiele usw. mit Freigabe „ab 16"
  - Bierkonsum in der Öffentlichkeit erlaubt
  - Wahl zur betrieblichen Jugend- und Auszubildendenvertretung
  - aktives Wahlrecht bei Kommunalwahlen*
  - Führerschein A1, L, M, T

Die Rechte der 16- bis 18-Jährigen

Lebensalter
- **18** volljährig
  - voll geschäftsfähig
  - prozessfähig
  - deliktsfähig
  - schuldfähig
  - ehemündig
  - aktives und passives Wahlrecht bei allgemeinen Wahlen
  - Wahlrecht zum Betriebs- oder Personalrat
  - Ende der Berufsschulpflicht**
  - Beginn der Wehrpflicht
  - Führerschein Klasse A, B, BE, C, C1, CE, C1E

ZAHLENBILDER *in einigen Ländern   ** alternativ: mit dem 21. Lebensjahr, mit Abschluss der Berufsausbildung
130 215   © Erich Schmidt Verlag

1. Meine wichtigsten Rechte ab 13, 14, 15, 16 bis 18 Jahre: Fertige eine Übersicht an, welche die zunehmenden Rechte verdeutlicht.

2. Da man mit 14 Jahren bedingt strafmündig wird, bedeutet das auch, dass man ab diesem Alter die Pflicht hat, die Gesetze eigenverantwortlich einzuhalten. Welche weiteren Pflichten kannst du den Texten und Schaubildern entnehmen?

3 Ursachen und Folgen von Jugendkriminalität

Wir fassen die Ursachen in einer Mindmap zusammen

Werden immer mehr Jugendliche straffällig?

In jüngster Zeit erregten einige besonders brutale Verbrechen von Jugendlichen großes öffentliches Aufsehen. Lest dazu die zwei Fallbeispiele auf dieser Seite und sprecht über eure Gefühle. Sind das nur Einzelfälle? Oder werden Jugendliche tatsächlich immer häufiger kriminell? Mithilfe der Materialien auf der nächsten Seite könnt ihr den Fragen nachgehen.

Fall 1: Harmloser Schulalltag?

Es war nur ein Streit auf dem Pausenhof, harmlos, Schulalltag. Das Mädchen hatte wohl ein bisschen aufgeschnitten, Sachen erzählt, die vielleicht nicht stimmten. Wie das Zwölfjährige eben tun. Doch Strafe sollte sein, beschloss die Clique der Hauptschule in dem kleinen Ort bei Lindau. An einem Nachmittag Ende März lockten die Schülerinnen das Mädchen in den Wald und quälten es: mit Prügeln, mit Fußtritten, mit brennenden Zigaretten – bis es schwer verletzt zusammenbrach. Ein Kind, gefoltert von Kindern. Der Fall sorgte für Schlagzeilen in der friedlichen Bodenseeregion. Eine brutale Strafaktion, von Mädchen rücksichtslos durchgezogen, hatte es dort noch nie gegeben.

(Nach: Der Spiegel, 25/2003, S. 64)

Fall 2: Obdachlosen zu Tode geprügelt

Es passierte in einem Waldstück zwischen Neulußheim und Altlußheim: Eine Gruppe von Jugendlichen und Kindern schlug und trat auf den Obdachlosen Johann Babies ein und ließ ihn schwer verletzt vor der Waldhütte in der Babies hauste. [...]
Dem soll eine Wochen zuvor geführte Auseinandersetzung vorangegangen sein, bei der der Mann einen der mutmaßlichen Täter mit einer Schaufel geschlagen haben soll. Während einer der tatverdächtigen Jugendlichen den Ort des Geschehens nach etwa zwei Stunden verlassen habe, hätten die übrigen ihr Tun fortgesetzt und erst von ihrem Opfer abgelassen, als dieses sich nicht mehr bewegte. In dem Bewusstsein, dass er an den Folgen ihrer Tat sterben könnte, hätten sie den Mann am Tatort zurückgelassen.
Dieser erlag seinen durch die Gewalteinwirkung aufgetretenen inneren Blutungen im Zusammenwirken mit Unterkühlung. [...]
Die Kinder kommen alle aus bürgerlichen Familien, waren vorher noch nie durch Brutalität aufgefallen, auch in der Schule gab es keinen Anlass zur Klage. Eine Antwort des Neulußheimer Bürgermeisters Gerhard Greiner: „Sie setzten das in die Tat um, was am Stammtisch passiert – auch in unserer Gemeinde."

(Aus: Ingrid Thomas-Hoffmann, Fünf Jugendliche wegen Totschlags vor Gericht, in: Rhein-Neckar-Zeitung vom 09.03.2004)

Gewalttätige Mädchen – prügelnde Jungen: Einzelfälle?

Was sind die Ursachen für Jugendkriminalität?

Der folgende Text fasst wichtige Ursachen von Jugendkriminalität zusammen.
Ihr könnt diese in einer Mindmap zusammenfassen.

Die Psychiaterin Marianne Röhl aus Hamburg, die regelmäßig Angeklagte begutachtet, findet bei jugendlichen Dauerstraftätern nicht selten psychische Krankheiten, unerkannte Hirn-Fehlfunktionen (die das Konzentrieren und Stillsitzen unmöglich machen) oder Wahrnehmungsbehinderungen (wie Legasthenie oder Schwerhörigkeit), denen man nicht mit einer medizinischen Behandlung, sondern mit Prügeln beikommen wollte. Solche Kinder haben gelernt, ihr Defizit mit allen Mitteln zu verbergen – so wird es für sie zum Generalproblem, und vieles, was in ihrem Leben schiefgeht, hängt damit zusammen.

Zu diesen Benachteiligungen kommen noch tausend andere. Wohnen in der Hölle der Vorstädte mit übereinandergestapelten Problemfamilien. Armut, Alkohol, Arbeitslosigkeit. Wechsel der Bezugspersonen durch ständig zerbrechende Beziehungen der Mutter. Gewalt in der Familie, gewalttätige Jugendliche werden häufig zu Hause Opfer oder Zeugen von Misshandlungen. Vernachlässigung. Sprachlosigkeit. Desinteresse. „In den Familien solcher Täter", sagt Marianne Röhl, „läuft gar nichts, nur der Fernseher." Später stellen Gerichtsgutachter dann fest, dass ein Jugendlicher mit 40 Verbrechen auf dem Kerbholz bereits bei seiner Einschulung so gestört gewesen ist, dass die Weiche schon damals in Richtung Abseits gestellt war.

Kommen die Kinder dann in die Schule, reiht sich auch hier Misserfolg an Misserfolg. [...] Der Schüler bleibt sitzen. Er wird von den Schulkameraden ausgegrenzt. Er schwänzt. [...] Bestäti-

In den trostlosen Hochhaussiedlungen mancher Großstädte häufen sich oft Problemfamilien. Hohe Arbeitslosigkeit, Armut, schlechte Zukunftschancen für Jugendliche und Drogenmissbrauch ergeben eine explosive Mischung und bewirken, dass die Jugendkriminalität dort besonders hoch ist.

gung und Wärme finden derart stark gefährdete Jungen in einer Clique, in der alle noch ein bisschen übler und noch ein bisschen übler dran sind als sie selber. Gemeinsam fühlt man sich jetzt mächtig, es werden „Dinger gedreht", Autos und Automaten geknackt, selbstzerstörerische Mutproben durchgezogen wie S-Bahn-Surfen oder nächtliche Wettrennen in Schrottfahrzeugen. [...] Dazu kommt Drogenkonsum, vor allem Alkoholmissbrauch.

(Nach: Sabine Rückert, Wie man in Deutschland kriminell wird, in: Die Zeit, 22.01.04)

---

1. Welche Ursachen für Kriminalität können in jeder Familie auftreten?

2. Was kann die Politik dazu beitragen, um die im Text angesprochenen Probleme zu lösen? Sammelt Vorschläge und diskutiert darüber.

Wie kann Jugendkriminalität wirksam bekämpft werden?

Wir führen eine Pro-und-Kontra-Diskussion

Wahrscheinlich wünscht sich jeder von euch ein Leben, in dem man keine Angst vor Gewalt haben muss. Die Opfer von Gewalttaten leiden oft ein Leben lang unter den Folgen. Die Zunahme von Jugendgewalt hat in Deutschland eine Diskussion über wirksame Maßnahmen gegen Jugendkriminalität ausgelöst. Der folgende Text schildert, wie man in den Niederlanden mit diesem Problem umgegangen ist.

1. Könnte das niederländische Beispiel für Deutschland ein Vorbild sein? Nehmt Stellung dazu.

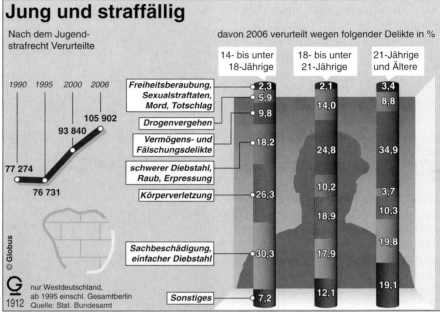

Jung und straffällig

Nach dem Jugendstrafrecht Verurteilte

davon 2006 verurteilt wegen folgender Delikte in %

	14- bis unter 18-Jährige	18- bis unter 21-Jährige	21-Jährige und Ältere
Freiheitsberaubung, Sexualstraftaten, Mord, Totschlag	2,3	2,1	3,4
	5,9	14,0	8,8
Drogenvergehen	9,8		
Vermögens- und Fälschungsdelikte	18,2	24,8	34,9
schwerer Diebstahl, Raub, Erpressung		10,2	3,7
Körperverletzung	26,3	18,9	10,3
Sachbeschädigung, einfacher Diebstahl	30,3	17,9	19,8
			19,1
Sonstiges	7,2	12,1	

1990: 77 274
1995: 76 731
2000: 93 840
2006: 105 902

© Globus

nur Westdeutschland, ab 1995 einschl. Gesamtberlin
Quelle: Stat. Bundesamt

Beispiel Niederlande: Null Toleranz für jugendliche Straftäter

Er habe den alten Herrn doch nur aus Versehen gerempelt, entschuldigt sich Joos, 17, auf der Polizeiwache von Leeuwarden. Und dass er und seine Freunde an diesem Freitagabend in der Nieuwestraat ein bisschen laut gewesen seien, rechtfertige doch nicht, ihn mit 230 Euro zu bestrafen: „So viel Geld habe ich doch gar nicht."

Aber in der Hauptstadt der Provinz Friesland kennt die Polizei kein Pardon. Hier gilt, so Staatsanwalt Klaus Bunk „das Prinzip null Toleranz". Jeder auch noch so geringe Verstoß werde sofort geahndet. Jugendliche, die Passanten belästigen, laut grölen oder mit leeren Bierbüchsen werfen, müssen 230 Euro Strafe bezahlen, und zwar sofort. Genauso viel wird fällig, wenn „wildplassers" (wilde Pinkler) beim öffentlichen Wasserlassen in der Innenstadt erwischt werden.

Außer jenen, die es trifft, regt sich niemand in dem sonst so liberalen Land über die neue Strenge auf. Ein 26-Jähriger findet die Geldbußen „völlig in Ordnung. Irgendwie müssen die Jungen doch lernen, die moralischen Grenzen zu respektieren". [...]

(Nach: Der Spiegel, 19/1998, S. 17f.)

Das Beispiel aus Holland zeigt den richtigen Weg auf. Harte Strafen wirken abschreckend. Schon geringe Vergehen sollten konsequent bestraft werden, damit Jugendliche lernen, Gesetze zu respektieren.

Härtere Strafen bringen die Täter nicht zur Einsicht. Man muss die Ursachen bekämpfen, die zur Gewalt bei Jugendlichen führen. Hilfe statt Strafe ist sinnvoll. Sozialarbeiter sollten sich verstärkt um schwierige Jugendliche kümmern.

Pro-und-Kontra-Diskussion: Brauchen wir härtere Strafen für jugendliche Gewalttäter?

Im Gespräch sind verschiedene Maßnahmen, wie zum Beispiel die Einführung eines Warnschussarrests. Das ist ein zusätzlicher Arrest für Straftäter, die zu einer Bewährungsstrafe verurteilt werden.

Diese müssen nicht ins Gefängnis, wenn sie sich innerhalb der Strafzeit gesetzestreu verhalten. Zurzeit kann neben einer Bewährungsstrafe kein Arrest verhängt werden.

2. Arbeitet die Materialien durch und diskutiert dann über die Frage: Soll das Jugendstrafrecht in Deutschland verschärft werden?

■ **Tipp:** Zu Beginn und am Ende der Diskussion könnt ihr eine Abstimmung durchführen.

Pro:
Jugendliche Intensivtäter brauchen einen Schuss vor den Bug

Udo Nagel,
Innensenator in Hamburg
(parteilos, Stand 2008)

Bestimmte Jugendliche, bei denen sich erkennbar eine kriminelle Karriere abzeichnet, brauchen einen Schuss vor den Bug. Offensichtlich lassen sich manche jugendliche Intensivtäter durch Strafen, die zur Bewährung ausgesetzt werden, nicht beeindrucken. Dann muss es ein anderes Mittel geben, um sie zu ihrem eigenen Vorteil und zum Schutz der Allgemeinheit von ihrem Weg abzubringen: einen bis zu vierwöchigen Arrest, der neben einer Bewährungsstrafe verhängt wird. Dieser soll nur ein letztes Mittel sein, um in Ausnahmefällen eine Verhaltensänderung herbeizuführen. Aber klare Grenzen müssen rechtzeitig gesetzt werden. In Fällen, in denen die Sorgeberechtigten dazu nicht in der Lage sind, muss der Staat diese Aufgabe übernehmen. Zu Recht erwartet die Gesellschaft, dass er dann die erzieherischen Mittel ergreift, die eigentlich die Eltern hätten anwenden müssen. Es darf nicht Normalität werden, dass Jugendliche andere Menschen zusammenschlagen und darauf so gut wie keine Konsequenzen erfolgen. Wir in Hamburg haben ein Konzept gegen Jugendgewalt beschlossen, das bereits im Vorschulalter ansetzt. Es geht weiter über polizeilichen Präventionsunterricht [Prävention = Vorbeugung], verstärkte Durchsetzung der Schulpflicht bis hin zu einer Intensivtäter-Bearbeitung bei der Justizbehörde. Aber es wäre unehrlich zu behaupten, dass dieser Katalog schon morgen Früchte tragen wird. Deshalb müssen wir über eine Verschärfung des Jugendstrafrechts diskutieren.

(Nach: Udo Nagel, Ist der Warnschuss ein vernünftiges Mittel, in: Stern, 10.01.2008, S. 32)

Kontra:
Die bestehenden Gesetze reichen aus

Brigitte Zypries,
Bundesjustizministerin
(SPD, Stand 2008)

Wir müssen hart gegen Kriminalität vorgehen, aber vor allem ihre Ursachen konsequent bekämpfen. Den Jugendarrest als Warnschuss haben wir längst. Der wurde offenbar auch gegen den 20-Jährigen im Münchner U-Bahn-Fall [zwei Jugendliche schlugen in der Münchner U-Bahn brutal einen Rentner zusammen] schon mehrmals verhängt. Ingesamt war dieser Beschuldigte sogar schon sechs Monate in Haft, also deutlich länger, als es für den „Warnschuss-Arrest" diskutiert wird. Genützt hat diese Erfahrung aber offenbar nichts, und das deckt sich mit den Erkenntnissen, die wir über den Jugendarrest haben. Danach werden jugendliche Straftäter mit Arrest häufiger rückfällig als ohne. Das Motto „Lieber drei Tage Gefängnis, als lebenslang kriminell" ist völlige Illusion. Wenn es so einfach wäre, dann hätten wir keine Jugendkriminalität.

Auch bei einem Ersttäter können die Jugendgerichte nach geltendem Recht eine Jugendstrafe ohne Bewährung verhängen. Es ist doch bezeichnend, dass die Fachleute wie Polizisten, Staatsanwälte, Rechtsanwälte und Richter nicht nach dem Gesetzgeber rufen. Ich trete sehr dafür ein, Staatsanwälte und Richter ihre Arbeit machen zu lassen. Das notwendige gesetzliche Instrumentarium haben sie. Wichtig ist, dass die Verfahren schnell abgeschlossen werden können. Es nützt nämlich gerade Jugendlichen wenig, wenn Strafen, egal wie streng, lange auf sich warten lassen.

(Nach: Brigitte Zypries im Interview mit Marcel Rosenbach, Kohl vertuscht seine Versäumnisse, in: Der Spiegel, 2/2008, S. 24)

5 Jugendliche vor Gericht: eine Tat – zwei Prozesse

Wir formulieren ein Urteil in einem Gerichtsprozess

In dieser Einheit werdet ihr euch mit einem Fall beschäftigen, der sich tatsächlich so ereignet hat. Aus Datenschutzgründen haben wir lediglich die Namen der Beteiligten geändert.

Die Tat des Jugendlichen hat gleich zwei Prozesse zur Folge: zunächst einen Strafprozess und anschließend einen Prozess vor dem Zivilgericht. Wie solche Prozesse ablaufen und wie es schließlich zu einem Urteil kommt, könnt ihr arbeitsteilig erarbeiten und anschließend der Klasse präsentieren.

Arbeitsteilige Gruppenarbeit:
Strafprozess – Zivilprozess

So könnt ihr vorgehen:

1. Gruppen bilden

Bildet in der Klasse zwei Gruppen.
Eine Gruppe beschäftigt sich mit dem Strafprozess (Gruppe A), eine mit dem Zivilprozess (Gruppe B). Je nach Größe der Klasse könnt ihr die Gruppen auch mehrfach besetzen.

2. Erschließung des Falls

Wie jeder Jurist solltet ihr euch zunächst genau mit dem Tathergang vertraut machen, den ihr euch mit folgenden Fragen erschließen könnt:

- Wer waren die Beteiligten?
- Wie war der Ablauf der Tat?
- Welche Folgen hatte die Tat für das Opfer?

3. Vorbereitung der Präsentation

Mithilfe der Materialien auf den folgenden Seiten bereitet jede Gruppe eine Präsentation zum Straf- bzw. Zivilprozess vor.

Lest euch zusätzlich die Methodenkarte 8 „Gesetzestexte lesen und verstehen" auf der Seite 150 durch und wendet sie auf die jeweiligen Gesetze an.

Bei der Vorbereitung der Präsentation könnt ihr euch an folgenden Fragen orientieren:

- Wofür ist ein Strafgericht bzw. Zivilgericht zuständig?
- Wer sind die Beteiligten an dem Prozess?
- Wie verläuft ein Prozess vor dem Strafgericht bzw. Zivilgericht?
- Was ist für die Urteilsfindung im Fall Berger wichtig?
- Welches Urteil haltet ihr für angemessen? Formuliert ein Urteil und begründet es.

4. Präsentation der Ergebnisse

Präsentiert die Ergebnisse eurer Gruppenarbeit vor der Klasse. Tragt dann euren Vorschlag für ein Urteil vor und begründet es. Anschließend kann die Klasse über das Urteil diskutieren: Haltet ihr es für gerecht? Hat euch die Urteilsbegründung überzeugt?

Der Fall: Eine Party mit lebensgefährlichen Folgen

Für den Abend des 2. Novembers war der 16-jährige Julian Berger von seinem Freund Arne Krüger zu einer Feier in der Scheune seiner Eltern in Bründeln eingeladen worden. Er traf gegen 20 Uhr auf dem Fest ein. Als Geschenk brachte er einige Dosen Energydrink sowie eine Flasche Rotwein mit. In der Zeit bis etwa 22:30 Uhr trank Julian die von ihm mitgebrachte Flasche Rotwein alleine nahezu aus. Außerdem konsumierte er noch einige Pappbecher voll mit einem Rum-Cola- bzw. Rum-Energydrink-Gemisch. Zuletzt trank er auch noch mindestens ein Bier.

Gegen 22:30 Uhr begann Julian ein Gespräch mit drei aus Hannover stammenden Partygästen. Im Verlauf des Gesprächs kam man überein, gemeinsam Marihuana zu rauchen. Julian und die drei anderen Partygäste verließen deshalb die Scheune der Krügers und gingen auf die Straße „Zur Chaussee" bis etwa in Höhe der dort befindlichen Bushaltestelle, wo sie stehen blieben. In diesem Moment kam Andreas Kollmann mit seinem PKW von der Arbeit nach Hause. Julian fühlte sich in dem geplanten Haschischkonsum durch die Lichter des Wagens und das Erscheinen von Andreas Kollmann gestört und wurde nahezu sofort aggressiv. Er beleidigte Andreas Kollmann, dabei hatte er bereits das mitgeführte Butterflymesser gezogen und geöffnet.

Die drei ebenfalls anwesenden Partygäste riefen dem Angeklagten noch zu, er solle das lassen, liefen dann aber voller Angst davon. Herr Kollmann reagierte auf die Beschimpfungen nicht und drehte sich um, um in das von

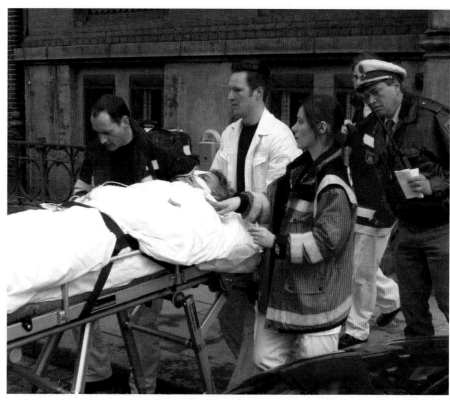

Opfer von Gewalttaten wie Andreas Kollmann leiden oft noch jahrelang unter den Folgen der Tat – auch wenn die körperlichen Schäden längst ausgeheilt sind.

ihm bewohnte Haus zu gehen. Julian fühlte sich durch die Bewegung bedroht, griff Andreas Kollmann mit dem Messer an und fügte ihm einen 5 cm tiefen Stich unterhalb des linken Schulterblattes, einen weiteren Stich auf der linken Schulter von etwa 2 cm sowie eine oberflächliche Schnittverletzung im Halsbereich zu. Er war sich dabei bewusst, dass ein Messerstich in den Rücken Andreas Kollmanns dessen Leben gefährden konnte, vertraute aber aufgrund von Örtlichkeit und Tiefe des Stiches darauf, diesen nicht tödlich zu treffen. Andreas Kollmann war lebensgefährlich verletzt, konnte jedoch über Handy einen Krankenwagen herbeirufen. Nur den im Krankenwagen sofort eingeleiteten Maßnahmen

verdankt er sein Leben. Julian Berger ging in verwirrtem Zustand zur Scheune zurück. Als ein Freund bemerkte, dass das Messer blutverschmiert war, flüchtete er in Panik. Wenig später wurde er von einer Polizeistreife aufgegriffen, eine Blutprobe ergab einen Alkoholpegel von 1,42 ‰.

Andreas Kollmann war nach einem mehrtägigen Krankenhausaufenthalt bis 4. Dezember krankgeschrieben. Erst im März war er wieder so weit hergestellt, dass er Sport treiben konnte. Die psychischen Folgen der Tat hat er bis zum Prozessbeginn noch nicht verwunden: Trotz mehrfacher nervenärztlicher Behandlungstermine unternahm er einen Selbstmordversuch.

A Der Strafprozess

Welche Gesetze sind im Fall „Julian Berger" anzuwenden?

Aus dem Strafgesetzbuch (StGB)

§ 223 Körperverletzung

(1) Wer eine andere Person körperlich misshandelt oder an der Gesundheit schädigt, wird mit Freiheitsstrafe bis zu fünf Jahren oder mit Geldstrafe bestraft.

§ 224 Gefährliche Körperverletzung

(1) Wer die Körperverletzung
1. durch Beibringung von Gift oder anderen gesundheitsschädlichen Stoffen,
2. mittels einer Waffe oder eines anderen gefährlichen Werkzeugs,
3. mittels eines hinterlistigen Überfalls,
4. mit einem anderen Beteiligten gemeinschaftlich,
5. mittels einer das Leben gefährdenden Behandlung begeht, wird mit Freiheitsstrafe von sechs Monaten bis zu zehn Jahren, in minder schweren Fällen mit Freiheitsstrafe von drei Monaten bis zu fünf Jahren bestraft.

Wie soll die Strafe für Julian ausfallen? – Zwei mögliche Urteile

Aus dem Plädoyer des Rechtsanwalts:

„... deshalb halte ich für Julian Berger eine Jugendstrafe von sechs Monaten auf Bewährung für angemessen."

Aus dem Plädoyer der Staatsanwältin

„... deshalb fordere ich für Julian Berger eine Jugendstrafe von 12 Monaten ohne Bewährung."

Was ist für die Urteilsfindung wichtig?

Der Angeklagte wuchs zusammen mit seinem 4 Jahre älteren Bruder Alexander im Haus seiner Eltern, der Lehrerin Anna Berger und des Architekten Joachim Berger, auf, wo er bis heute lebt. Trotz einer Hauptschulempfehlung wechselte er nach der Grundschule auf die Freiherr-vom-Stein-Realschule und zeigte dort bis zur 7. Klasse gute Leistungen. Ab der 8. Klasse verschlechterten sich seine Leistungen.

Alkohol trank der Angeklagte bis zur hier abgeurteilten Tat lediglich unregelmäßig und in geringen Mengen auf Partys mit Freunden. Im Alter von 15 Jahren kam der Angeklagte erstmals mit Cannabis in Kontakt, welches er bis zur Tat etwa 4- bis 5-mal monatlich konsumierte.

Der Angeklagte ist nicht vorbestraft. Er war zum Zeitpunkt der Taten 16 Jahre und 3 Monate alt und damit Jugendlicher im Sinne der §§ 1, 3 JGG. An seiner strafrechtlichen Verantwortungsreife bestehen nach dem persönlichen Eindruck keine Zweifel.

Gegen den Angeklagten war wegen der Schwere der Schuld gemäß § 17 JGG Jugendstrafe zu verhängen. Dabei war für das Gericht insbesondere die Schwere des durch die Tat angerichteten Schadens unter Berücksichtigung des Tatmotivs des Angeklagten maßgebend. Der Geschädigte hat dadurch nicht nur körperlich erhebliche Schäden davongetragen, sondern leidet bis heute an den psychischen Folgen der Tat.

Zugunsten des Angeklagten hat das Gericht berücksichtigt, dass dieser geständig war und die Tat zutiefst bereut. Erheblich zugunsten des Angeklagten ist auch ins Gewicht gefallen, dass nicht ausgeschlossen werden konnte, dass der Angeklagte zur Tatzeit im Zustand erheblich verminderter Schuldfähigkeit gemäß § 21 StGB gehandelt hat.

Das Gericht geht davon aus, dass der Angeklagte keine weiteren Straftaten begehen wird. Er arbeitet die Hintergründe seiner Tat in einer von ihm regelmäßig besuchten Therapie auf und führt auch einen Täter-Opfer-Ausgleich durch.

Seine Lebensverhältnisse haben sich sowohl in schulischer als auch in persönlicher Hinsicht stabilisiert. Insbesondere hat er aber auch seinen Alkohol- und Cannabiskonsum, welche wesentliche Auslöser der Tat waren, erheblich eingeschränkt.

Topthema

1. Für welche Jugendlichen ist das Jugendgericht zuständig?
2. Erkläre mithilfe des Schaubilds, wie sich ein Gericht zusammensetzt.
3. Erläutere, welche Möglichkeiten zur Strafe ein Jugendgericht hat.

Was ist ein Strafprozess?

Ein Strafprozess wird eingeleitet, wenn jemand unter begründetem Verdacht steht, eine Straftat begangen zu haben, also gegen Gesetze des Strafgesetzbuches verstoßen zu haben. Ankläger ist der Staat, der bei dem Prozess durch den Staatsanwalt vertreten ist.

Wer kann angeklagt werden?

Kinder und Jugendliche unter 14 Jahren sind nicht strafmündig, das heißt, sie können nicht vor Gericht gestellt werden. Jugendliche von 14 bis 18 Jahren können vor einem Jugendgericht angeklagt werden. Heranwachsende Straftäter können ebenfalls nach dem Jugendgerichtsgesetz verurteilt werden, wenn sie zum Tatzeitpunkt in ihrer Reife Jugendlichen nahestehen. Das entscheidet der Richter im Einzelfall.

Wer sind die Prozessbeteiligten?

Die Zusammensetzung des Gerichts hängt von der Schwere der Straftat ab: Bei einfacheren Straftaten besteht es aus einem Richter. Er leitet die Verhandlung und ist in seinen Entscheidungen nur an die geltenden Gesetze gebunden. Sonst ist er unabhängig. Ist die Straftat schwerwiegender, wird der Richter oder die Richterin von zwei ehrenamtlichen Schöffen unterstützt. Dabei haben sie die gleichen Rechte wie ein Richter. In besonders schweren Fällen, zum Beispiel bei Mord, besteht das Gericht aus drei Richtern und zwei Schöffen. Stellvertreter des Staates ist der Staatsanwalt. Die Interessen des Angeklagten vertritt ein Rechtsanwalt (Verteidiger).

Welche Strafen kann das Gericht aussprechen?

Je nach Schwere der Straftat kann das Gericht entweder eine Geldstrafe oder auch eine Gefängnisstrafe aussprechen. Ist zu erwarten, dass der Angeklagte künftig nicht mehr straffällig wird, wird das Gericht die Strafe zur Bewährung aussetzen. Das bedeutet, dass er zunächst nicht ins Gefängnis muss, sich aber über einen längeren Zeitraum einwandfrei zu verhalten hat. Begeht der Angeklagte in dieser Zeit eine Straftat, muss er seine Haftstrafe antreten. Bei einem Prozess vor dem Jugendgericht will man mit dem Urteil vor allem die Straftäter vor weiteren Straftaten bewahren und wieder auf den „richtigen Weg" bringen. Zunächst wird das Gericht daher prüfen, ob sogenannte Erziehungsmaßnahmen angebracht sind. So kann das Gericht zum Beispiel verfügen, dass der Jugendliche

- eine Lehrstelle oder eine Arbeitsstelle annehmen muss,
- bestimmte Gaststätten nicht mehr besuchen darf,
- gemeinnützige Arbeiten in einem Altenheim oder einer Jugendeinrichtung leisten muss,
- für einige Zeit in einem Heim oder in einer Pflegefamilie untergebracht wird.

Wenn eine besonders schwere Schuld vorliegt, wird eine Jugendstrafe verhängt. Das bedeutet eine Freiheitsstrafe von mindestens sechs Monaten bis höchstens zehn Jahren.

Berufung – Revision

Wenn Angeklagte ein Urteil als ungerecht empfinden, haben sie die Möglichkeit, Berufung einzulegen. Das bedeutet, dass der Fall noch einmal, und zwar vor einem höheren Gericht verhandelt wird. Wenn sie allerdings auch in dieser Instanz unterliegen, müssen sie die Kosten für das gesamte Rechtsverfahren übernehmen. Wenn vermutet wird, dass bei der Verhandlung oder im Urteil Form- oder Verfahrensfehler vorgekommen sind, bleibt ihnen auch die Möglichkeit, in die Revision zu gehen. Der Fall wird dann noch einmal überprüft, aber nicht mehr grundsätzlich neu aufgerollt.

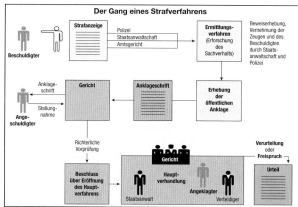

(Nach Schmidt Zahlenbild 129520)

147

B Der Zivilprozess

Welche Gesetze sind im Fall Julian Berger anzuwenden?

> ### Aus dem Bürgerlichen Gesetzbuch
>
> #### § 253 Immaterieller Schaden
>
> [...]
>
> (2) Ist wegen einer Verletzung des Körpers, der Gesundheit, der Freiheit oder der sexuellen Selbstbestimmung Schadensersatz zu leisten, kann auch wegen des Schadens, der nicht Vermögensschaden ist, eine billige Entschädigung in Geld gefordert werden.
>
> #### § 823 Schadensersatzpflicht
>
> (1) Wer vorsätzlich oder fahrlässig das Leben, den Körper, die Gesundheit, die Freiheit, das Eigentum oder ein sonstiges Recht eines anderen widerrechtlich verletzt, ist dem anderen zum Ersatz des daraus entstehenden Schadens verpflichtet.
> [...]

Wie könnte das Urteil im Fall „Julian Berger" ausfallen? – Zwei mögliche Urteile

> ### Aus der Klageschrift:
>
> Der Kläger beantragt, den Beklagten Julia[n] Berger zu verurteilen, dem Kläger ein Schmerzensgeld von 10000 Euro zu zahl[en] abzüglich der bereits gezahlten 6000 Eur[o]. Die Kosten des Verfahrens trägt der Bekla[gte].

> ### Aus der Erwiderung des Beklagten:
>
> Der Beklagte beantragt, die Klage abzuweisen.

Was ist für die Urteilsfindung wichtig?

Der Beklagte räumt seine Tat und deren Folgen in vollem Umfang ein. Bei der Bemessung des Schmerzensgelds fallen neben der eigentlichen schweren Körperverletzung, die offenbar komplikationslos ausgeheilt war, und dem Aufenthalt in der Intensivstation besonders die während der Tat bis zum Abschluss der lebensrettenden Operation herrschende Todesangst des Klägers sowie die aufgrund der Tat eingetretenen psychischen Folgen ins Gewicht. Es ist ohne Weiteres leicht nachvollziehbar, dass der Kläger bis zum Beginn der Operation damit rechnete, den Angriff nicht zu überleben, zumal sich sein Zustand ständig verschlechterte. Außerdem schildert der Kläger den Verlust eines Großteils seiner Lebensfreude, wobei er allerdings seinen Lebenswandel vor der Tat nicht beschreibt. Erhebliche Beeinträchtigungen gehen außerdem mit den Depressionen einher. Andererseits kann bei der Schmerzensgeldbemessung das Verhalten des Beklagten in der Zeit nach der Tat nicht völlig außer Acht gelassen werden. Der Beklagte hat sich seiner Verantwortung nicht entzogen und bereits eine Schmerzensgeldleistung von immerhin 6000 Euro erbracht, was jedoch auf die finanziellen Anstrengungen seiner Eltern zurückzuführen ist. Dem Kläger ist infolge der Tat ein erheblicher Teil seiner Lebensqualität und -freude genommen. Der Vorfall hat ihn fast mehr psychisch als körperlich betroffen. Er hat nunmehr Angst, sich auf größere Feierlichkeiten zu begeben, und meidet es, sich überhaupt unter Menschen zu mischen. Er hat keine Lust mehr auf die Ausübung früherer Hobbys und Teilnahme an Aktivitäten.

Inzwischen hat er sich in nervenärztliche Behandlung begeben, bei der eine Depression mit Selbstmordgefahr diagnostiziert wurde.

Der Beklagte verweist darauf, dass der Kläger bereits 6000 Euro Schmerzensgeld für die Verletzungen, die Todesgefahr und die Einbuße an Lebensfreude erhalten hat. Zum Tatzeitpunkt war er nach einem psychiatrischen Gutachten wahrscheinlich nur eingeschränkt in der Lage, sein Verhalten zu steuern. Berücksichtigt werden muss auch, dass der Beklagte seine Tat voll eingestanden hat und in einem Strafprozess bereits zu einer Jugendstrafe verurteilt wurde. Zudem hat sich das Leben des Beklagten aufgrund der Tat grundlegend verändert: Er hat die Schule gewechselt und seinen Freundeskreis verloren.

Topthema

Zivilprozess

1. Wer erhebt im Zivilprozess Klage? Warum gibt es im Zivilprozess keine Strafe?

2. Erkläre den Unterschied zwischen Berufung und Revision.

3. Seit vielen Jahren sind besonders die Zivilgerichte stark überlastet. Sollten die Möglichkeiten, sein Recht vor Gericht einzuklagen, eingeschränkt werden? Diskutiert darüber in der Klasse.

Was ist ein Zivilprozess?

Der Zivilprozess ist ein Gerichtsverfahren, in dem Rechtsstreitigkeiten unter Bürgern verhandelt werden. Jeder, der sich in seinen Rechten verletzt sieht und sich mit seinem Gegenüber auf andere Weise nicht einigen kann, kann eine Klage bei Gericht einreichen. Meistens stützt sich eine solche Klage auf Bestimmungen im Bürgerlichen Gesetzbuch. Diese regeln die rechtlichen Beziehungen zwischen Privatpersonen. Weitaus die meisten Rechtsfälle werden vor einem Zivilgericht verhandelt.

Wie kann das Urteil aussehen?

Das Verfahren kann entweder in einem Vergleich enden, auf den sich die Parteien vor Gericht einigen, oder in einem Urteil: Der Richter weist zum Beispiel die Klage ab oder gibt ihr teilweise oder vollständig statt. In diesem Fall muss der Beklagte die Forderung des Klägers erfüllen. Eine Strafe kann ein Zivilgericht nicht aussprechen.

Vor welchem Gericht wird verhandelt?

In Zivilsachen ist das Amtsgericht zuständig für Gegenstände von bis zu 5 000 Euro. Liegt der Streitwert höher, wird der Fall vor einem Landgericht verhandelt.

Berufung – Revision

Wenn Beklagten eine zu zahlende Summe als zu hoch erscheint, haben sie die Möglichkeit, Berufung einzulegen. Das bedeutet, dass der Fall noch einmal, und zwar vor einem höheren Gericht verhandelt wird. Wenn sie allerdings auch in dieser Instanz unterliegen, müssen sie die Kosten für das gesamte Rechtsverfahren übernehmen. Wenn vermutet wird, dass bei der Verhandlung oder im Urteil Form- oder Verfahrensfehler vorgekommen sind, bleibt ihnen auch die Möglichkeit, in die Revision zu gehen. Der Fall wird dann noch einmal überprüft, aber nicht mehr grundsätzlich neu aufgerollt.

Wer sind die Prozessbeteiligten?

In einem Zivilprozess treffen Kläger und Beklagte aufeinander. Dabei werden sie meistens von Rechtsanwälten vertreten, die jeweils die Interessen ihrer Mandanten wahrnehmen. Bereits vor dem Prozess formuliert der Rechtsanwalt des Klägers die Klageschrift, in der die Forderungen des Klägers begründet werden. Der gegnerische Rechtsanwalt formuliert dann eine Erwiderung. Bei dem Gerichtstermin tragen die Anwälte wichtige Tatsachen und Argumente vor, die die Grundlage für die Entscheidung des Richters bilden. Geleitet wird die Verhandlung von einem Richter. Er spricht auch das Urteil aus. Dabei muss er sich an die Gesetze halten.

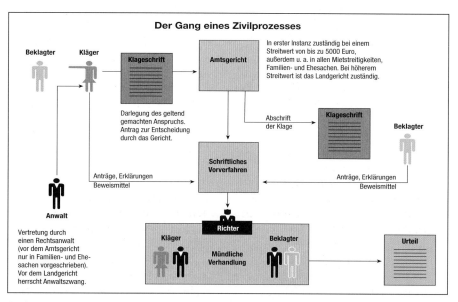

Der Gang eines Zivilprozesses

Beklagter Kläger Klageschrift Amtsgericht

In erster Instanz zuständig bei einem Streitwert von bis zu 5000 Euro, außerdem u. a. in allen Mietstreitigkeiten, Familien- und Ehesachen. Bei höherem Streitwert ist das Landgericht zuständig.

Darlegung des geltend gemachten Anspruchs. Antrag zur Entscheidung durch das Gericht.

Abschrift der Klage Klageschrift Beklagter

Anträge, Erklärungen Beweismittel Schriftliches Vorverfahren Anträge, Erklärungen Beweismittel

Anwalt

Vertretung durch einen Rechtsanwalt (vor dem Amtsgericht nur in Familien- und Ehesachen vorgeschrieben). Vor dem Landgericht herrscht Anwaltszwang.

Richter

Kläger Beklagter Urteil

Mündliche Verhandlung

(Nach Schmidt Zahlenbild 129610)

Methodenkarte

Gesetzestexte lesen und verstehen

Thema: Der Fall Julian Berger

A Worum geht es?

StGB
Strafgesetzbuch

BetäubungsmittelG
WehrstrafG
WirtschaftsstrafG
Völkerstrafgesetzbuch
und weitere Vorschriften

42. Auflage
2006

Beck-Texte im dtv

Gesetzestexte sind eine besondere Textart. Auf den ersten Blick wirken sie oft unverständlich. Das liegt daran, dass sie in einer besonderen Sprache verfasst sind: Sie sind sehr allgemein formuliert, sodass sie für eine möglichst große Zahl von Fällen zutreffen. Auch kommen häufig Wörter darin vor, die wir im Alltag nur sehr selten verwenden oder auch in einem ganz anderen Zusammenhang. Doch wenn man sich mit rechtlichen Problemen befasst, ist es unerlässlich, dass man gesetzliche Bestimmungen versteht und anwenden kann.

BGB
Bürgerliches
Gesetzbuch

BeurkundungsG
BGB-Informationspflichten-VO
ProdukthaftungsG
WohnungseigentumsG
ErbbauVO
GleichbehandlungsG

58. Auflage
2006

Beck-Texte im dtv

B Wie macht man das?

1. Du klärst, was du erfahren möchtest.

Wenn man einen Gesetzestext oder einen anderen juristischen Text liest, möchte man in der Regel etwas Spezielles wissen, z. B. „Darf ich als nicht Volljährige/r einen Vertrag abschließen?" Manchmal möchte man sich auch einen Gesamtüberblick über ein Gesetz verschaffen. Dann fragt man sich, was eigentlich in dem Text geregelt wird, z. B. „Was steht im Bürgerlichen Gesetzbuch über die Rechte eines Wohnungsmieters?" Beantworte – je nach Leseauftrag – vor dem Lesen mindestens eine der beiden Fragen:
a) Was möchte ich gerne wissen?
b) Was ist in diesem Gesetz oder Dokument insgesamt geregelt?

2. Du notierst nach dem ersten Lesen, was du schon verstanden hast.

Auch wenn man vieles nicht beim ersten Lesen versteht, ein wenig versteht man immer. Das solltest du notieren, bevor du weiterarbeitest.

3. Du klärst die Bedeutung der gefundenen Schlüsselbegriffe.

Beim zweiten Lesen musst du Wort für Wort vorgehen, weil du davon ausgehen kannst, dass in diesen Texten jedes Wort wohlüberlegt wurde, bevor man es verwendet hat. Einzelne Wörter, wie zum Beispiel „Geschäftsfähigkeit", „Minderjähriger" usw. haben eine herausragende Bedeutung. Suche nach solchen Wörtern, notiere sie und kläre ihre Bedeutung.

4. Du übersetzt den Text in eine Sprache, die du und andere verstehen können.

Mache es wie bei einem fremdsprachigen Text. Übersetze ihn in eine allgemein verständliche Sprache, am besten laut und gegenüber einer anderen Person: „Ich erkläre dir jetzt, was der Taschengeldparagraph darüber aussagt, ob du dir als 16-Jähriger ein Motorrad kaufen darfst ..." Wenn du das schaffst, hast du auch den schwierigen juristischen Text verstanden.

5. Du wendest den Text auf einen Fall an.

Prüfe für jede einzelne Bestimmung, ob sie auf das Fallbeispiel zutrifft. Was sagt das Gesetz über den speziellen Fall aus?

Beispiel: § 223 Strafgesetzbuch

„Wer eine andere Person körperlich misshandelt ..."
Julian hat durch den Messerstich Andreas Kollmann körperlich misshandelt.
„... wird mit einer Freiheitsstrafe bis zu fünf Jahren oder mit Geldstrafe bestraft."
Für Julian kommt also sowohl eine Geldstrafe als auch eine Freiheitsstrafe infrage.

Wir entwerfen ein Tafelbild zu Straf- und Zivilprozess

Es gibt zwei Arten von Prozessen

Der Strafprozess

Der Zivilprozess

Vor Gericht wird ein Konflikt zwischen zwei Privatpersonen ausgetragen.

Hier vertritt ein Staatsanwalt die Interessen des Staates (der öffentlichen Ordnung).

Es ist ein freiwilliger Prozess.

Es wird keine Strafe ausgesprochen, sondern es geht um die Wiedergutmachung eines Schadens.

Es ist ein Streit zwischen der staatlichen Ordnung und dem Angeklagten.

Bei ausreichenden Verdachtsmomenten ist die Anklage Pflicht.

Ankläger und Angeklagter stehen sich gegenüber.

Zwei Privatpersonen (Kläger und Beklagter) stehen sich gegenüber.

Hier braucht man keinen Staatsanwalt.

Es geht um die Feststellung einer Schuld. Entweder wird eine Strafe verhängt oder der Angeklagte freigesprochen.

Welche der folgenden Aussagen trifft auf den Strafprozess zu und welche auf den Zivilprozess?
Gestaltet aus den 10 Aussagen ein möglichst übersichtlich gegliedertes Tafelbild, bei dem auch die jeweils passenden Sätze nebeneinanderstehen. Welche Partner finden die beste Lösung?

Wie kann man jugendliche Straftäter von weiteren Straftaten abhalten?

Wir bewerten Maßnahmen zur Wiedereingliederung von Straftätern in die Gesellschaft

In Arizona (USA) müssen jugendliche Gefangene während ihrer Haft Fußfesseln tragen. In Deutschland ist das nicht erlaubt.

Auf den vorhergehenden Seiten habt ihr euch mit dem Fall „Julian Berger" befasst und auch entschieden, wie er eurer Meinung nach bestraft werden soll. Wenn ein Gericht eine Strafe verhängt, so will es damit verschiedene Ziele erreichen. Überlegt, welche Ziele in Julians Fall wohl im Vordergrund standen.

Abschreckung: Die Strafe soll den Täter, aber auch andere Menschen davor abschrecken, weitere Straftaten zu begehen.

Vergeltung: Jeder, der einem anderen ein Leid zugefügt hat, soll dafür büßen – schon aus Gründen der Gerechtigkeit.

Sühne: Dem Täter soll durch die Strafe bewusst werden, welchen Schaden er dem Opfer zugefügt hat. Erst dann wird er Reue zeigen und sich gesetzestreu verhalten.

Verhütung weiterer Straftaten (Prävention): Strafe soll verhindern, dass der Täter noch einmal eine Straftat begeht. Sie soll dem Täter ermöglichen, sich wieder in die Gesellschaft einzugliedern und ein normales Leben zu führen. Wenn der Täter besonders gefährlich ist, muss die Gesellschaft vor ihm geschützt werden.

In vielen Fällen reicht eine Jugendstrafe oder sogar eine Gefängnisstrafe nicht aus, um weitere Straftaten zu verhindern. Ca. 60 Prozent aller jugendlichen Straftäter werden nach einem Gefängnisaufenthalt wieder straffällig. Wie kann man verhindern, dass jugendliche Straftäter rückfällig werden? Zwei Möglichkeiten lernt ihr in den folgenden Texten kennen.

A Täter-Opfer-Ausgleich

Im Büro des Trierer Vereins „Handschlag" [...] treffen sich Menschen, die normalerweise auf streng entgegengesetzten Seiten zu finden sind: Straftäter und ihre Opfer. [...] Im Strafprozess komme es selten zu einer echten Begegnung von Opfer und Täter, sagt die Diplompsychologin Rita Alexas. [...] Beim Täter-Opfer-Ausgleich ist das anders. Von der förmlichen Entschuldigung über ein gemeinsames Gespräch oder eine praktische „Ausgleichsleistung" bis hin zu Schmerzensgeld für das Opfer ist alles möglich. Nicht immer kommt es dabei zum direkten Kontakt. Manche Opfer nehmen eine Entschuldigung oder eine Entschädigung dankend an, scheuen aber vor einem Gespräch zurück. Bei anderen ist es genau umgekehrt. Sie wollen keine materielle Leistung, suchen aber das Gespräch, „um ihrem Unmut Luft zu machen und dem Täter zeigen zu können, was er angerichtet hat".

Die Mitarbeiter des Trierer Vereins „Handschlag" nehmen vorher Kontakt auf und fragen, ob und in welcher Form ein Täter-Opfer-Ausgleich erwünscht ist. Dabei ist die Rentnerin, die „ihren" Dieb zum Straßenfegen vor der Haustür bittet, ebenso schon vorgekommen wie der ehemalige KZ-Häftling, der mit einem jugendlichen Nazi-Parolenschmierer einfach nur reden wollte. Der junge Mann sei nach dem Gespräch „sichtlich beeindruckt nach Hause gegangen", erinnert sich Rita Alexas. Ein Erfolgserlebnis für die Konfliktschlichter. [...]

Erkennt der Täter seine Schuld an und zeigt tätige Reue, bleibt ihm bei kleineren Delikten meist das Gerichtsverfahren und eine mögliche Vorstrafe erspart. Kommt es trotzdem zur Hauptverhandlung, kann sich seine Bereitschaft zumindest strafmildernd auswirken.

(Nach: Dieter Lintz, Rechtsfrieden auch ohne Richter, in: Trierischer Volksfreund vom 28.07.05)

B Erziehung: Anti-Gewalt-Training

Als Michael 16 Jahre alt war, fing sein Abstieg an. [...] Michael fing an „zu gammeln", wie er das nennt – mit seinen neuen Freunden aus der rechten Szene. [...] Es gab Zeiten, da hat er jedes zweite Wochenende auf der Polizei-Wache verbracht. Heute sitzt er im Gefängnis. [...]

Viermal wurde er festgenommen, das letzte Mal wegen schwerer Körperverletzung. Seine Opfer schlug er krankenhausreif, mit Fäusten und Springerstiefeln. Im Gefängnis nahm er dann an einem Projekt teil, dem Projekt „Präventive Arbeit mit rechtsextremistisch beeinflussten Jugendlichen im Strafvollzug". Hinter dem sperrigen Namen verbirgt sich ein ungewöhnlicher Versuch: Jugendliche im Knast mit politischer Arbeit zu erreichen und sie von ihrer Gewalttätigkeit abzubringen. [...]
In einer Gruppe von acht Häftlingen begann er, sich mit seinen Taten auseinanderzusetzen. Die Kursleiter (zwei

Sozialarbeiter) hoffen, den jungen Männern ihre eigene Verantwortlichkeit klarzumachen. Für ihre Taten, für ihr Leben. Sie sollen über sich nachdenken, darüber reden – und die Gruppe hört dabei zu. Für viele Jugendliche eine ganz neue Erfahrung. Auch Michael hat nachgedacht. Auf dem „falschen Weg" sei er gewesen, sagt

Michael heute – doch ob er es auf die lange Sicht schaffen wird, nicht mehr zu prügeln, weiß er nicht. Da gibt es immer noch die alten Kumpels, da gibt es immer noch den Alkohol.

(Aus: Susanne Sitzler, Gegen den Hass, in: Jenseits der Unschuld, fluter, hrsg. von der Bundeszentrale für politische Bildung, 09/03, S. 23)

1. Beschreibt die Maßnahmen, die beim Täter-Opfer-Ausgleich und beim Anti-Gewalt-Training ergriffen werden.

2. Wie reagieren die Täter darauf?

3. Wie schätzt ihr die Erfolgschancen der Projekte ein?

Memorystationen

Recht und Rechtsprechung

Station 1 — Wozu brauchen wir das Recht?

Im Wilden Westen in Amerika galt das Faustrecht: Es gab in vielen Gegenden keine Polizei und auch keine Gerichte. Jeder musste sein Recht selbst durchsetzen.

a) Einmal angenommen, dass auch in Deutschland das Faustrecht gilt. Welche Bevölkerungsgruppen wären im Vorteil, welche wären benachteiligt?

b) Erkläre, welche Bedeutung Gesetze in einem Rechtsstaat wie Deutschland haben.

Station 2 — Welche besonderen Gesetze gelten für Jugendliche?

Markus hat in seinem Heft folgende Tabelle erstellt. Dabei hat er wohl vergessen, die rechte Spalte auszufüllen.

Rechte und Pflichten	Ab welchem Alter gilt das?
Ich darf eine Gaststätte besuchen.	
Ich kann aus der Kirche austreten.	?
Ich bin voll geschäftsfähig.	
Ich kann mich als Kandidat für eine Gemeinderatswahl aufstellen lassen.	?
Ich darf mit Zustimmung meiner Eltern heiraten.	?
Ich darf den Roller-Führerschein machen.	

Station 3 — Ursachen und Folgen von Jugendkriminalität

Hat Laura Recht? Nehmt Stellung zu ihrer Aussage und begründet eure Meinung.

Kinder und Jugendliche, die kriminell werden, kommen immer aus Problemfamilien, in denen ein Elternteil Alkoholiker ist oder keine Arbeit hat.

Station 4 — Wie kann Jugendkriminalität wirksam bekämpft werden?

Zur Diskussion: Brauchen wir härtere Strafen, um Jugendgewalt einzudämmen?

Schreibt in euer Heft:

3 Argumente pro:

_____

_____

_____

3 Argumente kontra:

_____

_____

_____

Meine Meinung:

Ich bin der Ansicht, dass ..., weil ...

Station 5 — Jugendliche vor Gericht: eine Tat – zwei Prozesse

Einmal angenommen, Julian möchte sich vor seinem Prozess über die Rechte von Angeklagten informieren. Kannst du ihm die folgenden Artikel im Grundgesetz in eigenen Worten so erklären, dass er sie versteht?

Artikel 103 Anspruch auf rechtliches Gehör, Verbot rückwirkender Strafgesetze und der Doppelbestrafung

(1) Vor Gericht hat jedermann Anspruch auf rechtliches Gehör.

(2) Eine Tat kann nur bestraft werden, wenn die Strafbarkeit gesetzlich bestimmt war, bevor die Tat begangen wurde.

(3) Niemand darf wegen derselben Tat aufgrund der allgemeinen Strafgesetze mehrmals bestraft werden.

Station 6 — Wie kann man jugendliche Straftäter von weiteren Straftaten abhalten?

Erkläre für die drei Beispiele, welchen Sinn in diesen Fällen Strafe haben soll.

1. Eine Gruppe rechtsradikaler Jugendlicher verübt in angetrunkenem Zustand einen Brandanschlag auf ein Haus mit türkischen Bewohnern. Fünf Menschen kommen qualvoll in den Flammen um.

2. Bruno G., 22, ist seit mehreren Monaten arbeitslos. Ohne Schulabschluss und Beruf hat er auf dem Arbeitsmarkt denkbar schlechte Chancen. Von einigen Freunden lässt er sich zu mehreren Autodiebstählen verleiten. Bruno war bereits im Alter von siebzehn Jahren wegen einer ähnlichen Tat zu einer Jugendstrafe verurteilt worden.

3. Der 20-jährige drogensüchtige Martin M. hat eine 77-jährige Rentnerin in ihrer Wohnung überfallen, beraubt und lebensgefährlich verletzt.

7 Jugend und Wirtschaft

Wenn man das Wort „Wirtschaft" hört, denkt man oft an Arbeit, Geld, Güter, Fabriken, Einkaufen …

Erzählt zu dem Foto eine Geschichte, in der die Begriffe vorkommen.

Worum geht es?

Täglich habt ihr mit Wirtschaft zu tun, auch wenn es auf den ersten Blick gar nicht so aussieht: wenn ihr überlegt, was ihr euch zum Geburtstag wünscht, wenn ihr euer Taschengeld für eine größere Anschaffung spart, wenn ihr im Internet recherchiert, wo es etwas besonders günstig zu kaufen gibt, wenn ihr euch eine Karte für ein Popkonzert kauft oder wenn ihr mit eurem Handy telefoniert. Hinter all diesen Handlungen stehen eure Wünsche. Die Wirtschaft produziert die Güter, mit denen ihr euch diese Wünsche erfüllen könnt. Doch all das ist nicht umsonst zu haben. Dazu braucht ihr Geld und das ist fast immer knapp. Deshalb müsst ihr gut überlegen, wofür ihr es ausgeben wollt, oder anders ausgedrückt: Ihr müsst mit eurem Geld wirtschaften.

Von klein auf seid ihr also ein Teil der Wirtschaft. Wer sich in Wirtschaftsfragen auskennt, lässt sich von der Werbung nicht so leicht verführen, kann gut mit Geld umgehen, kennt beim Einkaufen seine Rechte als Verbraucher und lässt sich nicht „übers Ohr hauen".

Wenn ihr das Kapitel bearbeitet, könnt ihr

* darüber nachdenken, was man wirklich zum Leben braucht und warum sich nicht alles mit Geld kaufen lässt,
* die verschiedenen Güterarten zur Befriedigung von Bedürfnissen erläutern,
* erklären, wie man klug mit Geld wirtschaften kann,
* eine Befragung zum Umgang mit Geld durchführen und auswerten,
* Schaubilder zum Thema „Jugendliche und Geld" lesen und verstehen,
* eure Rechte als Verbraucher erklären und im Alltag wahrnehmen.

Kann man mit Geld alles kaufen?

Wir ermitteln unterschiedliche Bedürfnisse

Im folgenden Text geht es um Wünsche. Wünsche, die man sich gerne erfüllen möchte, nennt man auch Bedürfnisse. Einige Bedürfnisse muss jeder stillen, um sich körperlich wohlzufühlen, zum Beispiel essen und trinken. Andere sind von Mensch zu Mensch verschieden.

BEDÜRFNISSE

- sich unterhalten
- etwas Neues sehen
- Sport treiben
- mit Freunden zusammen sein
- etwas Aufregendes erleben
- sich etwas Besonderes gönnen
- spielen
- Kleidung
- essen und trinken

Einmal angenommen …

Schon seit vielen Wochen freut ihr euch auf euren Schulausflug. Er soll in eine große Stadt führen. Da ihr beim letzten Schulfest Kuchen verkauft habt, befindet sich in der Klassenkasse ein stattlicher Überschuss, den ihr für diesen Ausflug verwenden wollt. Nächsten Freitag soll es endlich losgehen. Der Wetterbericht hat strahlend schönes Sommerwetter angekündigt. Am Vormittag wollt ihr das neue Mitmach-Museum besuchen, die Führung wird ungefähr bis ein Uhr mittags dauern. Bis der Bus zurückfährt, habt ihr dann noch drei Stunden freie Zeit vor euch. Einige Eltern haben sich gerne bereiterklärt, euch zu begleiten und die Auf-

sichtspflicht zu übernehmen. So könnt ihr euch in verschiedene Gruppen aufteilen, die ganz unterschiedliche Dinge unternehmen.

Was wollt ihr mit eurer freien Zeit anfangen? Mit Freunden etwas spielen oder euch einfach nur ausruhen und quatschen, Süßigkeiten kaufen oder lieber einen Film anschauen? In dieser

Schulstunde sollt ihr nun über eure Wünsche reden und einen Programmvorschlag für die drei freien Stunden entwickeln.

Die Fotos auf der nächsten Seite stellen Aktivitäten dar, mit denen unterschiedliche Bedürfnisse erfüllt werden können.

---

1. Wie kann der Programmvorschlag für die freie Zeit von drei Stunden aussehen? Schaut euch dazu die Fotos auf der rechten Seite an und stellt ein Programm zusammen.

2. Ordnet die einzelnen Programmpunkte verschiedenen Bedürfnissen zu.

3. Stellt euer Programm der Klasse vor und erklärt, welche Bedürfnisse ihr mit den einzelnen Programmpunkten jeweils erfüllt.

Topthema

Bedürfnisse

1. Es gibt verschiedene Arten von Bedürfnissen. Erklärt mithilfe des Schaubildes die Unterschiede.
2. Wovon hängen Bedürfnisse ab?

Welche Arten von Bedürfnissen gibt es?

Menschen haben unterschiedliche Bedürfnisse. Einige Bedürfnisse müssen wir befriedigen, um überhaupt leben zu können. So braucht jeder Mensch Essen und Trinken, Kleidung und ein Dach über dem Kopf. Man spricht dann von Grundbedürfnissen. Daneben gibt es Dinge, die wir zwar nicht zum Überleben brauchen, die aber unser Leben sehr viel angenehmer und leichter machen: zum Beispiel Autos, Schmuck, Fernseher, Parfüm, Reisen. Diese Art von Bedürfnissen nennt man Konsum- oder Luxusbedürfnisse. Sicherlich verspürt ihr auch manchmal das Bedürfnis, Musik zu hören oder einen Film im Kino anzuschauen. In diesen Fällen befriedigt ihr kulturelle Bedürfnisse. Das sind Bedürfnisse nach Unterhaltung und Bildung.

Nicht alle Bedürfnisse lassen sich mit Geld stillen. Menschen haben auch das Bedürfnis nach Freundschaft, Anerkennung, Liebe, Zuwendung, Geborgenheit, Schutz in der Familie. Man nennt dies soziale Bedürfnisse, weil sie mit den Beziehungen zu anderen Menschen zu tun haben. Man kann nicht einfach ins nächste Kaufhaus gehen und sie käuflich erwerben. Deswegen ist es manchmal schwierig, die sozialen Bedürfnisse zu stillen.

Was beeinflusst Bedürfnisse?

Manche Bedürfnisse sind von Mensch zu Mensch verschieden. Sie werden beeinflusst

- vom Lebensalter: Ein 13-jähriges Mädchen möchte am Wochenende in einen Freizeitpark, während seine Eltern vielleicht lieber eine Radtour unternehmen.
- von den geografischen Verhältnissen: Ein Jugendlicher in Afrika hat manchmal andere Bedürfnisse als ein deutscher Jugendlicher.
- von der Kultur und Religion: Bewohner einer Südseeinsel kleiden und ernähren sich anders als zum Beispiel Menschen in Ägypten.
- von äußeren Einflüssen: Was die Familie, Verwandte und Freunde denken, ist den meisten Menschen sehr wichtig. Sie orientieren sich in ihren Wünschen und Bedürfnissen an ihnen: Was sie haben, möchte man auch selbst gerne besitzen.
- von der Werbung: Sie hat zum Ziel, Bedürfnisse gezielt zu beeinflussen und Wünsche nach ganz bestimmten Produkten zu wecken.

Aus Bedürfnissen wird Bedarf

Bedürfnisse wollen gestillt werden. Wer das Bedürfnis nach Essen hat, verspürt den Drang, zum Kühlschrank zu gehen. Unternehmen stillen Bedürfnisse, indem sie dazu passende Produkte herstellen. Oft ist es auch umgekehrt: Erst stellen die Unternehmen ein Produkt her und dann wecken sie das Bedürfnis danach. Zum Beispiel gab es vor einigen Jahren noch kein Bedürfnis nach Fotohandys. Als die ersten auf den Markt kamen, wollten plötzlich viele eins haben. So wurde künstlich ein Bedürfnis erzeugt, aus dem dann Bedarf entstand. Bedarf bedeutet, dass man bereit ist, zur Befriedigung eines Bedürfnisses Geld auszugeben. Wer klug mit seinem Geld umgehen will, sollte wissen, wie Bedürfnisse künstlich erzeugt werden, damit daraus Bedarf entsteht.

4. Soziale Bedürfnisse

3. Kulturelle Bedürfnisse

2. Konsum- und Luxusbedürfnisse

1. Grundbedürfnisse

Trainingsplatz

Wir entscheiden, was wir wirklich zum Leben brauchen

Gepäckstücke	nehme ich mit	für welche Bedürfnisse?
1. Zahnbürste		
2. Duschgel		
3. Bikini/Badehose		
4. MP3-Player		
5. Schlafsack		
6. Foto eures besten Freundes, eurer besten Freundin		
7. Feuerzeug		
8. Trinkwasser		
9. Schuhe		
10. Lebensmittel		
11. Taschenlampe		
12. Bücher		
13. Haarbürste		
14. Sonnenschutzmittel		
15. Schreibzeug		
16. Fotoapparat		
17. Windjacke		
18. Jeans		
19. Unterwäsche		
20. Seekarte		
21. Taschenmesser		
22. Gaskocher		
23. Handtücher		
24. Play-Station		
25. Handy		
26. Spielkarten		
27. Schreibblock		
28. Wecker		
29. Foto eurer Familie		
30. Haargel		
31. Zahnpasta		
32. Radio		
33. Uhr		
34. Föhn		
35. Poster des Lieblingsstars		
36. Strümpfe		
37. T-Shirts		
38. Pullover		
39. Coca-Cola		
40. Heftpflaster		

Grundbedürfnisse

Konsum- und Luxusbedürfnisse

Kulturelle Bedürfnisse

Soziale Bedürfnisse

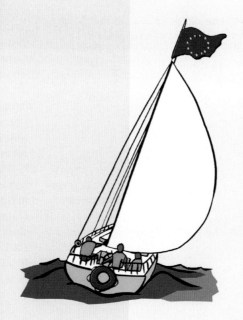

Stellt euch vor, ihr nehmt an einer 14-tägigen Schiffsreise teil. Das Segelschiff wird euch mit der Mannschaft zur Verfügung gestellt. Alles, was ihr zum Leben braucht, müsst ihr mitnehmen. Allerdings ist der Platz an Bord sehr begrenzt. Deswegen könnt ihr insgesamt nur 20 Gepäckstücke mitnehmen. Worauf könnt ihr verzichten, was braucht ihr wirklich zum Leben?

1. Entscheidet euch in Einzelarbeit für die 20 Gegenstände, die ihr für wichtig haltet.

2. Ordnet eure ausgewählten Gepäckstücke den Grundbedürfnissen, den Konsum- und Luxusbedürfnissen und den kulturellen Bedürfnissen zu und stellt eure Liste in der Klasse vor.

3. Überlegt, welches Gepäckstück etwas mit sozialen Bedürfnissen zu tun haben könnte. Ordnet diese hier zu.

4. Welche Bedürfnisse verlieren in Notsituationen ihre Bedeutung? Sprecht darüber in der Klasse.

Wirtschaftsgüter befriedigen viele Bedürfnisse

Wir stellen unterschiedliche Güterarten in einer Tabelle dar

Um unsere Bedürfnisse nach Essen und Trinken, nach Kleidung und einem Dach über dem Kopf befriedigen zu können, brauchen wir Güter. Wir verstehen darunter die Mittel, die erforderlich sind, um Bedürfnisse zu befriedigen. An einem Strand, wie er auf dem Foto zu sehen ist, habt ihr vielleicht das Bedürfnis, eine Sandburg zu bauen. Die Mittel dazu sind Sand und Wasser. Kein Problem: Beides steht im Überfluss zur Verfügung und kostet nichts. Daher sind Sand und Wasser am Strand *freie Güter*. Die meisten Güter, die wir zum Leben brauchen, kosten allerdings Geld. Das ist schon bei der Schaufel so, die man zum Strandburgenbau benötigt. Güter, die Geld kosten, werden als *Wirtschaftsgüter* bezeichnet. Diese sollt ihr nun genauer betrachten.

Sand, Luft und Wasser kosten am Strand nichts und sind freie Güter; Strandkörbe kosten Geld und sind Wirtschaftsgüter

Wie kann man Wirtschaftsgüter einteilen?

Wenn man sich eine Portion Pommes frites kauft, erwirbt man ein Wirtschaftsgut, für das man bezahlen muss. Die knusprig frittierten Kartoffelstäbchen sind das Ergebnis eines Arbeitsprozesses und eines Produktionsprozesses. Das sind zwei Merkmale, die auf alle Wirtschaftsgüter zutreffen. Insgesamt bilden die Wirtschaftsgüter eine riesige Gruppe sehr verschiedenartiger Dinge. Daher hat man sie eingeteilt, um sie besser unterscheiden zu können.

Was braucht man zum Beispiel zur Herstellung von Pommes frites? Natürlich zunächst einmal Kartoffeln. Kartoffeln sind ein Rohstoff. Weil sie Geld

kosten, sind sie ein Wirtschaftsgut. Nur wenige Rohstoffe lassen sich im Originalzustand verwenden. Sie werden bearbeitet, um zu einem nützlicheren Gut zu werden. Bei der industriellen Herstellung von Pommes frites werden die Kartoffeln in Waschtrommeln gesäubert, in Dampfschälern geschält, auf Förderbänken getrocknet und in riesigen Friteusen in Pflanzenfett frittiert. Danach werden sie verpackt, in Kühlhäusern gelagert, später transportiert usw. Man sieht, man braucht viele Sachen zu ihrer industriellen Herstellung. Alle zusammen werden als *Sachgüter* bezeichnet. Die fertigen Kartoffelstäbchen werden gegessen und sind dann verbraucht. Man bezeichnet solche Güter als Verbrauchsgüter. Häufiger verwendet man den Begriff *Konsumgüter*, welcher das Gleiche bedeutet. Teller und Gabel, die man vielleicht zum Verzehr der Pommes benutzt, sind *Gebrauchsgüter*. Wir benötigen sie zum täglichen Leben und sie bleiben nach dem Gebrauch vorhan-

den. Die vielen Maschinen, die zur Herstellung der Pommes frites nötig waren, werden als *Produktionsgüter* bezeichnet. Zu dieser Gruppe gehören alle Güter, die zur Herstellung von Konsum- und Gebrauchsgütern erforderlich sind. Wir benötigen auch noch Güter zum Leben, die keine Sachen sind. Zum Beispiel braucht man einen Fahrer, der die verpackten Pommes frites zu den Verkaufsstellen transportiert. Fahrerinnen oder Fahrer werden für ihre Arbeit bezahlt. Daher stellt auch ihre Leistung ein Wirtschaftsgut

dar. Alle Güter, die daraus bestehen, dass Menschen anderen Menschen einen Dienst erweisen, werden als *Dienstleistungen* bezeichnet. Dazu gehört die Leistung von Köchen und Kellnern, die Pommes frites in Restaurants zubereiten und servieren, und auch die Leistungen von Frisören, Ärzten, Lehrern und vielen anderen, die in Dienstleistungsberufen tätig sind.

Welche Arten von Gütern benutzt Julia?

(A) Zum Frühstück isst Julia wie jeden Morgen **Müsli**. (B) Danach packt sie ein **Frühstücksbrot** und die für den Tag benötigten **Schulbücher** in ihre **Tasche**. (C) Als sie aus dem Haus tritt, atmet sie tief die **frische, kühle Luft** ein, jetzt erst wird sie richtig wach. (D) Der **Busfahrer** im Schulbus bringt sie und andere Kinder sicher zur Schule. (E) Im Kunstunterricht stellt sie mithilfe eines **Keramikofens** ihre selbstglasierte Blumenvase fertig. (F) Um vier Uhr holt sie ihre Mutter ab, die als **Bankkauffrau in einer Großbank** arbeitet. (G) Anschließend geht sie zusammen mit ihrer Mutter zum **Frisör** und lässt sich die Haare schneiden. (H) Zu Hause angekommen, benutzen Mutter und Tochter eine **elektrische Küchenmaschine**, um Saft aus Früchten zu pressen. (I) Nach dem Abendessen schalten sie und ihre Mutter noch für eine Stunde den **Fernseher** ein.

Sauberes Wasser – knappes Gut

Fast die Hälfte des weltweit verbrauchten Wassers geht ungenutzt verloren – es versickert und verdunstet. Dabei ist sauberes Trinkwasser ein ebenso kostbares wie kostspieliges Gut. [...]

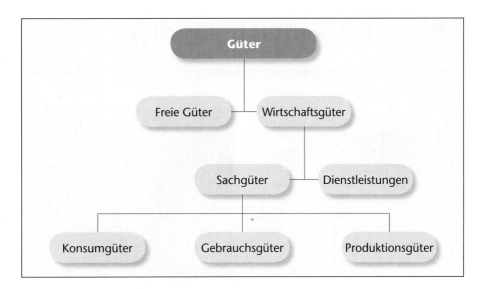

Mehr als 1,1 Milliarden Menschen haben keinen Zugang zu sauberem Trinkwasser und 2,4 Milliarden keine akzeptablen sanitären Einrichtungen. Das kostbare Nass ist scheinbar im Überfluss vorhanden, doch die Vorräte sind ungleich verteilt. Während ein paar Länder über 60 Prozent der Süßwasserreserven verfügen, muss Asien, wo knapp 60 Prozent der Weltbevölkerung leben, mit 30 Prozent des Wassers auskommen. [...]

Je höher der Lebensstandard, desto größer die Verschwendung: Die vielen Haushaltsgeräte der Wohlhabenden treiben den Wasserverbrauch in die Höhe. Kein Umweltbewusstsein, kein Kostendenken vermag ihn zu bremsen. Die ärmere Bevölkerung dagegen spart Wasser, sobald die Versorger die Preise erhöhen.

(Aus: Le Monde diplomatique. Atlas der Globalisierung, Berlin 2006, S. 14)

---

1. Welche Güterarten werden zur industriellen Herstellung von Pommes frites benötigt?

2. Welche Güterarten nutzt Julia zur Befriedigung ihrer Bedürfnisse? Übertragt dazu die Übersicht oben auf der Seite in euer Heft und fügt die Namen aller im Text fettgedruckten Güter in die richtigen Kästen ein. Dabei müssen diese in mehrere Kästen eingefügt werden. „Müsli" zum Beispiel gehört in die Kästen Güter, Wirtschaftsgüter, Sachgüter und Konsumgüter.
   ■ **Tipp:** Mit allen weiteren Gütern, die euch einfallen, könnt ihr ebenso verfahren.

3. Erklärt, wie es möglich ist, dass Wasser ein wertvolles und knappes Wirtschaftsgut sein kann.

4. Überzeugt Christian davon, dass sein Verhalten problematisch ist:
   Jeden Morgen dreht er den Wasserhahn auf und lässt das Wasser laufen, solange er mit dem Zähneputzen und Waschen beschäftigt ist. Sein Frühstücksgeschirr reinigt er selbst. Er macht das immer unter fließendem Wasser, wobei der Hahn manchmal einige Minuten aufgedreht bleibt. Christian sieht kein Problem in seinem Verhalten.

3 Welche Rolle spielt das Geld?

Wir berechnen den Unterschied zwischen Brutto- und Nettogehalt

Woher bekommen Familien ihr Geld?

Familie Steinke sitzt am Samstagabend gemütlich beim Abendessen. Alle genießen es, endlich einmal Zeit füreinander zu haben. Beide Eltern sind berufstätig. Herr Steinke ist bei einer großen Versicherung angestellt, Frau Steinke arbeitet halbtags als Erzieherin in einem Kindergarten. Nachdem sie schon eine Weile über ihre Erlebnisse der vergangenen Woche geredet haben, schaltet sich der 14-jährige Tim in das Gespräch ein.

Tim: Du Papa, was verdient ihr beiden eigentlich?
Vater: Nanu? Wie kommst du denn darauf? Willst du etwa eine Taschengelderhöhung?
Tim: Nein, das ist nicht der Grund. Es interessiert mich eben.

Vater: Also, ich bekomme im Monat 3 300 Euro und Mama verdient 1 100 Euro.
Tim: So viel? Dann sind wir ja richtig reich!
Vater: Das sieht nur auf den ersten Blick so aus. Wir sind weder reich noch arm, sondern wir liegen im Durchschnitt. Das ist unser Bruttogehalt, das bekommen wir nicht ausbezahlt.
Felicia: Was ist denn Bruttogehalt?
Mutter: Brutto kommt aus dem Italienischen und bedeutet „gesamt", das habe ich neulich in einer Infoschrift unserer Bank gelesen. Das Bruttogehalt ist also unser Gesamtverdienst. Davon gehen allerdings noch eine Menge Abzüge weg.
Tim: Was denn?

Vater: Wir müssen zum Beispiel Steuern an den Staat bezahlen. Das sind Abgaben, die der Staat braucht, um seine Aufgaben zu erledigen. So braucht er zum Beispiel Geld, um Schulen zu unterhalten, Lehrer zu bezahlen oder um Straßen zu bauen.
Felicia: Und wie viel ist das?
Vater: Das habe ich jetzt nicht im Kopf. Lass mich mal nachschauen … *Wenig später kommt der Vater mit den Lohnabrechnungen zurück.*
Vater: Also, Mama und ich bezahlen zusammen 592 Euro Steuern, dazu kommt noch die Kirchensteuer von 32 Euro. Die Kirchensteuer erhält aber nicht der Staat, sondern das Geld wird gleich an die Kirchen weitergeleitet, die damit ihre Ausgaben bezahlen.
Felicia: Na ja, trotz der Steuern haben wir doch noch sehr viel Geld übrig.
Mutter: Halt, das war noch nicht alles. Wir zahlen auch jeden Monat Geld in die Krankenversicherung ein. Von unserem Krankenkassenbeitrag zahlen die Kassen dann Arztrechnungen, Medikamente oder eine Behandlung im Krankenhaus. Wie hoch ist unser Krankenkassenbeitrag, Johannes?
Vater: Pro Monat beträgt er 347 Euro.
Mutter: Wir sind auch versichert, wenn wir im Alter einmal so krank werden, dass wir nicht mehr für uns selbst sorgen können. Diese Versicherung heißt Pflegeversicherung.
Vater: Dafür zahlen wir 37 Euro.
Mutter: Ach, das hätte ich fast vergessen. Damit wir später im Alter einmal genug Geld zum Leben haben, zahlen wir jeden Monat 437 Euro in die Rentenversicherung. Wenn wir dann nicht

mehr arbeiten können, bekommen wir trotzdem jeden Monat Geld, das ist die Rente.

FELICIA: Oma bekommt ja auch eine Rente, das hat sie mir einmal erzählt.

MUTTER: Ganz genau. Johannes, haben wir jetzt alle Abzüge?

VATER: Es fehlt noch die Arbeitslosenversicherung. Die beträgt insgesamt 92 Euro. Damit sind wir versichert, wenn einer von uns beiden vielleicht einmal arbeitslos wird. In einem solchen Fall bekommen wir wenigstens einen Teil unseres früheren Gehaltes überwiesen.

MUTTER: Alle diese Versicherungen heißen zusammen Sozialversicherungen. Dieses Geld sehen wir gar nicht auf dem Konto, sondern es wird gleich von unserem Bruttolohn an die Kassen überwiesen. Die Arbeitgeber, also unsere Betriebe, zahlen dann noch einmal in gleicher Höhe Sozialversicherungsabgaben für uns. Das ist gesetzlich so geregelt.

Wovon leben die Menschen in Deutschland?

Die meisten Menschen bei uns sind erwerbstätig, das heißt sie gehen arbeiten und erhalten dafür Lohn oder Gehalt. Mit ihrem Einkommen sorgen sie auch für diejenigen Familienmitglieder, die keine eigenen Einkünfte haben. Dazu zählen Kinder, die noch in die Schule gehen, oder Mütter und Väter, die nicht berufstätig sind. Junge Menschen, deren Eltern keine Unterstützung zum Studium zahlen können, erhalten eine staatliche Ausbildungsförderung (BAföG). Ältere Menschen, die bereits im Ruhestand leben, erhalten eine monatliche Rente oder Pension. Wer kein Einkommen hat, keine Arbeitslosenunterstützung und keine Rente bekommt, erhält vom Staat Sozialhilfe. Ein kleiner Teil der Bevölkerung lebt von seinem Vermögen. Dazu zählen zum Beispiel die Zinsen, die ein Bankguthaben abwirft, oder die Einnahmen aus der Vermietung von Häusern.

(Aus: Dr. Ulrike Reisach, Was ist was, Wirtschaft, Tessloff Verlag, Nürnberg 2002, S. 24)

FELICIA: So kompliziert habe ich mir das mit dem Geld nicht vorgestellt.

TIM: Und was haben wir dann im Monat für uns noch übrig?

VATER: Das ist unser Nettolohn, von italienisch „netto". Das heißt übersetzt „rein". Aber das könnt ihr euch doch ganz leicht selbst ausrechnen. Zu unserem Nettogehalt bekommen wir übrigens vom Staat noch das Kindergeld – für jeden von euch 154 Euro im Monat.

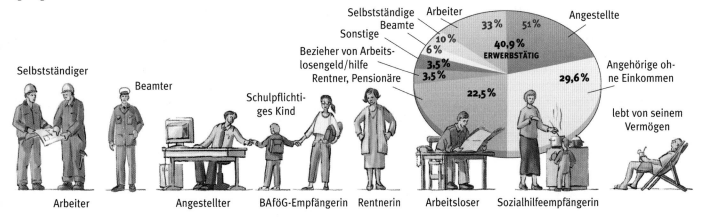

1. Wie hoch ist das Nettogehalt von Frau und Herrn Steinke? Schreibt dazu Bruttogehalt, Steuern und die einzelnen Sozialversicherungsbeiträge übersichtlich untereinander und errechnet den Nettobetrag.

2. Lest den Text im Kasten und betrachtet das Schaubild: Zu welcher Gruppe gehören Frau und Herr Steinke, zu welcher die beiden Kinder und die Oma? Wie groß ist der Anteil dieser Gruppen in der Bevölkerung?

Topthema

Geld

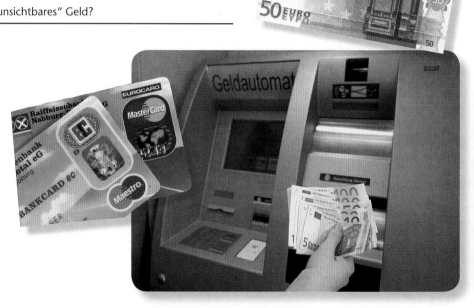

1. Erkläre, was Geld ist.

2. Welche Vorteile hat der Euro gegenüber den ehemaligen Währungen in Europa?

3. Warum bezeichnet man Buchgeld als „unsichtbares" Geld?

Was ist eigentlich Geld?

Wenn ihr in eure Geldbörse schaut, scheint die Antwort ganz einfach: Geld – das sind die Münzen und vielleicht auch Scheine, die sich darin befinden. Doch warum könnt ihr mit diesem Geld zum Beispiel an einem Kiosk Süßigkeiten kaufen? Das funktioniert deshalb, weil Geld ein Tauschmittel ist. Eure Eltern gehen arbeiten und tauschen ihre Arbeitskraft gegen Geld. Das Geld tauschen sie dann im Supermarkt gegen Lebensmittel, beim Frisör gegen einen Haarschnitt oder sie geben euch einen Teil des Geldes als Taschengeld. Wichtig ist auch, dass Geld stets nur in begrenzter Menge vorhanden ist. Sonst verliert es seinen Wert. Darüber wacht bei uns die Europäische Zentralbank. Nur die Europäische Zentralbank und Regierungen haben das Recht, Geld zu drucken.

Der Euro – die gemeinsame europäische Währung

Das Geld, das in einem bestimmten Land oder in mehreren Ländern von allen benutzt wird, nennt man Währung. Seit dem 1. Januar 2002 haben die Menschen in Europa eine gemeinsame Währung – den Euro. Damit kann man in vielen europäischen Ländern bezahlen. Ein wichtiger Vorteil der europäischen Währung ist, dass man nun an den Grenzen nicht mehr wie früher sein Geld in eine andere Währung umtauschen muss.

Auch die Unternehmen können heute in Europa viel einfacher Geschäfte machen. In einem Euro-Land sieht man auch sofort, was die angebotenen Waren kosten. Früher musste man erst umrechnen, bevor man den Wert vergleichen konnte.

Bargeld – Buchgeld – Plastikgeld

Wenn du dir ein neues Schulheft kaufst, bezahlst du an der Kasse wahrscheinlich direkt mit Münzen oder Scheinen. Diese Art der Bezahlung nennt man Barzahlung. Neben dem Bargeld gibt es aber auch unsichtbares Geld, das man nicht anfassen kann. Es entsteht, wenn du Geld auf ein Sparbuch oder ein Konto einbezahlst. Weil die Bank den Betrag in ihren Büchern verbucht, also notiert, heißt dieses Geld Buchgeld. Wenn du es wieder von deinem Sparbuch abhebst, wird es wieder zu Bargeld. Heute werden größere Beträge nur noch selten in bar bezahlt. Es wäre viel zu umständlich, so viele Geldscheine zu transportieren. Zum Beispiel bekommen deine Eltern ihr Gehalt vom Arbeitgeber auf ihr Konto überwiesen. Bargeldlos bezahlen sie auch Miete, Strom und größere Anschaffungen.

Sicherlich hast du auch schon beobachtet, dass manche Menschen an der Kasse mit einer Karte bezahlen. Diese Art Geld nennt man Plastikgeld. Der Betrag für die Einkäufe wird dann direkt von dem Geld abgezogen, das diese Menschen auf ihrem Bankkonto haben.

Trainingsplatz

Wir berechnen den Unterschied zwischen Brutto- und Nettogehalt

Seit sie zurückdenken kann, will die 15-jährige Hatice Hotelkauffrau werden. Sie findet es faszinierend, in einem großen Hotel mit internationalen Gästen zu arbeiten. Wieder einmal sitzt sie mit ihrer Freundin Alexandra zusammen und sie reden über ihren Traumberuf.

„Weißt du eigentlich, wie viel du später einmal verdienen wirst?", fragt Alexandra ihre Freundin.

„In einer Infobroschüre habe ich gelesen, dass zurzeit (2008) das durchschnittliche Jahresgehalt in den ersten fünf Jahren circa 22 800 Euro beträgt. Aber ehrlich gesagt, kann ich mir nicht vorstellen, wie viel ich dann im Monat zur Verfügung habe."

„Das ist doch ganz einfach, wir müssen nur ein wenig rechnen", erwidert Alexandra. Im Internet finden sie folgende Informationen: Die Lohnsteuer beträgt bei diesem Gehalt 228,83 Euro, die Kirchensteuer 18,31 Euro, die Krankenversicherung 154,85 Euro, die Pflegeversicherung 20,90 Euro, die Rentenversicherung 189,05 Euro und die Arbeitslosenversicherung 31,35 Euro.

1. Berechnet den monatlichen Nettolohn, den Hatice als ausgebildete Hotelkauffrau bekommen würde.

2. Berechnet dann den Unterschied zwischen Brutto- und Nettolohn. Tipp für Rechenkünstler: Berechnet zusätzlich, wie viel Prozent des Bruttolohnes der Nettolohn beträgt.

3. Stellt euch eure Ergebnisse gegenseitig vor.

Jahresbruttogehalt	... €
Monatliches	
Bruttogehalt	... €
Lohnsteuer	... €
Kirchensteuer	... €
Krankenversicherung	... €
Pflegeversicherung	... €
Rentenversicherung	... €
Arbeitslosenversicherung	... €
Nettogehalt	... €

Wie können wir mit Geld vernünftig wirtschaften?

Wir erstellen einen Haushaltsplan

Wie kann man ein Zeltlager wirtschaftlich vernünftig und umweltschonend planen?

In der Gruppenstunde geht's diesmal hoch her und die Gruppenleiter Simone, Hajo und Tom haben alle Mühe, die „Kleinen" unter Kontrolle zu halten. Die fünfzehn Mädchen und Jungen zwischen acht und zehn Jahren sind begeistert von der Idee, über Pfingsten drei Tage in ein Zeltlager zu fahren – nur mit den Gruppenleitern – ohne Eltern. Viele Fragen werden gestellt: Wer schläft in welchem Zelt? Werden wir eine Nachtwanderung machen? Gibt es abends ein Lagerfeuer?

Nachdem die Kinder gegangen sind, sitzen die Gruppenleiter noch lange zusammen. Es ist den jungen Leuten klar, dass sie eine große Verantwortung übernehmen. Natürlich will man, dass der Aufenthalt im Zeltlager ein voller Erfolg wird. Hier ein Ausschnitt aus dem Gespräch:

SIMONE: Schön, dass alle so begeistert von der Idee sind. Wir müssen natürlich das Einverständnis der Eltern holen.

HAJO: Wir sollten auch versuchen, die Kosten so niedrig wie möglich zu halten. Schließlich haben wir in der Gruppe Kinder aus Familien, in denen das Geld knapp ist.

TOM: Die Wiese am Wald und am Bach stellt uns der Bauer kostenlos zur Verfügung. Die Zelte und das Kochgeschirr haben wir. Es wäre noch zu klären, wie wir die Hin- und Rückfahrt möglichst kostengünstig organisieren.

Nach dem ökonomischen Prinzip wirtschaften

Wirtschaftlich klug handelt man, wenn man

a) ein bestimmtes Ziel mit einem Minimum an Aufwand – Arbeitskraft, Zeit, Geld, Maschinen – zu erreichen versucht. Dieses Prinzip nennt man **Minimalprinzip**.

b) mit fest vorgegebenen Mitteln – also zum Beispiel einer bestimmten Summe Geld – einen möglichst großen Nutzen oder Ertrag erreichen will. In diesem Fall handelt man nach dem **Maximalprinzip**.

Beide Prinzipien zusammen bezeichnet man als das Prinzip der Wirtschaftlichkeit oder auch als **ökonomisches Prinzip**.

HAJO: Das klingt gut. Lasst uns versuchen, mit einem geringen Aufwand an Mitteln einen erlebnisreichen Aufenthalt zu organisieren. Woran müssen wir noch denken?

SIMONE: Wir müssen ausrechnen, was jedes Kind für Essen und Trinken bezahlen muss. Ich schlage vor, dass jeder eine bestimmte Summe in die Ferienkasse einzahlt, mit der dann die Einkäufe getätigt werden und für alle ein

leckeres und gesundes Essen gezaubert wird. Die Kocharbeit würde ich gerne übernehmen. Wir müssen darauf achten, dass wir alle Abfälle umweltschonend entsorgen.

TOM: Stimmt! Wir müssen den Kindern beibringen, wie sie sich umweltgerecht verhalten können. Übrigens, kochen kann ich auch: Wie wenig Geld braucht man denn, um trotzdem gut essen zu können?

Was brauchen wir?	Das kostet ungefähr	Was braucht eine Person pro Mahlzeit?
Milch	1 € (Liter)	0,5 l
Butter	1 € 50 Cent (250 g)	40 g
Zucker	1 € (1 kg)	20 g
Apfelsaft	1 € (Liter)	0,5 l
Mineralwasser	4 € (12 Flaschen)	0,5 l
Tee	2 € (20 Teebeutel)	1 Teebeutel
Roggenbrot	3 € (1 kg)	200 g
Brötchen	40 Cent	2
Marmelade	2 € (450 g)	45 g
Honig	5 € (500 g)	50 g
Joghurt	50 Cent (150 g)	150 g
Eier	20 Cent (Stück)	2
Cornflakes	4 € (750 g)	75 g
Äpfel	2 € (kg)	200 g
Bananen	1 € 50 Cent (kg)	200 g
Orangen	2 € (kg)	200 g
Nudeln	2 € (500 g)	125 g
Kartoffeln	1 € (kg)	250 g
Reis	1 € (4 Portionen)	1 Portion
Kartoffelpüree	2 € (4 Portionen)	1 Portion
Hackfleisch	6 € (kg)	150 g
Putenschnitzel	10 € (kg)	150 g
Hähnchenkeule	8 € (kg)	250 g
Fischstäbchen	2 € 50 Cent (12 Stück)	6
Aufschnitt	1 € 50 Cent (100 g)	50 g
Käse	1 € 50 Cent (100 g)	50 g
Kopfsalat	1 € (Stück)	0,5
Tomaten	2 € 50 Cent (kg)	200 g
Gurke	1 € (Stück)	0,5
Karotten	2 € (kg)	200 g
Brokkoli	2 € (kg)	200 g

1. Glaubt ihr, dass die Gruppenleiter Simone, Hajo und Tom wirtschaftlich vernünftig planen? Begründet eure Meinung.

2. Ihr könnt die Gruppenleiter bei ihrer Arbeit unterstützen. Stellt aus den Zutaten oben einen Speiseplan für drei Tage zusammen: Frühstück, Mittagessen, Zwischenmahlzeit, Abendessen (Einkaufszettel, voraussichtlicher Preis).

3. Was soll jedes Kind für den dreitägigen Aufenthalt in die Kasse einzahlen?

Topthema

1. Mithilfe des Textes könnt ihr Merkmale vernünftigen wirtschaftlichen Handelns herausfinden und notieren.

2. Erklärt, warum die Preise für ökologisch erzeugte Produkte etwas höher sind als für andere Waren.

Warum müssen wir wirtschaften?

Vielleicht kennt ihr die Geschichte vom Schlaraffenland: Dort ist alles, was die Menschen zum Leben brauchen, im Überfluss vorhanden. Man braucht sich nur zu bedienen. Wenn wir durch einen Supermarkt oder ein Kaufhaus schlendern, könnte man ebenfalls auf die Idee kommen, dass wir im Schlaraffenland leben. Die Regale quellen über, alle Waren sind in Hülle und Fülle vorhanden. Es gibt aber einen Unterschied zum Schlaraffenland: Wir müssen die Waren bezahlen. Und Geld steht uns nicht unbegrenzt zur Verfügung. Deshalb müssen wir mit unserem Geld haushalten. Wenn man wirtschaftet, versucht man also, mit den zur Verfügung stehenden Mitteln gut auszukommen. Da wir nicht alle Bedürfnisse, die mit Geld zu erfüllen sind, auf einmal stillen können, ist es sinnvoll, unser Geld so einzuteilen, dass wir zunächst das kaufen, was uns am wichtigsten ist.

Wie kann man vernünftig wirtschaften?

Natürlich möchte jeder für sein Geld eine möglichst hohe Gegenleistung bekommen.

Dies ist der Fall, wenn wir versuchen, eine bestimmte Ware so billig wie möglich zu kaufen. Sicherlich ist euch schon aufgefallen, dass die Preise für eine bestimmte Ware von Geschäft zu Geschäft

verschieden sind. Wenn ihr also zum Beispiel einen neuen Fahrradhelm kaufen wollt, ist es sinnvoll, vor dem Einkaufen die Preise zu vergleichen, um herauszufinden, wo euer Wunschmodell am billigsten angeboten wird.

Die zweite Möglichkeit besteht darin, beim Einkaufen auf eine möglichst gute Qualität der Ware zu achten. Wenn ihr also feststellt, dass mehrere Fahrradhelme zum gleichen Preis angeboten werden, ist es sinnvoll, das Modell mit der besten Qualität zu wählen. In beiden Fällen habt ihr mit eurem Geld gewirtschaftet. Für Wirtschaft verwendet man auch das Wort „Ökonomie". Es kommt aus dem Griechischen und bedeutet übersetzt „Haushalt".

Zum klugen Wirtschaften gehört auch, dass ihr Waren kauft, die umweltbewusst hergestellt werden. Das bedeutet, dass bei der Produktion von Waren die Natur so gut wie möglich geschont wird. In der Landwirtschaft heißt das zum Beispiel, dass Bauern auf giftige Spritzmittel verzichten und ihre Tiere artgerecht halten. Weil die Landwirte jedoch aus diesen Gründen mehr Zeit aufwenden müssen, um den Boden zu bearbeiten und gleichzeitig weniger Ertrag auf ihren Feldern erzielen, sind die Preise für umweltgerecht erzeugte Lebensmittel meist etwas höher als für andere Waren. Viele Kunden akzeptieren diese Preise, denn schließlich haben sie auch Vorteile für ihre Gesundheit.

Wie wirtschaften Jugendliche mit ihrem Geld?

Dass das Geld knapp wird, hat sicherlich jeder von euch schon erlebt. Vielleicht habt ihr euch in einer solchen Situation gefragt, wie es anderen Jugendlichen ergeht: Kommen sie mit ihrem Geld klar? Oder leben sie regelmäßig am Monatsende auf Pump? Wofür geben sie ihr Geld aus? Das könnt ihr herausfinden, indem ihr andere Jugendliche zu diesem Thema befragt.

- Die Befragung führt ihr am besten außerhalb der Schulzeit durch, indem ihr zum Beispiel ein oder zwei Jugendliche aus eurem Freundeskreis befragt. Kopiert dazu den Fragebogen auf dieser Seite in der erforderlichen Anzahl.
- Die Ergebnisse eurer Befragung könnt ihr dann mit den Aussagen der Schaubilder auf der nächsten Seite vergleichen und über Unterschiede und Gemeinsamkeiten diskutieren.

Vorschlag für die Gestaltung eines Fragebogens

Persönliche Angaben

Mädchen ☐ Junge ☐ Alter _____

1. Wie viel Geld steht dir im Monat zur Verfügung?

☐ weniger als 30 € ☐ 30 € und mehr

2. Wofür gibst du dein Taschengeld hauptsächlich aus? (höchstens 3 Nennungen)

☐ Kleidung ☐ Handy
☐ Kosmetika ☐ CDs, DVDs
☐ Fast Food ☐ Geschenke
☐ Süßigkeiten ☐ Sonstiges
☐ Ausgehen

3. Sparst du einen Teil deines Geldes?

☐ regelmäßig ☐ selten ☐ nie

4. Ist es dir schon passiert, dass du beim Einkaufen mehr Geld ausgegeben hast, als du wolltest?

☐ häufig ☐ manchmal ☐ selten

5. Wie kommst du mit deinem Geld aus?

☐ Ich komme im Allgemeinen gut aus und habe am Monatsende noch Geld übrig.
☐ Ich komme gerade so aus, ich habe am Monatsende kein Geld übrig.
☐ Ich habe schon vor Monatsende kein Geld mehr.

6. Einmal angenommen, deine Freunde wollen mit dir ins Kino gehen und einen Film ansehen, der dich brennend interessiert. Du hast aber kein Geld. Wie verhältst du dich am ehesten?

☐ Ich sage zu. Mir wird schon etwas einfallen, wie ich an das Geld komme.
☐ Ich bitte meine Freunde, mir das Geld zu leihen, und komme mit ins Kino.
☐ Ich verzichte auf den Kinobesuch, da ich mir kein Geld leihen möchte.

Jugend und Geld in der Statistik

Wie Jugendliche aus eurer Umgebung mit Geld umgehen, konntet ihr bereits in der Befragung erfahren. Doch die Ergebnisse lassen sich nicht auf alle Kinder und Jugendlichen übertragen – dafür ist die Zahl der Befragten zu gering. Auf dieser Seite findet ihr drei Schaubilder, die allgemeine Aussagen ermöglichen. Dafür hat das Umfrageinstitut KidsVerbraucher-Analyse über 1200 Kinder und Jugendliche in Deutschland befragt. Wie ihr die Schaubilder deuten könnt, zeigt die Methodenkarte auf der nächsten Seite.

Wendet die vier Fragen auf die Schaubilder an und stellt euch eure Ergebnisse gegenseitig vor.

■ **Tipp:** Ihr könnt auch arbeitsteilig vorgehen.

Das Taschengeld der Kids
Durchschnittliche monatliche Geldbezüge in Euro

Jungen		Mädchen	
6 – 9 Jahre	13,21 Euro	6 – 9 Jahre	14,05 Euro
10 – 13 Jahre	27,43	10 – 13 Jahre	26,58
Durchschnitt	20,48	Durchschnitt	20,45

dpa — Grafik 2765

Quelle: KVA 2006

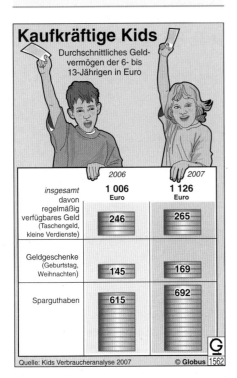

Kaufkräftige Kids
Durchschnittliches Geldvermögen der 6- bis 13-Jährigen in Euro

	2006	2007
insgesamt	1 006 Euro	1 126 Euro
davon regelmäßig verfügbares Geld (Taschengeld, kleine Verdienste)	246	265
Geldgeschenke (Geburtstag, Weihnachten)	145	169
Sparguthaben	615	692

Quelle: Kids Verbraucheranalyse 2007

© Globus 1562

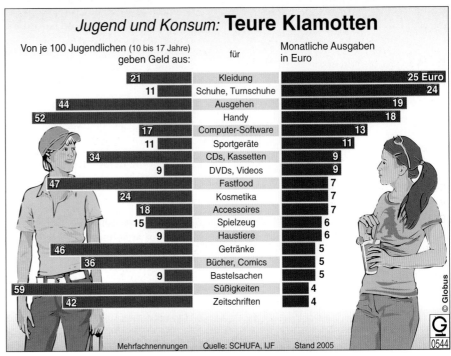

Jugend und Konsum: Teure Klamotten

Von je 100 Jugendlichen (10 bis 17 Jahre) geben Geld aus:	für	Monatliche Ausgaben in Euro
21	Kleidung	25 Euro
11	Schuhe, Turnschuhe	24
44	Ausgehen	19
52	Handy	18
17	Computer-Software	13
11	Sportgeräte	11
34	CDs, Kassetten	9
9	DVDs, Videos	9
47	Fastfood	7
24	Kosmetika	7
18	Accessoires	7
15	Spielzeug	6
9	Haustiere	6
46	Getränke	5
36	Bücher, Comics	5
9	Bastelsachen	5
59	Süßigkeiten	4
42	Zeitschriften	4

Mehrfachnennungen   Quelle: SCHUFA, IJF   Stand 2005

© Globus 0544

Methodenkarte

Statistiken und Schaubilder lesen und verstehen | Thema: Jugendliche und Geld

A Was sind Statistiken und Schaubilder?

In einer Statistik werden komplizierte Sachverhalte, bei denen Zahlenangaben eine Rolle spielen, übersichtlich dargestellt. Beim Schaubild kommen zu den statistischen Angaben noch bildähnliche Elemente hinzu, damit man sich die Angaben besser einprägen kann. So gelingt es, sehr komplizierte Sachverhalte auf kleinstem Raum zu verdeutlichen. Man muss allerdings genau hinschauen und auch auf Einzelheiten achten.

Statistiken begegnen uns überall: in Schulbüchern, Zeitungen, Zeitschriften, im Fernsehen und im Internet. Wer sie richtig lesen kann, kann sich schnell über wichtige aktuelle Erscheinungen informieren und sich eine Meinung bilden, die sich auf Zahlen stützen kann.

B Wie deutet man Schaubilder?

Bei der Deutung von Schaubildern und Statistiken kannst du dich an folgenden Fragen orientieren:

1. Was ist das Thema des Schaubilds?

Beschreibe genau, was dargestellt ist. Wandere mit deinen Augen über das Bild. Hinweise gibt dir auch die Überschrift. Kläre eventuell unbekannte Begriffe mithilfe eines Lexikons.

Das Schaubild handelt von …

2. Welche Bedeutung haben die Zahlen?

Achte genau darauf, ob es sich bei den Zahlen um Prozentangaben, absolute Zahlen, Jahreszahlen oder um Mengen- und Größenangaben handelt.

Bei den Zahlenangaben in diesem Schaubild handelt es sich um …

3. Welche Aussagen macht das Schaubild zum Thema?

Dies könnt ihr herausfinden, wenn ihr
- nach höchsten und geringsten Werten sucht,
- Werte miteinander vergleicht (Weicht ein Wert von anderen besonders ab?),
- den Verlauf von Kurven oder Säulen genau untersucht. Gibt es einen Trend?

Versucht herauszufinden, warum das Schaubild gemacht wurde. Will es informieren, will es uns zu Veränderungen im Verhalten aufrufen, will es unsere Meinung in eine bestimmte Richtung lenken? Schaubilder erwecken leicht den Anschein, als ob sie die objektive Wahrheit wiedergeben würden. Das muss aber nicht immer der Fall sein. Zum Beispiel kann bei einer Zukunftsprognose niemand nachprüfen, ob die Prognose 2015 tatsächlich so eintrifft. Benutze Statistiken und Schaubilder als Informationsquelle. Schaut aber auch kritisch auf die Zahlen.

Das Schaubild will zeigen, dass …

4. Welche Informationen daraus will ich mir merken?

Entnimm dem Schaubild ein oder zwei Informationen, die du dir langfristig einprägen wirst.

Als wichtigste Information aus diesem Schaubild möchte ich mir merken, dass …

Die vier Fragen könnt ihr in Zukunft auf jede Art von Schaubild und Statistik anwenden.

5 | Welche Rechte haben Jugendliche als Verbraucher?

Wir wenden gesetzliche Regelungen auf Fälle an

Shopping gehört zu den liebsten Freizeitbeschäftigungen von Jugendlichen – doch habt ihr sicherlich auch schon erlebt, dass ihr einen Kauf am liebsten rückgängig gemacht oder das Produkt umgetauscht hättet. Geht das überhaupt? In manchen Fällen ist das möglich – aber dazu muss man genau seine Rechte als Verbraucher kennen.

Auf dieser Seite findet ihr drei Fallbeispiele, in denen es um solche Situationen geht. Ihr könnt diese Fälle in arbeitsteiliger Gruppenarbeit bearbeiten. Geht dabei folgendermaßen vor:

1. Schritt: Macht euch zunächst mit dem Fall vertraut und schreibt auf, welche Fragen ihr zu klären habt.

2. Schritt: Lest dann den Informationstext auf der nächsten Seite und notiert euch alle Informationen, die für die Lösung eures Falles wichtig sind.

3. Schritt: Prüft, ob der Kaufvertrag gültig oder ungültig ist.

4. Schritt: Wie könnten die Geschichten weitergehen? Schreibt eine Fortsetzung und präsentiert eure Ergebnisse in der Klasse.

A Akku nicht funktionsfähig – was nun?

Nicky hat sich endlich ein Handy gekauft – ihr Wunschmodell. Glücklich präsentiert sie den Freundinnen ihre neueste Errungenschaft. Wenige Wochen später verwandelt sich ihre Freude in Wut: „Dieses blöde Handy, gestern erst habe ich es aufgeladen, nun ist der Akku schon wieder leer. Das kann doch nicht sein!" „Bist du sicher, dass du alles richtig gemacht hast?", wirft ihre Freundin Sina ein. „Natürlich, ich bin doch nicht blöd, schließlich ist das nicht mein erstes Handy. Der Akku hat von Anfang an nicht richtig funktioniert – ich glaube, der ist nicht in Ordnung." „Na ja, das hättest du gleich nach dem Kauf reklamieren müssen. Jetzt ist es zu spät. Der Austausch wird sicher teuer werden. Du Arme, dann wirst du schon wieder abgebrannt sein", meint Sina.

B Doppelte Handytasche

Steffen und Tim freuen sich aufs Wochenende – die beiden sind bei ihrer Freundin Jule zum Geburtstag eingeladen. Als Geschenk haben sie sich etwas Besonderes ausgedacht. Sie wollen Jule eine Handytasche für den Gürtel schenken, weil sie ihr Handy immer wieder verlegt. Nachmittags treffen sie sich in der Stadt zur Schnäppchenjagd. Schon nach kurzer Suche sind sie am Ziel: Tim zieht aus einem Stapel reduzierter Waren eine Tasche hervor. „Super, die sieht gut aus und ist von 16,99 € auf 9,99 € reduziert. Die nehmen wir." Zu ihrer Enttäuschung sind sie auf dem Geburtstag nicht die Einzigen, die auf diese Geschenkidee kamen. Jule hat nun gleich zwei Taschen. „Kein Problem, wir gehen einfach in das Geschäft und lassen uns das Geld zurückgeben. Dann kannst du dir etwas anderes davon kaufen", schlägt Steffen vor.

C Das „neueste Modell" – ein veralteter Ladenhüter?

Carmen möchte sich am liebsten ein gebrauchtes Handy kaufen, um Geld zu sparen. Unter den Kleinanzeigen findet sie ein verlockendes Angebot: „Originalverpacktes Handy zu verkaufen, neuestes Modell, sensationell günstig", verspricht eine Anzeige. Sie trifft sich mit dem Verkäufer. Dieser erklärt ihr, dass er vor wenigen Tagen das Handy geschenkt bekommen hätte, jedoch bereits ein neues Handy besitze. Carmen ist froh über das günstige Angebot und willigt sofort in den Kauf ein. Zu Hause angekommen sieht sie, dass das Handy schon Gebrauchsspuren aufweist. Auch handelt es sich nicht um das neueste Modell der Firma, sondern es ist schon mehrere Jahre auf dem Markt und hat sich sehr schlecht verkauft. Deswegen ist es überall als äußerst günstiges Sonderangebot zu haben. Sie ist sehr ärgerlich auf den Verkäufer.

Topthema

Kaufvertrag

1. Ihr wollt mit einem Freund einen Kaufvertrag abschließen.
   a) Was müsst ihr dazu tun?
   b) Welche Pflichten hat jeder von euch nach dem Abschluss?
   c) Wann wäre der Vertrag zwischen euch ungültig?

2. Warum ist es wichtig, dass beide Partner sich an den Vertrag halten müssen?

Abschluss eines Kaufvertrags

Stell dir vor, du gehst nach der Schule shoppen und siehst in einem Geschäft ein T-Shirt, das dir gefällt. Du fragst die Verkäuferin nach dem Preis. Sie antwortet: „Das T-Shirt kostet 12,95 €. Möchtest du es kaufen?" Du nickst, gehst zur Kasse und bezahlst dort den geforderten Preis und bekommst das T-Shirt ausgehändigt. Ein ganz alltäglicher Vorgang. Jemand mit einer kaufmännischen Ausbildung würde den Vorgang etwas anders erklären: Die Verkäuferin hat dir ein T-Shirt angeboten. Du warst mit dem Preis einverstanden und hast das Angebot angenommen. Damit ist ein Kaufvertrag abgeschlossen worden, an den sich beide Seiten halten müssen. Du musst also den vereinbarten Preis bezahlen und der Verkäufer muss dir nach dem Bezahlen die Ware aushändigen.

Folgen eines Vertrags

Jeder Kaufvertrag verpflichtet den Verkäufer, Waren in einwandfreier Qualität zu verkaufen. Fehlerhafte Waren würdet ihr wahrscheinlich gar nicht erst kaufen – es sei denn, die Ware ist deswegen erheblich im Preis reduziert. Vielleicht hat man jedoch erst zu Hause festgestellt, dass etwa bei einem neuen Kleidungsstück ein Knopf fehlt oder sich nach der ersten Wäsche die Nähte auflösen. In solchen Fällen kann man beim Händler den Mangel reklamieren, auch wenn es sich um ein Sonderangebot handelt.

Nach dem Gesetz hat jeder Käufer dabei folgende Möglichkeiten:

1. Man kann verlangen, dass der Kauf rückgängig gemacht und der Kaufpreis erstattet wird.
2. Der Verkäufer tauscht die mangelhafte Ware um.
3. Man bekommt die Ware zu einem reduzierten Preis.

Alle Händler sind verpflichtet, berechtigte Reklamationen bis zwei Jahre nach dem Kauf anzuerkennen. Aus Beweisgründen ist es daher empfehlenswert, den Kassenbon für diesen Zeitraum aufzubewahren. Auch bei einwandfreien Waren sind die Händler meist bereit, Fehlkäufe umzutauschen, etwa wenn ein Geschenk dem Beschenkten nicht gefällt oder doppelt gekauft wurde. In solchen Fällen kommt der Händler den Kunden entgegen, obwohl er dazu gesetzlich nicht verpflichtet ist. In der Regel gibt er jedoch kein Bargeld zurück, sondern die Kunden können die Ware umtauschen oder erhalten eine Gutschrift, die beim nächsten Kauf verrechnet wird. Badebekleidung, Sonderangebote oder auch unversiegelte CDs sind meist vom Umtausch ausgeschlossen.

Wann sind Verträge ungültig?

Kaufverträge sind dann ungültig, wenn einer der Partner bewusst getäuscht wird: Eine Verkäuferin verspricht, dass ein T-Shirt farbecht ist, obwohl sie genau weiß, dass das bei dem niedrigen Preis unmöglich ist und das T-Shirt bei der ersten Wäsche eine ganze Waschmaschine verfärbt. Oder ein Händler verkauft wissentlich Lebensmittel, bei denen das Haltbarkeitsdatum abgelaufen ist. Das bezeichnet man als arglistige Täuschung. Ungültig ist ein Vertrag auch dann, wenn der Verkauf gegen ein gesetzliches Verbot verstößt, wenn etwa ein Händler einem 13-Jährigen Wodka verkauft oder ein Drogendealer Drogen. Solche Verträge sind von vornherein ungültig, auch wenn sich beide Vertragspartner über den Vertragsabschluss einig sind.

Jugend und Wirtschaft

Station 1 — Kann man mit Geld alles kaufen?

Vielleicht habt ihr schon einmal von Robinson Crusoe gehört, der in einem Roman von Daniel Defoe die Hauptrolle spielt. Er landete als Schiffbrüchiger auf einer einsamen Insel. Zunächst war er glücklich, mit dem Leben davongekommen zu sein – doch er hatte nichts retten können, außer seiner Kleidung, die er auf dem Leib trug. Erst nach 28 Jahren auf der Insel wurde er gerettet.

Beschreibt in einem kurzen Text, welche Bedürfnisse er in dieser Situation hatte. Wofür musste Robinson zunächst sorgen? Welche Bedürfnisse konnte er auf der Insel wahrscheinlich stillen, welche nicht?

Station 3 — Welche Rolle spielt das Geld?

In dem Buchstabensalat verstecken sich sechs Begriffe, die verschiedene Arten von Geld bezeichnen. Schreibt sie heraus und verfasst einen zusammenhängenden Text, in dem ihr diese Begriffe erklärt.

A	P	L	E	M	N	C	P
S	L	U	G	U	R	L	A
T	A	M	P	E	U	N	P
B	S	V	B	N	H	O	I
U	T	Y	A	Z	S	G	E
C	I	K	S	E	T	H	R
H	K	Z	C	N	U	W	G
G	G	C	H	F	A	L	E
E	E	V	O	J	U	P	L
L	L	P	X	V	I	R	D
D	D	A	D	T	S	M	C
I	G	E	U	R	O	Y	Z
B	A	R	G	E	L	D	F
S	N	D	L	R	E	R	T

Station 2 — Wirtschaftsgüter befriedigen viele Bedürfnisse

… werden zur Herstellung von Produkten benötigt.
… stehen im Überfluss zur Verfügung und kosten kein Geld.
… sind Güter, die daraus bestehen, dass Menschen anderen Menschen einen Dienst erweisen.
… sind Güter, die Geld kosten.
… sind Mittel, die erforderlich sind, um Bedürfnisse zu befriedigen.

Welche Erklärung passt zu welchem Begriff? Übertragt den vollständigen Text in euer Heft.

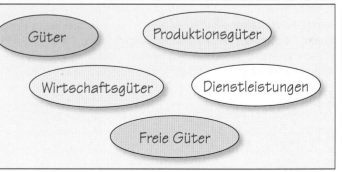

Güter · Produktionsgüter · Wirtschaftsgüter · Dienstleistungen · Freie Güter

Station 4 — Wie können wir mit unserem Geld vernünftig wirtschaften?

Wahrscheinlich wird es dir nicht schwerfallen, den folgenden Text zu vervollständigen:

Natürlich möchte jeder beim Einkaufen für sein Geld eine möglichst hohe G… bekommen. Sicherlich ist euch schon aufgefallen, dass die Preise von Geschäft zu Geschäft v… sind. Sinnvoll ist es daher, die Preise zu v… Auch sollte man immer auf eine möglichst hohe Q… der Ware achten. Für die Wirtschaft verwendet man auch das Wort Ö… Wirtschaftlich vernünftig handelt man, wenn man entweder die b… Ware kauft (M…prinzip) oder versucht, für eine bestimmte Summe Geld eine möglichst h… Qualität der Ware zu bekommen (M…prinzip).

Station 5 — Welche Rechte haben Jugendliche als Verbraucher?

Beantwortet die Fragen und begründet eure Entscheidung.

1. Ihr habt eine reduzierte Jeans gekauft. Auf eurem Kassenzettel steht „Reduzierte Ware vom Umtausch ausgeschlossen". Zu Hause stellt ihr fest, dass die Jeans am Bund einen nicht zu entfernenden Fleck aufweist. Könnt ihr die Jeans umtauschen?

2. Ein 18-jähriger Freund hat für euch auf euren Wunsch eine Flasche Bier gekauft. Eure Eltern verlangen von ihm, das Bier zurückzunehmen. Er vertritt den Standpunkt: „Gekauft ist gekauft." Hat er Recht?

3. Der 19-jährige Eric erfüllt sich seinen großen Traum und kauft für 2 500 Euro ein eigenes Auto. Den Betrag hat er sich von seiner Ausbildungsvergütung zusammengespart. Zwei Tage später bereut er, so viel Geld für ein Auto ausgegeben zu haben. Am liebsten würde er den Vertrag rückgängig machen. Geht das?

   Ja, weil …
   Nein, weil …

Glossar

Demokratie

Wörtlich übersetzt heißt das aus der griechischen Sprache stammende Wort „Herrschaft des Volkes". Für unsere moderne Zeit bedeutet Demokratie, dass alle Herrschaft im Staat vom Volk ausgeht. Das Volk wählt seine Vertreter in die Gemeinderäte, die Landtage und in den Bundestag. Weil diese Vertreterinnen und Vertreter das Volk repräsentieren, nennt man unsere Demokratie auch repräsentative Demokratie. Der wichtigste Wert in einer Demokratie ist, dass die Menschen frei sind und gleiche Rechte haben.

Drogen

Im allgemeinen Sprachgebrauch verstehen wir unter Drogen Wirkstoffe pflanzlicher, tierischer oder chemisch-synthetischer Art, die dem Organismus auf die verschiedensten Arten zugeführt werden können. Alle diese Stoffe haben gemeinsam, dass sie zur Abhängigkeit des Konsumenten führen, körperliche und seelische Veränderungen herbeiführen, die im schlimmsten Fall in einem völligen Zusammenbruch bis hin zum Tode enden. Man unterscheidet oft zwischen legalen und verbotenen, harten und weichen Drogen. Diese Unterscheidung muss nicht bedeuten, dass der Konsum legaler oder weicher Drogen (zum Beispiel Alkohol, Haschisch oder Ecstasy) auf Dauer harmlos ist.

Emanzipation

Das Wort stammt aus der lateinischen Sprache und bedeutet ursprünglich, dass man sich als Sklave von seinen Fesseln befreit und in die Selbstständigkeit entlassen wird. Heute versteht man unter dem Begriff den Kampf der Frauen um Gleichberechtigung bzw. um die Beseitigung vielfältiger Benachteiligungen gegenüber den Männern.

Familie

Die Familie ist die erste und die wichtigste Gruppe, in die ein Mensch hineingeboren wird. Niemand kann sie sich aussuchen. Ihre Form kann sehr unterschiedlich sein. Oft verstehen wir darunter eine Gemeinschaft, die aus Eltern und einem oder mehreren Kindern besteht. Sie kann aber auch aus einer alleinerziehenden Mutter oder einem alleinerziehenden Vater bestehen. Die häufigste Form in Deutschland ist gegenwärtig das Ehepaar ohne Kinder.

Gesetze

Gesetze sind die aufgeschriebenen und vom Parlament verabschiedeten Regeln, an die alle Menschen in einem Staat sich halten müssen. Damit die Gesetze eingehalten werden, gibt es Strafen für die Nichtbeachtung. Im Rechtsstaat ist auch der Staat an die Einhaltung der Gesetze gebunden. Im Streitfall entscheiden die Gerichte frei und unabhängig im Rahmen der Gesetze.

Kommunalpolitik

Das ist die Politik, die in den Gemeinden gemacht wird, also in den Stadt- und Landgemeinden. Kommunal heißt „die Gemeinde betreffend"; eine Kommune ist eine Gemeinde. Neben der Bundes- und der Landespolitik ist die Kommunalpolitik die dritte Ebene der nationalen Politik.

Kompromiss

Das lateinische Wort bedeutet „Übereinkunft" bzw. „Ausgleich". Der Kompromiss ist eine Art der Entscheidung zwischen Personen oder Gruppen, die unterschiedliche Interessen vertreten und unterschiedlicher Meinung sind, die sich aber irgendwie einigen müssen. In der Demokratie spielen Kompromisse eine große Rolle, weil es fast immer darum geht, verschiedene Interessen so unter einen Hut zu bringen, dass alle Beteiligten eine Entscheidung akzeptieren können. Kompromissfähigkeit gilt als eine Qualifikation, über die jeder demokratische Mensch verfügen sollte.

Konflikt

Das Wort bedeutet „Zusammenstoß". Es bezeichnet eine Auseinandersetzung, die entsteht, wenn Menschen oder Gruppen aufeinandertreffen, die unterschiedliche Interessen vertreten. Die streitenden Parteien versuchen dann mit Argumenten und mit Macht den Streit siegreich zu beenden. Oft gelten Konflikte als unvermeidlich, zum Beispiel wenn alljährlich die Vertreter der Arbeitgeber und Arbeitnehmer über die Höhe der Löhne streiten. In der Demokratie gilt der Konflikt nicht als etwas Schlechtes. Wichtig ist, dass die Konflikte mit friedlichen und fairen Mitteln zu einem vernünftigen Ausgleich gebracht werden.

Politik

Hierin steckt das griechische Wort „Polis", das man mit „Gemeinschaft" übersetzen kann. Heute verstehen wir darunter alle Aufgaben und Zukunftsprobleme, die gelöst werden müssen, damit die Menschen im Staat friedlich, frei und in Sicherheit miteinander leben können. Politik wird von einzelnen Personen, vor allem aber auch von Parteien, Bürgerinitiativen und Interessenverbänden gemacht. Zum Wesen demokratischer Politik gehört, dass die Vorstellungen über die Lösung der Zukunftsaufgaben sehr unterschiedlich sein können.

Rechtsordnung

Darunter versteht man die Gesamtheit aller Regeln und Gesetze, die für die Menschen in einem Land verbindlich gelten. An die bestehende Rechtsordnung muss man sich halten, sonst droht Strafe. Grundlage der Rechtsordnung in der Bundesrepublik Deutschland ist das am 23. Mai 1949 verabschiedete Grundgesetz.

Rechtsstaat

In einen Rechtsstaat ist die staatliche Macht an Recht und Gesetz gebunden. Das Gegenteil wäre eine Willkürherrschaft, in der ein Staat mit den Bürgern machen kann, was diejenigen, die an der Macht sind, gerade wollen. Im Rechtsstaat haben die Bürger die Möglichkeit vor einem unabhängigen Gericht gegen eine Verletzung der Gesetze durch den Staat zu klagen. Die Grundlage des Rechtsstaates in der Bundesrepublik Deutschland ist das Grundgesetz. Der Rechtsstaat setzt sich zum Ziel, gerechte Lebensverhältnisse für alle herzustellen.

Schülervertretung (SV)

Durch die SV wirken die Schülerinnen und Schüler an der Gestaltung des Schullebens mit. Sie hat die Aufgabe die Interessen der Schüler zu vertreten. Sie besteht aus den gewählten Sprecherinnen und Sprechern der Klassen- und Jahrgangsstufen und der Schülersprecherin/dem Schülersprecher (plus Stellvertreter).

Staat

Der Staat ist die Gesamtheit aller Bürgerinnen und Bürger, die zu einem Volk gehören. Wörtlich übersetzen kann man das Wort aus dem frühen Mittelalter mit „Lebensweise". Man versteht darunter auch die Organisation, die die Menschen in der Gesellschaft sich gegeben haben, damit sie geregelt und friedlich miteinander leben können. Der Staat fordert von den Menschen, dass sie einen nicht unerheblichen Teil ihres Einkommens in Form von Steuern und Abgaben an ihn

entrichten. Er verteilt dieses Geld dann wieder, zum Beispiel an Familien in Form von Kindergeld und zum Bau von Straßen, Schienen, Flugplätzen, Krankenhäusern, Schulen, für die Bundeswehr und für vieles andere mehr.

Steuern

Steuern sind Abgaben, die die Bürger an den Staat zahlen. Es besteht Steuerpflicht. Wer sie nicht bezahlt, macht sich strafbar. Mit den Steuern bestreitet der Staat seine Aufgaben. Man unterscheidet direkte und indirekte Steuern. Direkte Steuern werden vom Lohn und Einkommen und dem Besitz der Bürger bezahlt. Indirekte Steuern werden auf Waren und Dienstleistungen aufgeschlagen. Von der Summe, die die Bürger für diese Produkte zahlen, wird ein Teil als Steuer an die Staatskasse abgeführt.

Sucht

Sucht ist eine krankhafte Abhängigkeit von einem bestimmten Stoff oder einer bestimmten Art des Verhaltens und führt zu einer allmählichen Zerstörung des Körpers und der Seele. Süchtige können ohne die Einnahme einer bestimmten Droge oder ohne bestimmte Verhaltensweisen nicht mehr leben. Dazu gehören Drogensucht, Esssucht, Fernsehsucht, Magersucht, Spielsucht, Computersucht und viele andere Süchte mehr. Eine Gefahr besteht darin, dass die Übergänge von einem „normalen" Verhalten zu einem Suchtverhalten fließend sind. Wichtig ist, dass suchtgefährdete Menschen ihr Problem erkennen und Hilfe von außen erhalten.

Umweltschutz

Darunter versteht man die Summe aller Maßnahmen, die dem Schutz des Bodens, des Wassers und der Luft dienen. Der Staat arbeitet an dieser Aufgabe, indem er entsprechende Gesetze erlässt,

damit Umweltschäden vermieden werden. Fabriken müssen darauf achten, dass keine Abgase oder verschmutzte Abwässer in die Umwelt gelangen. Auch Familien und Einzelpersonen müssen durch Müllvermeidung, Mülltrennung etc. ihren Beitrag zum Umweltschutz leisten.

Wirtschaft

Unter Wirtschaft versteht man die Gesamtheit aller menschlichen Tätigkeiten, die sich auf die Produktion und den Verbrauch von Gütern und Dienstleistungen beziehen. Die Wirtschaft versorgt uns mit diesen Gütern (z. B. Lebensmittel, Kleidung, Autos, Computer) und Dienstleistungen (z. B. ärztliche Versorgung, Haarpflege, Krankenpflege, öffentliche Verwaltungen). In der Wirtschaft sind wir nicht nur Käufer und Verbraucher. In der beruflichen Tätigkeit erbringen wir Leistungen, erzielen dafür Einkommen und erstellen die verschiedensten Güter und Dienstleistungen, die wir als Verbraucher wieder kaufen. Daher sind wir alle Teile in einem großen volkswirtschaftlichen Kreislauf.

Zu weiteren wichtigen Begriffen findet ihr Informationen auf den Topthema-Seiten, vgl. Übersicht auf der Seite 6.

Register

Bildquellenverzeichnis

© Christian Augustin/Action Press: S. 140 l. – © Avenue Images/Index Stock/Jacque Denzer Parker: S. 53 – Beck Verlag: S. 150 (alle) – © Foto Begsteier KEG/fotobegst: S. 43 g, 51 (Bild 3), 62 B – © bpk: S. 46 – Martin Brockhoff: S. 43 h, 56 – aus: Bundeszentrale für gesundheitliche Aufklärung (Hg.): Leo geht durch alles durch, S. 1 ff., Köln 2001: S. 99 (alle) – Carl Bantzer Schule: S. 3 o., 10 – © variopress/Bernhard Classen: S. 166 r. m. – Deutsches Kinderhilfswerk: S. 70 o. l. – Grafik und Montage: Franz-Josef Domke, Fotos: picture-alliance/dpa: S. 124, 125 – dpa/Witschel: S. 151 – Dominique Ecken/Keystone: S. 5 u., 156, 177 – Emilie Heyermann Realschule, Bonn: S. 114 l. – @ Wolfgang Filser: S. 166 l. – Foto: Andreas Frücht: S. 67 (Bild 2) – © Ralf Gerard/JOKER: S. 43 f. – Gesundheitsministerium: S. 107 o. – © CARO/Claudia Hechtenberg: S. 119 – Stefan Husch/TERZ: S. 25 – Foto: Enno Kapitza: S. 3 u., 40, 43 i, 48 – © Keystone/DiAgentur: S. 43 b, 51 (Bild 4) – Foto: © Rainer Kieselbach: S. 4 o., 65 – © KJP Offenbach: S. 69 (beide) – © Thomas Koehler/photothek.net: S. 143 r. – Bernd Krug: S. 167 – Land Hessen: 5. 114 r. o. – aus: Kalender 2002 zur Suchtvorbeugung, Schirmherr Florian Gerster, hrsg. von der Landeszentrale für Gesundheitsförderung in Rheinland Pfalz e. V., LZG Schriftenreihe Nr. 72, Julia Mutzbauer, Eva Rapp/Helmholtz-Gymnasium Zweibrücken, Klasse 8: S. 106 – Mainbild/Nils-Johan Norenlind – TIOFOTO: S. 159 (Bild 2) – Foto: Norbert Millauer/ddp: S. 24 – net-design Sabine Holz, Jülich: S. 66 – © OKAPIA: S. 43 d – Philipps-Universität Marburg: S. 47 – © picture-alliance/dpa: S. 4 m., 15 o. l., 59, 67 (Bild 1), 68 u., 73 o., 88, 95, 124/125 (Fotos) 127, 136, 141, 145, 152, 159 (Bild 3, 5, 7, 8, 9) – © picture-alliance/scanpix: S. 20 – © picture-alliance/chromorange: S. 4 o., 31 u., 64, 162 o. – © picture-alliance/Helga Lade GmbH, Germany: S. 31 o. – picture-alliance/dpa/Polfoto Ricky John Molloy: S. 104 – © picture-alliance/Sven Simon: S. 5 o., 132 – © picture-alliance/dpa-Bildarchiv: S. 140 r. – © picture-alliance/ZB: S. 159 (Bild 1) – © picture-alliance: S. 159 (Bild 6) – © picture-alliance/maxppp: S. 164 – © plainpicture/Fiets, B.: S. 43 a, 62 A – Plaßmann/CCC, www.c5.net: S. 113 o. – Presseagentur Becker & Brede: S. 116 – © Norbert Schaefer: S. 43 e, 51 (Bild 2), 62 D – © Timm Schamberger/ddp: S. 90 – © Schapowalow/Montag: S. 43 c, 51 (Bild 1), 62 C – Anne Schönharting/OSTKREUZ: S. 49 – © Volkmar Schulz/Keystone: S. 143 l. – © Stadt Taunusstein: S. 78, 80 (Hintergrundbild) – © Stadt Frankfurt: S. 81 – © Stadt Fulda, Konzeption und Gestaltung: Greb & Friends GmbH, Fulda: S. 81 – © Stadt Marburg: S. 81 – © Stadt Darmstadt: S. 81 – Friedrich Stark: S. 153 – © Montage: Stern, Foto: Getty/Picture Press: S. 100 – © Tomicek/LBS: S. 130 u. r. – © vario images: S. 4 u., 108 – VCL/Bavaria: S. 52 – Verlagsarchiv Schöningh/Karin Herzig: S. 137 – Verlagsarchiv Schöningh/Wolfgang Mattes: S. 18, 33 o. – Verlagsarchiv Schöningh/Sandrine Mattes: S. 103 – Verlagsarchiv Schöningh/Andreas Müller: S. 30, 32, 33 u., 42 u., 44, 45, 93, 110 (alle), 111 (alle), 112, 115 (alle), 130 u. l. – Verlagsarchiv Schöningh/Günter Schlottmann: S. 67 (Bild 4, 5, 6), 71, 74, 77, 78 (Vordergrund), 80 (Vordergrund), 114 r. m., 114 r. u., 122, 123 (alle), 131 o., 135, 142 u. l., 142 u. r., 159 (Bild 4), 168, 169 (alle), 170, 175 – Verlagsarchiv Schöningh/Michael Vogdt: S. 58 – Illustration von Joachim Knappe aus: WAS IST WAS Wirtschaft spezial, S. 24: S. 165 – Wikipedia: S. 162 u. – © ZB Fotoreport/Wolfgang Thieme/dpa: S. 67 (Bild 3) – weitere: Verlagsarchiv Schöningh

Sollte trotz aller Bemühungen um korrekte Urheberangaben ein Irrtum unterlaufen sein, bitten wir darum, sich mit dem Verlag in Verbindung zu setzen, damit wir eventuell notwendige Korrekturen vornehmen können.

Lösungen für die Memorystationen

1. Wie können wir das Zusammenleben in der Schule gestalten? S. 38 f.

Station 1: Hier können mehrere Eigenschaften genannt werden. Wichtig ist unbestreitbar, dass die Klassensprecher sich Zeit für die Sorgen und Probleme ihrer Mitschülerinnen und Mitschüler nehmen, dass sie Ideen haben zur Verbesserung der Klassengemeinschaft, dass sie die Klasse über wichtige Dinge informieren, dass sie bereit sind, sich auch außerhalb der Unterrichtszeit für die Klasse zu engagieren.

Station 2: Häufig genannte Erwartungen an eine gute Schule: schöne und gut eingerichtete Räume, gute Atmosphäre innerhalb und zwischen den Klassen und zwischen Lehrern und Schülern, keine Gewalt, kein Mobbing, keine Zerstörungen, klare Regeln, gegenseitige Hilfsbereitschaft. / Regeln für eine Diskussion: aktive Beteiligung, eigene Meinungen werden begründet, man lässt andere ausreden, ruft nicht dazwischen, respektiert andere Meinungen. / Gründe kontra Ganztagsschule: Freizeit geht verloren, weniger Zeit für Freunde, Überforderung der Schüler. / Gründe pro Ganztagsschule: Stärkung der Klassengemeinschaft, mehr Hilfe beim Lernen und beim Anfertigen der Hausaufgaben, Kinder sind tagsüber gut versorgt, verbesserte Leistungen.

Station 3: Regeln zum Verhalten vor Unterrichtsbeginn: auf dem eigenen Platz sitzen, Arbeitsmaterialien bereitlegen, ruhig auf die Lehrerin, den Lehrer warten./Regeln zum Verhalten gegenüber Klassenkameraden: keine Gewalt, sich nicht über andere lustig machen, nichts kaputt machen, was anderen gehört./Regeln für die Gesprächsführung im Unterricht: erst melden, dann reden, zuhören, wenn andere etwas sagen, keine abfälligen Bemerkungen über die Beiträge anderer machen.

Station 4: 1 b; 2 a; 3 d; 4 f; 5 e; 6 c.

Station 5: (1) Wahl durch den Schülerrat oder durch die gesamte Schülerschaft; (2) A: Schülerrat kann besser beurteilen, welche Kandidatinnen oder Kandidaten geeignet sind. B: Wahl durch alle ist ein sehr demokratisches Verfahren.

Station 6: Eine Gewinner-Gewinner-Lösung liegt vor, wenn alle mit der Streitlösung zufrieden sind und mit einem guten Gefühl auseinandergehen. Eine Gewinner-Verlierer-Lösung liegt vor, wenn es Sieger und Besiegte gibt und einer den gesamten Schaden hat. Eine Verlierer-Verlierer-Lösung liegt vor, wenn dadurch eine Freundschaft zerbricht und alle Streitenden geschädigt werden.

Station 7: Mobbing in der Schule kommt leider gar nicht so selten vor, die Betroffenen trauen sich aber oft nicht, etwas zu sagen. Da die Betroffenen durch Mobbing nicht körperlich, sondern seelisch geschädigt werden, ist Mobbing eine besondere Form von Gewalt. Diejenigen, die andere mobben, müssen gestellt werden und dazu gebracht werden, sofort damit aufzuhören.

2. Zusammenleben in der Familie   S. 62 f.

Station 1: A (mögliche Zuordnungen): Liebe, Vertrauen, Trost, Geborgenheit, Nähe, Sicherheit; B (mögliche Zuordnungen): Unterstützung, Nähe, Erziehung, Solidarität, Hilfe; C (mögliche Zuordnungen): Liebe, Vertrauen, Geborgenheit, Nähe, Sicherheit; D (mögliche Zuordnungen): Freude, Sicherheit, Nähe, Gemeinschaft

Station 2:

Das fand man in der Familie früher häufig …	Das ist in der Familie heute oft so …
viele Kinder	Patchwork-Familie
Kinder arbeiten mit	gute Schulbildung
Gewalt als Erziehungsmittel	beide Elternteile gehen arbeiten
schlechte Ernährung	Scheidung

Station 3: Mögliche Lösung: 2, 13, 14, 17, 21

Station 4: Bei der Neuverteilung der Aufgaben in der Familie Schneider sollte darauf geachtet werden, dass eine Doppelbelastung von Frau Schneider durch Beruf und Familie vermieden wird. Da Frau Schneider nun halbtags arbeitet, ihr Mann aber ganztags, wird der Anteil an Arbeiten, die Frau Schneider übernimmt, größer sein, als der Anteil ihres Mannes. Nico und Elena können einen etwa gleichgroßen Anteil übernehmen. Sandra ist mit ihren drei Jahren noch zu klein, um Aufgaben in der Familie zu übernehmen.

Station 5: Folgende Bausteine sollten in dem Telefondialog als Tipps erwähnt und erklärt werden: Kindergärten und Hortbetreuung/Steuervorteile/Elternzeit/Elterngeld/Kindergeld/Mutterschutz

3. Leben in der Gemeinde   S. 86f.

Station 1: Morgens nach dem Aufstehen benutzen wir Strom, Wasser und die städtische Kanalisation. 2. Nach dem Verlassen des Hauses sehen wir möglicherweise auf der Straße die Straßenreinigung oder die Müllabfuhr. 3. Um zur Schule zu gelangen, benutzen viele von uns ein städtisches Verkehrsmittel. 4. Nachmittags besuchen wir vielleicht das örtliche Schwimmbad, die örtliche Leihbücherei, ein Jugendzentrum, eine Sportstätte.

Station 2: Fehler Nr. 1: Die Bürger können zweimal zur Wahl gehen, einmal zur Wahl der Gemeindevertretung und getrennt davon zur Wahl des Bürger- bzw. Oberbürgermeisters; Fehler Nr. 2: Mit dem Mittel des Bürgerentscheids haben alle Bürgerinnen und Bürger die Möglichkeit, direkt über ein Vorhaben zu entscheiden und so die Gemeindevertretung zu überstimmen; Fehler Nr. 3: Kinder und Jugendliche haben nicht die vollen politischen Mitwirkungsrechte, sind aber nach den Gemeindeordnungen an allen Entscheidungen, die sie betreffen, zu beteiligen. Mitwirken können Kinder und Jugendliche auch über Kinder- und Jugendparlamente; Fehler Nr. 4: Alle ausländischen Mitbürger aus Ländern der Europäischen Union haben die vollen Mitwirkungsrechte wie deutsche Bürger auch; für Ausländer mit einer anderen Staatsangehörigkeit wird in Gemeinden ab 1000 Einwohnern ein Ausländerbeirat gewählt.

Station 3: Pflichtaufgaben sind a, g und i; freiwillige Aufgaben sind c, d und h; staatliche Auftragsangelegenheiten sind b, e und f.

Station 4: (A) Er muss eine Auflistung der Einnahmen und der Ausgaben für das Haushaltsjahr enthalten. (B) Er ist wichtig, weil er deutlich macht, was die Gemeindevertretung im Planungszeitraum vorhat. (C) Über seine Annahme entscheidet die Gemeindevertretung per Abstimmung. (D) Er ist Pflicht. Alle Gemeinden müssen einen Haushaltsplan erstellen und sich daran halten.

Station 5: Bürger wählen die Gemeindevertretung und den (Ober)Bürgermeister. Die Stadtverordnetenversammlung wählt die nebenamtlichen Beigeordneten (Stadträte) in den Magistrat (Stadtvorstand). Die Stadtverordnetenversammlung besteht aus den gewählten Stadtverordneten und dem Vorsitzenden. Sie trifft alle Entscheidungen, die für die Stadt von Bedeutung sind und verabschiedet den Haushalt. Der Magistrat besteht aus dem Bürgermeister und den Beigeordneten. Der Bürgermeister ist der wichtigste Repräsentant der Stadt.

Station 6: Zwei Vorteile: höhere Steuereinnahmen und mehr Arbeitsplätze; zwei Nachteile: höhere Verkehrsbelastung in der Stadt, damit auch höhere Umweltbelastung, Verlust an Freizeitmöglichkeiten.

4. Suchtgefährdung: sehen, verstehen, richtig handeln S. 106f.

Station 1: Legale Drogen: Alkohol, Nikotin, Koffein, Medikamente; Illegale Drogen: Heroin, Kokain, Haschisch/Cannabis, LSD, Ecstasy; Folgen: körperliche und psychische Abhängigkeit

Station 2: stoffgebundene Sucht, stoffungebundene Sucht; vier Merkmale: zwanghaftes Bedürfnis, Zwang zu immer höherer Dosis, Abhängigkeit, zerstörerische Wirkung; Gründe: drei Faktoren (Persönlichkeit, Umwelt, Drogenart)

Station 3: 1. Säule: Prävention (zum Beispiel Aufklärung in der Schule); 2. Säule: Behandlung (zum Beispiel Beratung durch den Hausarzt); 3. Säule: Überlebenshilfe (zum Beispiel Operationen bei raucherbedingten Herzinfarkten, Beinamputationen oder Krebserkrankungen); 4. Säule: Angebotsreduzierung (zum Beispiel Bestrafung von Erwachsenen, die für Jugendliche Zigaretten kaufen)

5. Umweltschutz als Zukunftsaufgabe   S. 130f.

Station 1: Folgende Punkte werden wahrscheinlich angesprochen: alte Bausubstanz, zugige Fenster, nicht regulierbare Heizkörper, Licht, Müll, Verpackungen am Schulkiosk, Papierverschwendung …; Vorteile: Umweltschutz, Einsparungen; Nachteile: Zeitaufwand, Arbeitsaufwand, unbequem, Kosten für Renovierungen

Station 2: Glasflasche/Glascontainer, Plastikverpackung/gelber Sack, Pappe/Papiercontainer, Apfel/Restmüll-Tonne oder Biotonne, Plastikflasche/gelber Sack oder Pfandautomat

Station 3: Möglichkeit 1 *Müllverbrennung*: In Deutschland darf Müll nicht mehr ohne vorherige Behandlung deponiert werden. Deshalb wird in Deutschland sehr viel Müll verbrannt, aber nur das, was sich nicht trennen oder wiederverwerten lässt. Idealerweise wird also nur der nicht verwertbare Rest verbrannt. So verunreinigt der Müll nicht mehr Böden und Grundwasser. Möglichkeit 2 *Verrottung*: Der Müll aus der grauen Tonne wird vorsortiert, wiederverwertbare Materialien (Metalle usw.) werden aussortiert. Der restliche Müll verrottet drei Monate in speziellen Boxen und darf dann deponiert werden. Möglichkeit 3 *Wiederverwertung*: Verpackungen mit Grünem Punkt werden von der Firma „Duales System Deutschland GmbH" wiederverwertet. Sie kommen in den Gelben Sack, beziehungsweise die Gelbe Tonne und werden wie Altglas und Altpapier separat eingesammelt.

Station 4: Die Lösungen in fortlaufender Reihenfolge: falsch – richtig – richtig – falsch – richtig – richtig – falsch – falsch; im Lexikonartikel sollten die richtigen Aussagen genannt sein.

Station 5: (1) Der Treibhauseffekt entsteht dadurch, dass die Sonnenstrahlen wie in einem Gewächshaus nur noch teilweise aus der Atmosphäre entweichen können. So kommt es zur Erderwärmung.

(2) Durch den steigenden Energieverbrauch produzieren die Menschen immer mehr Kohlendioxid. Es wird in der Folge immer wärmer auf der Erde. (3) 1. Arktis: Eisbären verhungern oder ertrinken. 2. Nordsee: Orkane bedrohen Inseln und Küsten. 3. Afrika: Wildtiere finden schwieriger Nahrung. 4. Kalifornien: Waldbränden nehmen zu. 5. Australien: Wasser wird knapp. 6. Deutschland: Sommerhitze trocknet Flüsse aus. 7. Ozeane: Korallen sterben ab.
(4) Internationale Verträge zur Reduzierung der Treibhausgase; Energiesparen durch Beachtung der folgenden Tipps: Licht aus/Muskeln statt Motor/Wasser stopp/Essen von nebenan/Schreiben auf Umweltpapier; Gesetze erlassen, die unsere Umwelt schützen.

6. Recht und Rechtsprechung S. 154f.

Station 1: (a) Die körperlich, geistig und wirtschaftlich Stärkeren und Intelligenteren wären im Vorteil, die Schwächeren der Gesellschaft wären benachteiligt, zum Beispiel körperlich und geistig behinderte Menschen, Menschen mit geringer Bildung. Für jeden Einzelnen entstünde ein Zustand der Unsicherheit und der Gefahr für Gesundheit, Leben und Eigentum. (b) Gesetze stellen sicher, dass jeder zu seinem Recht kommt, egal ob schwach oder stark. Sie gelten für alle Bürger und Einrichtungen des Staates gleichermaßen.

Station 2: Gaststättenbesuch – 16 Jahre; Kirchenaustritt – 14 Jahre; voll geschäftsfähig – 18 Jahre; Kandidat für Gemeinderatswahl – 18 Jahre; Heirat – 16 Jahre; Roller-Führerschein – 16 Jahre

Station 3: Laura hat nicht Recht. Es gibt auch kriminelle Jugendliche, die aus ganz normalen Familien stammen. Ursachen für Kriminalität könnten hier zum Beispiel psychische Krankheiten, Wahrnehmungsstörungen oder auch soziale Vernachlässigung der Jugendlichen sein.

Station 4: 3 Argumente pro: wirken abschreckend auf Nachahmungstäter, gefährdete Jugendliche bekommen „Schuss vor den Bug", kriminelle Karrieren können durch frühzeitiges Eingreifen verhindert werden; 3 Argumente kontra: Erfahrungen mit härteren Strafen negativ, hohe Rückfallquote bei Gefängnisstrafen, Problem kann mit verstärkter Förderung und Betreuung durch Sozialarbeiter besser gelöst werden.

Station 5: (1) Jeder, der sich in seinen Rechten verletzt sieht, hat das Recht, vor Gericht zu klagen. (2) Keine Strafe ohne Gesetz. Eine Tat darf nur dann bestraft werden, wenn zur Zeit der Tat dafür ein Gesetz existiert. Dieses muss genau festlegen, dass die Tat strafbar ist. (3) Wenn jemand für eine Tat bereits bestraft wurde, darf er für sie kein zweites Mal bestraft werden.

Station 6: (1) Vergeltung, Sühne, (2) Abschreckung, Prävention, (3) Vergeltung, Sühne, Prävention

7. Jugend und Wirtschaft S. 176f.

Station 1: Robinson musste zunächst für Trinkwasser und Essen, dann weiter für Kleidung und ein Dach über dem Kopf als Schutz gegen Sonne, Regen und nächtliche Kälte sorgen. Er konnte auf der Insel lediglich seine Grundbedürfnisse stillen, die ihm das Überleben sicherten. Nur sehr eingeschränkt konnte er seine Konsum- und Luxusbedürfnisse sowie seine kulturellen Bedürfnisse stillen. Nicht stillen konnte er seine sozialen Bedürfnisse, da er zunächst allein auf der Insel war.

Station 2: *Produktionsgüter* werden zur Herstellung von Produkten benötigt. *Freie Güter* stehen im Überfluss zur Verfügung und kosten kein Geld. *Dienstleistungen* sind Güter, die daraus bestehen, anderen Menschen einen Dienst zu erweisen. *Wirtschaftsgüter* sind Güter, die Geld kosten. *Güter* sind Mittel, die erforderlich sind, um Bedürfnisse zu befriedigen.

Station 3: Wenn man etwas einkauft, hat man verschiedene Möglichkeiten zu bezahlen. Hat die Ware nur einen geringen Wert, zahlt man am besten mit **Münzen**. Das ist Metallgeld, wobei die verschiedenen Münzen jeweils einen anderen Wert haben. Hat die Ware einen höheren Wert, ist es sinnvoll, mit **Papiergeld** zu bezahlen. Das sind unterschiedliche Scheine, auf denen der Wert des Geldscheins aufgedruckt ist. Beides zusammen bezeichnet man als **Bargeld**. Man kann damit direkt aus dem Geldbeutel an der Kasse bezahlen. Der Wert von Münzen und Papiergeld wird in **Euro** und Cent bemessen. Das ist die Währung in vielen Ländern Europas. Wenn man an der Kasse nicht bar bezahlen will, so kann man meistens auch mit **Plastikgeld** bezahlen. Das sind zum Beispiel Kreditkarten. In diesem Fall wird der Betrag für den Einkauf direkt von dem Geld abgezogen, das man auf dem Bankkonto liegen hat. Auch **Buchgeld** ist unsichtbares Geld, das man nicht anfassen kann. Es handelt sich dabei um Geld, das man zum Beispiel von einem Konto auf ein anderes Konto überweist oder auf ein Konto einbezahlt. Weil es nur in den Büchern der Bank auftaucht, heißt es Buchgeld.

Station 4: Gegenleistung, verschieden, vergleichen, Qualität, Ökonomie, billigste, Minimalprinzip, hohe, Maximalprinzip.

Station 5: (1) Die Jeans weist einen Mangel auf und kann deswegen trotz Preisreduzierung umgetauscht werden. (2) Der Freund hat nicht Recht, weil der Kaufvertrag ungültig ist. Er verstößt mit dem Kauf gegen das Jugendschutzgesetz, das verbietet, Minderjährigen Alkohol zu verkaufen. Er muss das Bier zurücknehmen und das Geld erstatten. (3) Der Kaufvertrag kann in diesem Fall nicht rückgängig gemacht werden, da Eric volljährig ist und das Auto keinen Mangel aufweist.